经 济 法

（第2版）

主　编　仇兆波
副主编　王　华
参　编　张　洁　李卫刚　杨俊样　乔秋珍
　　　　李　曦　王　菲　刘　冰　柏　彬

北京理工大学出版社
BEIJING INSTITUTE OF TECHNOLOGY PRESS

版权专有 侵权必究

图书在版编目（CIP）数据

经济法 / 仇兆波主编. —2 版. —北京：北京理工大学出版社，2021.1
ISBN 978-7-5682-9434-8

Ⅰ. ①经… Ⅱ. ①仇… Ⅲ. ①经济法-中国-高等学校-教材 Ⅳ. ①D922.29

中国版本图书馆 CIP 数据核字（2021）第 004965 号

出版发行 / 北京理工大学出版社有限责任公司	
社　　址 / 北京市海淀区中关村南大街 5 号	
邮　　编 / 100081	
电　　话 / （010）68914775（总编室）	
（010）82562903（教材售后服务热线）	
（010）68948351（其他图书服务热线）	
网　　址 / http://www.bitpress.com.cn	
经　　销 / 全国各地新华书店	
印　　刷 / 三河市天利华印刷装订有限公司	
开　　本 / 787 毫米×1092 毫米　1/16	
印　　张 / 13.25	责任编辑 / 施胜娟
字　　数 / 315 千字	文案编辑 / 施胜娟
版　　次 / 2021 年 1 月第 2 版　2021 年 1 月第 1 次印刷	责任校对 / 周瑞红
定　　价 / 62.00 元	责任印制 / 李志强

图书出现印装质量问题，请拨打售后服务热线，本社负责调换

前 言

市场经济不仅是竞争性经济和有序的经济，更是法治化的经济。在这种法治化经济的条件下，无论是国家管理经济活动，还是经济主体之间的经济交往，或者是商事主体的设立、变更和终止，市场准入和交易规则的制定和实施，市场交易秩序的维护与监管等，都必须有法可依、依法操作。

本书立足于高职高专的教学实际，以培养职业能力为核心，以就业为导向，紧紧围绕新形势下高职高专教育新型人才培养目标，秉承"知识的实用性、方法的训练性、教学的趣味性"和"理论讲透、实务足够、案例同步、实训到位"的原则，力求理论联系实际，理论与案例相衔接，全面系统且突出重点，内容具有科学性、准确性、实践性、逻辑性和稳定性，同时也努力反映司法实践中出现的新问题，反映经济法学研究中的新成果，反映最新的立法和最新的司法解释，并且在理论体系和结构上力求有所创新。

全书共 12 个项目，内容包括：经济法总论、个人独资企业法、合伙企业法、公司法、外商投资法、破产法、民法典·合同、商标法和专利法、反不正当竞争法与反垄断法、产品质量法、消费者权益保护法、经济纠纷的解决。

本书由陕西财经职业技术学院仇兆波担任主编，由王华担任副主编。全书由仇兆波负责修改、总纂、定稿。各项目编写人员及分工如下：陕西财经职业技术学院仇兆波编写项目六、项目九，陕西财经职业技术学院张洁编写项目一、项目四，陕西财经职业技术学院李卫刚编写项目三、项目八，陕西财经职业技术学院杨俊样编写项目五、项目十一，陕西财经职业技术学院王华编写项目七、项目十二，陕西财经职业技术学院乔秋珍编写项目二，陕西财经职业技术学院李曦编写项目十。王菲、刘冰、柏彬负责对本教材的新旧法律法规的变化及更新进行梳理编写，并负责本教材在线课程视频讲解。

本书在编写过程中，参考了大量的报刊书籍资料，谨向原著作者深表谢意！由于编者水平有限，书中不足之处在所难免，敬请同行及读者不吝赐教，以便再版时修订。

编　者

目 录

项目一　经济法总论 …………………………………………………………………（1）
　任务一　经济法基础理论 ……………………………………………………………（2）
　　一、经济法的产生 ……………………………………………………………………（2）
　　二、经济法的概念 ……………………………………………………………………（3）
　　三、经济法的调整对象 ………………………………………………………………（4）
　　四、经济法的渊源 ……………………………………………………………………（4）
　　五、经济法的基本原则 ………………………………………………………………（5）
　任务二　经济法律关系 ………………………………………………………………（6）
　　一、经济法律关系的概念 ……………………………………………………………（6）
　　二、经济法律关系的要素 ……………………………………………………………（6）
　　三、经济法律关系的发生、变更和消灭 ……………………………………………（9）
　任务三　法律责任 ……………………………………………………………………（10）
　　一、法律责任概述 ……………………………………………………………………（10）
　　二、经济法律责任的概念 ……………………………………………………………（10）
　　三、经济法律责任的形式 ……………………………………………………………（10）

项目二　个人独资企业法 ……………………………………………………………（13）
　任务一　个人独资企业法概述 ………………………………………………………（14）
　　一、个人独资企业法的概念特征 ……………………………………………………（14）
　　二、个人独资企业与个体工商户的比较 ……………………………………………（14）
　　三、个人独资企业法的概念和基本原则 ……………………………………………（15）
　任务二　个人独资企业的设立 ………………………………………………………（16）
　　一、个人独资企业的设立条件 ………………………………………………………（16）
　　二、个人独资企业的设立程序 ………………………………………………………（17）
　任务三　个人独资企业的投资人及事务管理 ………………………………………（17）
　　一、个人独资企业投资人的资格 ……………………………………………………（17）

二、个人独资企业投资人的权利和责任 …………………………………（18）
　　三、个人独资企业的事务管理 ……………………………………………（18）
　任务四　个人独资企业的解散和清算 ………………………………………（19）
　　一、个人独资企业的解散 …………………………………………………（19）
　　二、个人独资企业的清算 …………………………………………………（20）
　任务五　违反《个人独资企业法》的法律责任 ……………………………（20）
　　一、个人独资企业及投资人的法律责任 …………………………………（20）
　　二、投资人委托或者聘用的人员的法律责任 ……………………………（21）

项目三　合伙企业法 ……………………………………………………………（23）

　任务一　概述 …………………………………………………………………（24）
　　一、合伙企业的概念和分类 ………………………………………………（24）
　　二、合伙企业法的概念 ……………………………………………………（24）
　任务二　普通合伙企业 ………………………………………………………（24）
　　一、普通合伙企业的概念和特征 …………………………………………（24）
　　二、普通合伙企业的设立 …………………………………………………（24）
　　三、普通合伙企业的财产 …………………………………………………（26）
　　四、普通合伙企业事务的执行 ……………………………………………（27）
　　五、普通合伙企业与第三人的关系 ………………………………………（27）
　　六、入伙与退伙 ……………………………………………………………（28）
　　七、特殊的普通合伙企业 …………………………………………………（29）
　任务三　有限合伙企业 ………………………………………………………（30）
　　一、有限合伙企业的概念 …………………………………………………（30）
　　二、有限合伙企业的设立条件 ……………………………………………（30）
　　三、有限合伙企业事务的执行 ……………………………………………（30）
　　四、有限合伙企业财产的出质与转让 ……………………………………（31）
　　五、有限合伙人的债务清偿 ………………………………………………（32）
　　六、有限合伙企业的入伙与退伙 …………………………………………（32）

项目四　公司法 …………………………………………………………………（36）

　任务一　公司法概述 …………………………………………………………（36）
　　一、公司的概念和种类 ……………………………………………………（36）
　　二、公司的基本权利和义务 ………………………………………………（37）
　　三、公司法概述 ……………………………………………………………（37）
　　四、公司法的基本原则 ……………………………………………………（38）
　任务二　有限责任公司 ………………………………………………………（39）
　　一、有限责任公司的概念和特征 …………………………………………（39）
　　二、有限责任公司的设立 …………………………………………………（39）
　　三、有限责任公司的组织机构 ……………………………………………（41）
　　四、有限责任公司的股权转让 ……………………………………………（44）

五、国有独资公司……………………………………………………………………（44）
　　六、一人有限责任公司………………………………………………………………（45）
任务三　股份有限公司……………………………………………………………………（46）
　　一、股份有限公司的概念和特征……………………………………………………（46）
　　二、股份有限公司的设立……………………………………………………………（46）
　　三、股份有限公司的组织机构………………………………………………………（47）
　　四、股份有限公司股份的发行和转让………………………………………………（48）
　　五、上市公司…………………………………………………………………………（48）
任务四　公司债券与财务会计……………………………………………………………（49）
　　一、公司债券…………………………………………………………………………（49）
　　二、公司财务会计……………………………………………………………………（51）
任务五　公司合并、分立、增资、减资、解散和清算…………………………………（52）
　　一、公司的变更………………………………………………………………………（52）
　　二、解散和清算………………………………………………………………………（53）
　　三、外国公司分支机构………………………………………………………………（53）
任务六　违反《公司法》的法律责任……………………………………………………（54）
　　一、公司的法律责任…………………………………………………………………（54）
　　二、公司发起人、股东的法律责任…………………………………………………（55）

项目五　外商投资法……………………………………………………………………（57）

任务一　外商投资法概述…………………………………………………………………（58）
　　一、外商投资企业的概念和特征……………………………………………………（58）
　　二、外商投资企业法的概念和原则…………………………………………………（58）
　　三、对外商投资企业的基本管理制度………………………………………………（58）
任务二　外商投资的促进和保护…………………………………………………………（59）
　　一、关于促进外商投资的法律规定…………………………………………………（59）
　　二、关于保护外商投资的法律规定…………………………………………………（60）
任务三　违反外商投资法的法律责任……………………………………………………（61）
　　一、违反负面清单制度规定的法律责任……………………………………………（61）
　　二、违反外商投资信息报告制度的法律责任………………………………………（62）
　　三、行政机关工作人员的法律责任…………………………………………………（62）

项目六　破产法…………………………………………………………………………（63）

任务一　破产法概述………………………………………………………………………（63）
　　一、破产法的概念……………………………………………………………………（63）
　　二、破产法的适用范围………………………………………………………………（65）
　　三、破产原因…………………………………………………………………………（65）
　　四、重整原因…………………………………………………………………………（66）
　　五、破产案件的管辖…………………………………………………………………（66）
任务二　破产申请和受理…………………………………………………………………（67）

一、破产申请 …………………………………………………………………（67）
　　二、受理 ……………………………………………………………………（69）
任务三　债权人会议 ……………………………………………………………（72）
　　一、债权人会议的概念 ……………………………………………………（72）
　　二、债权人会议的法律地位 ………………………………………………（72）
　　三、债权人会议的组成 ……………………………………………………（73）
　　四、债权人会议的召集和召开 ……………………………………………（74）
　　五、债权人会议的决议 ……………………………………………………（75）
任务四　和解和整顿 ……………………………………………………………（76）
　　一、和解 ……………………………………………………………………（76）
　　二、重整 ……………………………………………………………………（78）
任务五　破产宣告和破产清算 …………………………………………………（82）
　　一、破产宣告 ………………………………………………………………（82）
　　二、取回权 …………………………………………………………………（83）
　　三、别除权 …………………………………………………………………（84）
　　四、破产债权 ………………………………………………………………（84）
　　五、破产抵销权 ……………………………………………………………（85）
　　六、破产财产的变价 ………………………………………………………（85）
　　七、破产财产的分配 ………………………………………………………（86）
　　八、追加分配 ………………………………………………………………（87）
　　九、破产程序的终结 ………………………………………………………（87）
任务六　破产救济和破产责任 …………………………………………………（88）
　　一、破产救济 ………………………………………………………………（88）
　　二、破产责任 ………………………………………………………………（89）

项目七　民法典·合同 …………………………………………………………（94）

任务一　合同概述 ………………………………………………………………（95）
　　一、合同概述 ………………………………………………………………（95）
　　二、合同的分类 ……………………………………………………………（95）
　　三、合同的相对性规则 ……………………………………………………（96）
任务二　合同的成立 ……………………………………………………………（97）
　　一、合同的订立 ……………………………………………………………（97）
　　二、合同的成立 ……………………………………………………………（100）
　　三、合同的主要条款 ………………………………………………………（100）
　　四、格式条款 ………………………………………………………………（100）
　　五、缔约过失责任 …………………………………………………………（101）
任务三　合同的履行 ……………………………………………………………（102）
　　一、合同履行的原则 ………………………………………………………（102）
　　二、合同履行的内容 ………………………………………………………（102）

三、合同履行的规则……………………………………………………（103）
　　四、双务合同中的抗辩权………………………………………………（104）
　任务四　合同的保全…………………………………………………………（105）
　　一、代位权………………………………………………………………（105）
　　二、债权人的撤销权……………………………………………………（106）
　任务五　合同的变更、转让和终止…………………………………………（106）
　　一、合同的变更…………………………………………………………（106）
　　二、合同的转让…………………………………………………………（106）
　　三、合同债权债务的终止………………………………………………（107）
　任务六　违约责任……………………………………………………………（109）
　　一、违约责任的类型……………………………………………………（109）
　　二、违约责任的免除……………………………………………………（110）

项目八　商标法和专利法……………………………………………………（113）

　任务一　商标法………………………………………………………………（114）
　　一、商标法的概述………………………………………………………（114）
　　二、商标注册制度………………………………………………………（115）
　　三、商标权人的权利和义务……………………………………………（118）
　　四、注册商标的期限和续展……………………………………………（119）
　　五、商标权的无效和终止………………………………………………（120）
　　六、商标使用的管理……………………………………………………（121）
　　七、注册商标专用权的保护……………………………………………（122）
　任务二　专利法………………………………………………………………（124）
　　一、专利法概述…………………………………………………………（124）
　　二、专利权的主体、客体………………………………………………（125）
　　三、专利权的取得………………………………………………………（126）
　　四、专利权人的权利和义务……………………………………………（128）
　　五、专利权的期限、无效和终止………………………………………（129）
　　六、专利权实施的强制许可……………………………………………（130）
　　七、专利权的保护………………………………………………………（130）

项目九　反不正当竞争法与反垄断法………………………………………（134）

　任务一　反不正当竞争法的概述……………………………………………（135）
　　一、不正当竞争的概念…………………………………………………（135）
　　二、反不正当竞争法的特征……………………………………………（135）
　　三、反不正当竞争法的立法目的、适用范围…………………………（136）
　任务二　不正当竞争行为的表现形式………………………………………（137）
　　一、混淆行为……………………………………………………………（137）
　　二、商业贿赂行为………………………………………………………（138）
　　三、虚假宣传行为………………………………………………………（138）

四、侵犯商业秘密行为……………………………………………………（139）
　　五、不正当有奖销售行为……………………………………………………（140）
　　六、诋毁商誉行为……………………………………………………………（140）

　任务三　反垄断法……………………………………………………………（141）
　　一、反垄断法的概述…………………………………………………………（141）
　　二、关于垄断协议的规定……………………………………………………（142）
　　三、关于滥用市场支配地位的行为…………………………………………（144）
　　四、关于经营者集中…………………………………………………………（145）
　　五、关于行政性垄断行为……………………………………………………（146）

　任务四　法律责任……………………………………………………………（147）
　　一、监督检查部门调查措施…………………………………………………（147）
　　二、反不正当竞争法规定的法律责任………………………………………（147）

项目十　产品质量法……………………………………………………（151）

　任务一　产品质量法概述……………………………………………………（151）
　　一、产品与产品质量…………………………………………………………（151）
　　二、产品质量法概述…………………………………………………………（152）

　任务二　产品质量的监督……………………………………………………（153）
　　一、产品质量监督……………………………………………………………（153）
　　二、我国产品质量监督体制…………………………………………………（153）
　　三、产品质量监督管理制度…………………………………………………（153）

　任务三　生产者、销售者的产品质量责任和义务…………………………（154）
　　一、生产者的产品质量责任和义务…………………………………………（154）
　　二、销售者的产品质量责任和义务…………………………………………（160）

　任务四　产品损害赔偿责任…………………………………………………（163）
　　一、产品损害赔偿责任概念…………………………………………………（163）
　　二、归责原则…………………………………………………………………（163）
　　三、损害赔偿责任的构成……………………………………………………（163）
　　四、损害赔偿范围及责任形式………………………………………………（164）

　任务五　行政和刑事责任……………………………………………………（165）
　　一、生产者、销售者的行政和刑事责任……………………………………（165）
　　二、国家机关及其工作人员违反质量法的行政和刑事法律责任…………（166）

项目十一　消费者权益保护法…………………………………………（169）

　任务一　消费者权益保护法概述……………………………………………（170）
　　一、消费者权益保护法的概念和立法宗旨…………………………………（170）
　　二、消费者权益保护法的调整对象和调整范围……………………………（170）
　　三、消费者的概念和特征……………………………………………………（171）

　任务二　消费者的权利和经营者的义务……………………………………（171）
　　一、消费者的权利……………………………………………………………（172）

二、经营者的义务……………………………………………………………（174）
　任务三　国家与社会对消费者合法权益的保护……………………………（178）
　　一、国家对消费者合法权益的保护…………………………………………（178）
　　二、社会对消费者权益的保护………………………………………………（179）
　任务四　争议的解决和法律责任……………………………………………（179）
　　一、争议的解决………………………………………………………………（179）
　　二、赔偿责任主体的确定……………………………………………………（180）
　　三、法律责任…………………………………………………………………（182）

项目十二　经济纠纷的解决……………………………………………（186）
　任务一　经济纠纷解决概述…………………………………………………（186）
　　一、经济纠纷的概念…………………………………………………………（186）
　　二、解决经济纠纷的途径……………………………………………………（187）
　　三、仲裁与民事诉讼…………………………………………………………（187）
　任务二　经济仲裁……………………………………………………………（188）
　　一、仲裁与仲裁概述…………………………………………………………（188）
　　二、仲裁协议…………………………………………………………………（188）
　　三、仲裁的基本原则…………………………………………………………（189）
　　四、仲裁的基本法律制度……………………………………………………（189）
　　五、仲裁程序…………………………………………………………………（190）
　　六、申请撤销裁决……………………………………………………………（192）
　任务三　经济审判……………………………………………………………（193）
　　一、经济纠纷诉讼的概念和特征……………………………………………（193）
　　二、适用范围和基本原则……………………………………………………（194）
　　三、民事诉讼管辖……………………………………………………………（195）
　　四、审理程序…………………………………………………………………（197）

参考文献……………………………………………………………………（200）

项目一

经济法总论

导入案例

【案情简介】

面对亚洲金融危机，中国香港特区政府为了应对国际投机"大鳄"索罗斯的市场炒作，于 1998 年 8 月动用近千亿港元入市操作；1998 年 9 月 5 日，为了进一步巩固香港货币发行局制度，减少投机者操纵市场使银行同业市场和利率出现动荡的机会，香港金管局推出了 7 项技术性措施，这 7 项措施主要集中在港元兑美元的兑换保证和有关银行港元流动资金贴现两个方面。1998 年 9 月 7 日，为了严格治市纪律，强化金融监管，香港特别行政区财政司公布了严格香港证券及期货市场纪律的 30 条措施。这 30 条新措施的实施涉及联合交易所、期货交易所、香港中央结算有限公司、证券及期货事务监察委员会和财经事务局五个机构。时任香港特别行政区财政司司长曾荫权表示，特区政府将继续坚守自由经济的政策，并且不会在香港实施外汇管制。曾荫权还表示，财政司的 30 项措施与金管局的 7 项措施相互配合，以增强货币及金融系统抵御国际投机者跨市场操控的能力。

【问题】

请运用经济法基础理论知识，分析香港特区政府的行为。

教学目标

- 掌握经济法的概念及调整对象
- 掌握经济法律关系的概念和它的三要素
- 理解经济法的渊源，基本原则，经济法律关系的发生、变更和消灭等内容

实训目标

- 能够识别经济法的基础知识
- 运用相关知识准确判断社会经济生活中的法律现象

任务一　经济法基础理论

一、经济法的产生

(一) 法与经济的关系

自古以来，法律都是把对经济生活的调整放在第一位的。法律和社会生活、经济活动存在着密切联系，法律受制于社会现实，在这一点上马克思的经典论述"经济基础决定上层建筑"是极为准确的描述。如在现代社会，如果没有大型企业对公众利益和民主政治形成威胁，就不会有反垄断法；法律作为上层建筑的一部分，是一种思想性的东西，在很大程度上是主观的。这表现在人类历史上出现过众多的法律制度，出现过众多的国家治理方式。这种多样性也表明法律的制定、实施在很大程度上依赖于人类智慧的方向、角度和价值观念。如没有合同制度，你买东西怕假货、卖东西怕对方违约，更不用谈长期合作的投资、信用了。

(二) 经济法产生的社会经济原因

1. 市场缺陷的存在

资产阶级革命胜利后，建立了资本主义制度，崇尚自由、平等。在自由资本主义时期，国家的经济发展充分发挥价值规律的作用，国家并不怎么介入经济生活，充分发挥市场主体的积极性、创造性，再加上工业革命的完成，自由资本主义制度使社会经济发展发生了前所未有的、不可想象的变化，极大地促进了社会经济的发展和社会财富的增加。但随着经济的发展、周期性经济危机的爆发、社会矛盾的激化和其他社会问题的产生，人们发现，市场不是万能的，国家应转变职能，不能只是充当守护神，应对国家经济的发展承担起监督、管理的职责。

2. 社会经济结构的变化——大型组织的产生及其影响

现代的商业组织起源于中世纪的庄园制度，以及17世纪初期的殖民公司，真正将企业发展起来，则是由现代的运输业和通信业，尤其是铁路的发展决定的。企业规模扩大、不断一体化，到了19世纪末期，随着科学技术的应用和管理技术的改进，降低了企业内部交易的成本，促使以前不能涉足的大型项目成了人们的投资重点，融资的需要促进了金融市场、资本市场的发展，会计和信用制度也发展起来，这进一步加剧了资本集中。另外，越来越多的大型组织逐渐成为社会发展的主导性力量，导致社会结构发生了根本性变化。由原来的二元结构发展到"私人—组织—国家"的三元结构。企业组织的扩大，首先是对私人权利造成了损害。垄断的形成，导致了消费者利益受损和经济生活中的公平竞争弱化。大组织通过对市场份额的占有，以及对生产的独占，在向他人提供产品的时候，导致契约双方的谈判实力处于不平等的地位。"契约自由"导致了卡特尔协议、滥用权力等行为的膨胀，这些行为的目的在于限制竞争，从而损害了小企业和消费者的利益。他们在政治上操纵选举和国家政策，财团、财阀、富有的家族逐步控制了国家，自然包括立法、司法，首先是对内控制，然后是对外影响政治生活。

3. 国家的能动反应

如美国在罗斯福执政后，变自由放任的经济政策为国家干预政策。美国在制定《谢尔曼法》的过程中，一位参议员发表了批评："如果这种结合导致的集中权力被赋予一个人，那么这是一种君王般的特权；这是与我们的政府形式相矛盾的，应当遭到州和全国当局的强烈抵制。如果有什么错误，这就是错误所在。如果我们不能忍受一个拥有政治权力的君主，我们同样不能忍受一个对生产、运输、生活必需品的销售拥有权力的君王；如果我们不能服从任何帝王，同样也不应当服从任何在贸易方面拥有阻碍竞争和固定任何商品价格的独裁者。"经济权力的集中和国家对不正当经济权力的打击，这两个步骤几乎是同时发生的，用"道高一尺，魔高一丈"来表示这个过程是最恰当不过的。因此，可以看出，国家是从以下几方面来做出反应的：

（1）消除市场竞争的障碍，阻止组织的扩大，限制组织的成长。这是国家的最早反应，由此出现了反垄断法、反不正当竞争法等新型法律。如美国的大型企业组织起源于铁路和通信业，国家的第一个反应也在于此。1870年，伊利诺伊州在宪法中要求政府"通过各项法律去矫正铁路的弊端，防止在客货运费方面不公正的区别对待和敲诈行为"。1890年通过的《谢尔曼法》明确表示："任何以契约、托拉斯或其他形式的联合、共谋、垄断而限制贸易的行为是违法或犯罪的行为。"

（2）针对市场普通主体不愿介入的公共、公益事业等行业和产品，大规模发展出国家所有权，同时也是为了解决微观上自由竞争和私人行为的无序性，国家自觉或不自觉地通过国有产业来替代私有组织。一是可以实现现代企业的生产和效率，二是可以填补空白，三是可避免私人挑战国家和大企业侵犯私人权利。

（3）调整总量平衡，保持社会均衡发展。这成了国家的核心职责，促使大批新型法律规范的产生。以往的私法仅仅调整微观主体和微观行为，竞争的宏观无序性往往导致总量失衡，导致频繁的经济危机的产生。法律无能为力。而新的法律规范的制定，则是以政府的有形之手来引导市场这只无形之手。当然这方面政府的管理受制于市场的规律，而不是政府的意志。如美联储降息，表面看取决于格林斯潘，实际上格林斯潘决定是否降息，取决于商业银行之间的贴现率，他是被动的。

（4）企业内部的结构设置、权利安排、财务事宜等，成为法律规范的对象。在自由经济时期，这些问题由企业自主安排，国家法律不予干涉。而今企业和公司法、会计法、税法、审计法等的颁布，使这些社会关系纷纷被披上法律的外衣。

二、经济法的概念

（一）法的定义

法的概念和特征

《中华人民共和国宪法》规定，中华人民共和国实行依法治国，建设社会主义法治国家。随着社会主义法律意识的逐步树立，越来越多的自然人在学法、用法，用法律来维护自己的切身利益。那么，什么是法？

根据马克思主义的一般理论，把法定义为：法是由国家机关创制的，以权利义务为调整机制，并由国家强制力保证的，调整行为关系的规范。

（二）经济法概念的提出

据迄今史料记载，经济法这个概念最早是由法国空想共产主义者摩莱里（Morelly）在其 1755 年所著的《自然法典》一书中提出来的。

一般认为，经济法是调整一定范围经济管理关系和经济协作关系的法律规范的总称。主要是国家为了克服市场调节的盲目性和局限性而制定的调整全局性的、社会公共性的、需要国家干预的经济关系的法律规范的总称。

简单地说，经济法是调整国家在经济管理和协调发展经济活动过程中所产生的社会经济关系的法律规范的总称。

三、经济法的调整对象

与经济法的概念相联系，经济法的调整对象是国家在对经济活动进行管理过程中所发生的法律关系。经济法调整的经济法律关系主要有以下几类。

（一）市场主体调控关系

它是指国家在对市场主体的活动进行管理以及市场主体在自身运行过程中所发生的社会关系。这里所说的市场主体，主要是指在市场上从事直接和间接交易活动的经济组织，如企业（独资企业、合伙企业、公司等）和非企业性经济组织。

（二）市场运行调控关系

它是指国家为了建立社会主义市场经济秩序，维护国家、生产经营者和消费者的合法权益而干预市场所发生的经济关系，如关于反不正当竞争、反垄断、产品质量、价格管理等方面的法律所涉及的关系。

（三）宏观经济调控关系

它是指国家从长远和社会公共利益出发，对关系国计民生的重大经济因素，在实行全局性的管理过程中，与其他社会组织所发生的具有隶属性或指导性的社会经济关系。这种隶属或指导性关系既包括上下级组织之间的命令与服从、指导与被指导的关系，又包括同一级别组织之间在业务上的管理与执行的关系，主要包括产业调节、计划、国有资产管理等方面的关系。

（四）社会分配调控关系

它是指国家在对国民收入进行初次分配和再分配过程中所发生的经济关系，如关于财政、税收等方面的法律关系。

四、经济法的渊源

法的渊源，是指法的表现形式，即法是由何种国家机关，依照什么方式或程序创制出来的，并表现为何种形式的法律文件。我国经济法的渊源主要有以下几种：

（一）宪法

宪法由国家最高权力机关——全国人民代表大会制定。它规定国家的基本制度和根本任务，是国家的根本大法，具有最高的法律效力。

（二）法律

法律是由全国人民代表大会及其常务委员会经一定立法程序制定的规范性文件。其法律效力和地位仅次于宪法，是制定其他规范性文件的依据。

（三）法规

法规包括行政法规和地方性法规，其效力次于宪法和法律。

（四）规章

规章包括国务院部门规章和地方政府规章。

（五）民族自治地方自治条例和单行条例及特别行政区法

民族自治地方自治条例和单行条例是指民族自治地方的人民代表大会依照当地民族的政治、经济和文化的特点，依法制定的自治条例和单行条例。特别行政区法是指特别行政区基本法、依法予以保留的特别行政区原有法律和特别行政区立法机关依法制定的法律，例如《中华人民共和国香港特别行政区基本法》《中华人民共和国澳门特别行政区基本法》等。

（六）司法解释

司法解释是指最高人民法院和最高人民检察院在总结实践经验的基础上发布的指导性文件和法律解释。

（七）国际条约、协定

国际条约、协定是指我国作为国际法主体缔结或参加的国际条约、双边或多边协定及其他具有条约、协定性质的文件。

五、经济法的基本原则

经济法的基本原则是经济法本质和精神的集中体现，它是用来指导经济立法、执法、司法、守法以及经济法理论研究的基本指导思想和行为准则，是对整个经济法内容高度的抽象和概括。

（一）国家适度干预原则

所谓适度干预，就是要求国家授权政府在法律规定的范围内对经济进行干预，这种干预应积极主动地进行，同时干预不能过多也不能过少。

（二）社会本位原则

社会本位是以维护社会公共利益为出发点的经济法的本位思想。社会公共利益满足程度是与国家的宏观调控、经济个体的行为以及市场的运行和社会分配行为紧密联系的，个人利益只有与社会公共利益平衡发展才能得到实现。经济法把社会本位作为调整原则，表明经济法在对产业调节、固定资产投资、货币发行、产品质量控制、消费者权益保护等关系进行调整时，要以社会利益为本位。与此同时，任何市场主体，在进行市场行为时，都不能一味地追求自身利益的最大化而忽视对社会公共利益的关注，否则也是对自己应当承担的社会责任的背离。

(三) 资源优化配置原则

资源是一个内涵广泛的概念，可以表述为：人力资源、财力资源、物力资源、技术资源以及信息资源等。资源的优化配置是指资源在生产和再生产各个环节上的合理与有效的流动和配备。

(四) 经济效益和经济公平原则

经济法的最基本原则应该是维护社会经济总体效益和兼顾各方经济利益，即经济效益和经济公平原则。提高经济效益是我国全部经济工作的重点和归宿，同时也是国家加强经济立法所要追求的终极价值目标。无论是市场主体规制法、市场秩序规制法、宏观调控和可持续发展保障法，还是社会分配调控法都要把促进和保障提高企业的经济效益和社会经济效益摆在首位。经济法追求的公平是社会总体的经济公平，社会总体公平要求绝大多数个体和团体间必须公平。

任务二 经济法律关系

一、经济法律关系的概念

(一) 法律关系

法律关系是指法律规范在调整人们行为过程中形成的权利义务关系。

(二) 经济法律关系

经济法律关系是指在国家对管理经济、协调经济活动过程中根据经济法的规定而形成的权利和义务关系。即法律上的权利与义务的关系，或者说法律关系是指被法律规范所调整的权利义务的关系。

二、经济法律关系的要素

法律关系是由法律关系的主体、法律关系的内容和法律关系的客体三个要素构成的。缺少其中任何一个要素，都不能构成法律关系。

(一) 经济法律关系的主体

1. 经济法律关系主体的概念

经济法律关系的主体也称经济法的主体，是指参加经济法律关系，依法享有经济权利和承担经济义务的当事人。

经济法律关系的主体是经济法律关系的参加者、当事人。在经济法律关系中，享有权利的一方称为权利人，承担义务的一方称为义务人。

2. 经济法律关系主体的资格

主体资格是指当事人参加经济法律关系，享有经济权利和承担经济义务的资格和能力。

一般来说，法人和社会组织的权利能力与行为能力是一致的，但对公民来说，有权利能力，不一定就有行为能力，法律一般以年龄和精神智力状况作为确定和判断公民行为能力的依据。

知识小结

我国《民法典》规定：

（1）完全民事行为能力人：18周岁以上的成年人；16周岁以上的，以自己的劳动收入为主要生活来源的未成年人。

（2）限制民事行为能力人：8周岁以上的未成年人；不能完全辨认自己行为的成年人。

（3）无民事行为能力人：不满8周岁的未成年人；不能辨认自己行为的成年人；8周岁以上不能辨认自己行为的未成年人。

课堂实训任务

任务1-1　7周岁的小明在校门口文具店赊账的行为，是否承担法律责任？

民事行为能力

3. 经济法律关系主体的种类

（1）国家机关。国家机关是指行使国家职能的各种机关的通称，包括国家权力机关、国家行政机关和国家司法机关等。作为经济法律关系主体的国家机关主要是指国家行政机关中的经济管理机关。

（2）社会组织。它是市场中最主要的主体，是经济法律关系中最广泛的主体。主要包括：企业、事业单位、公司、农村经济组织、社会团体。

企业是指依法设立的以营利为目的的从事生产经营活动的独立核算的经济组织。

事业单位是指由国家财政预算拨款或其他企业、社会组织拨款设立的从事文化、教育、科研、卫生等事业的单位。例如：学校、医院、科研院所等。

社会团体主要是指人民群众或社会组织依法组成的非经营性的社会组织，包括群众团体、公益组织、文化团体、学术团体、自律性组织等。例如：党团组织、工会、妇联、学术团体等。

（3）经济组织的内部机构和有关人员。经济组织内部担负一定经济管理职能的分支机构和有关人员，在根据法律、法规的有关规定参加经济组织内部的经济管理法律关系时，则具有经济法律关系主体的资格。

（4）个人。包括个体工商户、农村承包经营户和自然人。当他们参与经济法律、法规规定的经济活动时，便成为经济法律关系的主体。

知识链接

承包户在依法同集体组织发生承包合同关系时，个体工商户或公民同国家税务机关发生税收征纳关系时，就成为经济法律关系的主体。

（二）经济法律关系的内容

经济法律关系的内容是指经济法律关系主体所享有的经济权利和承担的经济义务。

1. 经济权利

（1）财产所有权。财产所有权，即所有权，是指所有者对其财产依法享有的独立支配权，包括占有、使用、收益和处分的权能。所有权具有排他性、绝对性，一物之上只能有一个所有权。

（2）法人财产权。法人财产权，指企业法人对企业所有权投资所设企业的全部财产在经营中享有的占有、使用、收益、处分的权利。

（3）经营管理权。经营管理权是指企业进行生产经营活动时依法享有的权利。经营管理权可以分为两大类：一是经营权；二是管理权，即市场主体对于自己内部的生产经营活动进行组织、协调和管理的权利。

（4）经济职权。经济职权对国家机关及其工作人员来说既是权利，又是义务，不得随意放弃或转让，否则便是违法。

（5）债权。

> **知识链接**
>
> 债产生的原因：
>
> 合同。合同是债权产生的最主要原因。
>
> 侵权行为。侵权行为可分为一般侵权行为和特殊侵权行为。在一般侵权行为中，当事人一方只有因自己的过错而给他人造成人身和财产损失时，才负赔偿的责任，如果没有过错，就不需负赔偿责任。而在特殊侵权行为中，只要造成了他人的损失，就算不存在过错，仍要负赔偿责任。
>
> 不当得利。不当得利是指既没有法律上的原因，也没有合同上的原因，取得了不当利益，而使他人受到损失的行为。在不当得利的情况下，受到损失的当事人有权要求另一方返还不当利益。
>
> 无因管理。无因管理是指没有法定或者约定的义务，为避免他人的利益受损失而进行管理和服务的，提供管理和服务的一方有权要求他方支付必要的费用。

（6）知识产权。知识产权即专利权、商标权、著作权等。

2. 经济义务

经济义务是指经济法主体依经济法律、法规的规定或约定而承担的为一定行为或不为一定行为的义务。

（三）经济法律关系的客体

1. 经济法律关系客体的概念

经济法律关系的客体是指经济法律关系主体的权利和义务所共同指向的对象。客体是确立权利义务关系的性质和具体内容的依据，也是确定权利行使与否和义务是否履行的客观标准。权利和义务只能通过客体才能得到体现和落实。如果没有客体，权利义务就失去了依附的目标和载体，无所指向，也就不可能发生权利义务。

2. 经济法律关系客体的种类

法律关系客体的内容和范围是由法律规定的。经济法律关系的客体，概括起来主要包括以下三类：

（1）物。指可为人们控制的、具有一定经济价值和实物形态的生产资料和消费资料。物可以是自然物，如土地、矿藏、水流、森林；也可以是人造物，如建筑物、机器等；还可以是财产物品的一般表现形式——货币及有价证券。

（2）经济行为。作为法律关系的客体不是指人们的一切行为，而是指法律关系的主体为达到一定目的所进行的作为（积极行为）或不作为（消极行为），如生产经营行为、经济管理行为、完成一定工作的行为和提供一定劳务的行为等。

（3）智力成果。它是指人们通过脑力劳动创造的能够带来经济价值的精神财富，如著作、发现、发明、设计等，它们分别为著作权关系、发现权关系、发明权关系、商标权关系的客体。智力成果是一种精神形态的客体，是一种思想或者技术方案，不是物，但通常有物质载体，如书籍、图册、录像、录音等，就是记录、承载智力成果的物质形式。它的价值不在于它的物质载体价值，而在于它的思想或技术能够创造物质财富，带来经济效益，它是一种知识财富。

> **课堂实训任务**

任务 1-2　甲国有企业将某项生产任务承包给其内部的乙车间来完成，双方为此约定了承包责任书，约定乙车间可以使用甲国有企业的机器设备和原材料，但必须在规定期限内完成该项生产任务等事宜。请问在甲国有企业和乙车间之间是否形成了经济法律关系？如果形成，请指出主体、内容、客体。

三、经济法律关系的发生、变更和消灭

（一）法律事实的概念

法律事实，是指由法律规范所确定的、能够产生法律后果，即能够直接引起法律关系发生、变更或者消灭的情况。法律规范和法律主体只是法律关系产生的抽象的、一般的前提，并不能直接引起法律关系的变化，法律事实则是法律关系产生的具体条件，只有当法律规范规定的法律事实发生时，才会引起法律关系的发生、变更和消灭。法律事实是法律关系发生、变更和消灭的直接原因。

（二）法律事实的分类

1. 法律事实

法律事实可以分为两大类：法律行为和法律事件。

（1）法律行为是指以法律关系主体意志为转移、能够引起法律后果，即引起法律关系发生、变更和消灭的人们有意识的活动。它是引起法律关系发生、变更和消灭的最普遍的法律事实。

按法律行为的外在表现情况，可以分为作为和不作为两种形式。作为是指积极地实行具有法律意义的动作行为；不作为是指消极地不实行法律要求的动作行为。

按行为性质可分为合法行为和违法行为。合法行为引起法律关系的发生、变更和消灭的情况最为常见，如依法订立合同、缔结婚姻、录用职工。违法行为也可以引起法律关系的发生，如侵权行为可以引起民事诉讼和损害赔偿关系，违反行政法规可以引起行政处罚和行政处分关系，犯罪行为可引起刑事诉讼和刑事处罚关系等。

（2）法律事件是指不以人的主观意志为转移的，能够引起法律关系发生、变更和消灭的法定情况或者现象。

事件可以是自然现象，如地震、洪水、台风等造成的自然灾害；也可以是某些社会现象，如战争爆发、重大政策的改变等，虽属人的行为引起，但其出现在特定法律关系中并不以当事人的意志为转移。

自然灾害可引起保险赔偿关系的发生或合同关系的解除；人的出生可引起抚养关系、户籍管理关系的发生；人的死亡可引起抚养关系、婚姻关系、劳务合同关系的消灭，继承关系的发生；重大社会变革可引起多领域法律关系的变化。由自然现象引起的事实又称为绝对事件，由社会现象引起的事实又称为相对事件。它们的出现都是不以人们（当事人）的意志为转移的，具有不可抗力的特征。

课堂实训任务

任务 1-3　年初某农场与粮食收购部门订立购销合同一份。夏季来临，正值粮食收获季节。该农场所在地连日暴雨，大大影响了粮食的收割进度，并导致粮食减产。为此，该农场向粮食收购部门说明情况，并请求延期交货和减少供货数量，粮食收购部门不同意，要求解除合同。请指出引起双方法律关系终止的法律事实。

2. 事实构成

引起某一经济法律关系的发生、变更或终止的几个法律事实的总和，称为经济法律关系的"事实构成"。

任务三　法律责任

一、法律责任概述

法律责任是指行为人不履行法定或约定的义务，依法应当承担的不利后果。

简言之，法律责任就是因违法行为或违约行为而应承担的法律后果。法律责任是法的基本构成要素。无论何种类型的法律，都规定了违反法律应承担相应的责任。

二、经济法律责任的概念

经济法律责任即违反经济法的法律责任，是指经济法律关系主体因实施了违反经济法律、法规的行为而应承担的法律后果。

它是国家用以保护现实的经济法律关系的重要方法，是经济法律主体的经济权利和经济义务得以实现的保障机制。

三、经济法律责任的形式

（一）民事法律责任

民事法律责任是指违反了民事法律规范而应当依法承担的民事法律后果。民事法律责任的特点有：

（1）民事法律责任是民事主体违反民事法律的后果。民事法律责任就是基于民事违法行为而产生的，具体包括违反合同的民事法律责任和侵权的民事法律责任两类。

（2）民事法律责任可以在允许的范围内自愿和解。强制性是一切法律责任共有的特性，民事法律责任也不例外。但应该注意的是，在一定条件下，民事法律责任不一定要求国家相关的有权机关的干预，可以不经过诉讼程序，而直接由当事人在国家和政策允许的范围内自愿和解，协商解决。

（3）民事法律责任主要是财产责任。在民事活动中，违反民事义务往往与财产损害有关，这就决定了民事法律责任主要是具有经济内容的财产责任。

违法行为人承担民事责任的方式主要有以下几种：停止侵害，排除妨碍，消除危险，返还财产，恢复原状，修理、重作、更换，赔偿损失，支付违约金，消除影响、恢复名誉，赔礼道歉。

（二）行政法律责任

行政法律责任是指违反了行政法律规范而应当依法承担的行政法律后果。行政法律责任的特点有：

（1）行政法律责任是基于行政法律关系而发生的，即在行政管理中，由行政主体一方违反行政法律义务或相对人违法所引起的法律关系。行政主体与公民、法人或其他组织在民事法律关系或其他关系中违法而引起的责任不是行政法律责任。

（2）行政法律责任追究机关及追究程序具有多样性。承担行政法律责任的主体具有多元性，由此决定了做出行政制裁措施的机关及程序具有多样性，这也是行政法律责任与民事法律责任和刑事法律责任的不同之处。

（3）民事法律责任和刑事法律责任的追究机关都具有单一性即只能由国家的司法机关来追究，而行政法律责任的追究机关既可以包括国家的权力机关、司法机关，也可以包括国家的行政机关。

行政责任形式可分为：行政处分和行政处罚。行政处罚主要有：警告；罚款；没收违法所得、没收非法财物；责令停产停业；暂扣或吊销许可证和营业执照；行政拘留。

（三）刑事法律责任

刑事法律责任是指违反了刑事法律规范而应当依法承担的刑事法律后果。刑事法律责任的特点有：

（1）承担刑事法律责任的根据是严重的违法行为。一般来说，只有当违法行为人实施了《中华人民共和国刑法》所禁止的行为，也就是实施了犯罪行为才能受到刑事制裁。

（2）刑事法律责任是最严重的法律责任。从责任形式上不仅包括管制、拘役、有期徒刑、无期徒刑等主刑和剥夺政治权利、没收财产等附加刑，而且包括剥夺犯罪人生命权利的死刑。

（3）刑事法律责任具有法定性。一方面，犯什么罪，承担何种刑事责任，应当依法确定，即有法可依；另一方面，根据犯罪人的自身悔过程度，可以对其加刑或减刑，以加重或减轻刑事法律责任的程度，但这些变更也应是有法可依的。

违法行为人承担刑事责任的方式主要分主刑和附加刑。主刑有：管制、拘役、有期徒刑、无期徒刑和死刑；附加刑有：罚金、剥夺政治权利和没收财产。此外，对于犯罪的外国人，可以独立适用或者附加适用驱逐出境。

知识链接

罚款与罚金的区别：

罚款，是行政处罚，是指行为人的行为没有违反刑法的规定，而是违反了治安管理、工商、行政、税务等各行政法规的规定，行政执法部门依据行政法规的规定和程序决定罚款数额，它不由人民法院判决。

罚金是指强制犯罪人向国家缴纳一定数额金钱的刑罚方法。罚金作为一种财产刑，是以剥夺犯罪人金钱为内容的，这是罚金与其他刑罚方法显著区别之所在。

复习思考题

1. 经济法的概念及调整对象是什么？
2. 经济法律关系的构成要素有哪些？
3. 经济权利包括哪些内容？
4. 经济法的基本原则有哪些？

专项实训项目

活动目标和要求

学生提前分组，安排一个课时，进行分组讨论。使学生能够在实际案例中掌握经济法律关系的构成要素，并能准确地指出经济法律关系中的主体、内容、客体。

实训组织

将教室的课桌椅摆放成集中式六组，组与组隔开，避免互相影响，讨论仅限本组成员，每位学生都必须参与。

实训内容及成果

每组选一个代表总结讨论结果，并阐明理由，现场陈述并提交讨论总结稿。其他成员做相应的补充。教师现场点评，参照学生的表现情况评分。

实训材料

2015年2月，武汉肉联厂由汉口站发往广州猪肉一车，收货人是广州肉食贸易公司，与此同时，发往长沙牛肉一车，收货人是长沙市食品公司。

汉口站承运后，因工作人员误将两车号互串，致使猪肉运到长沙站卸车，之后，长沙站与长沙市食品公司联系，该公司出具证明文件，并在货票上写明：货是我公司的，有问题我公司负责，随后将猪肉领走。

事后，武汉肉联厂曾多次派人前往长沙市食品公司协商猪肉货款问题，均未能解决。

组织讨论的焦点问题

- 上述案例存在哪些法律关系？
- 分别指出主体、内容、客体。
- 分析以上经济法律关系产生的法律事实。

项目二

个人独资企业法

导入案例

【案情简介】

刘某是某高校的研究生，经济上独立于其家庭。刘某在工商行政管理机关注册成立了一家主营信息咨询的个人独资企业，取名为"远大信息咨询有限公司"，注册资本为人民币一万元。公司经营形势看好，收益甚丰。后来黄某与刘某协议参加该个人独资企业的投资经营，并投资5万元人民币。经营过程中先后共聘用工作人员10名，对此刘某认为自己开办的是私人企业，并不需要为职工办理社会保险，因此没有给职工缴纳社会保险费，也没有与职工签订劳动合同。后来该个人独资企业因经营不善导致负债10万元。刘某决定于2004年10月解散企业。

【问题】

1. 该企业的设立是否合法？
2. 企业名称是否违反法律规定？
3. 黄某参与公司以后，怎样保证自己的权益？
4. 不与职工签订劳动合同并为其办理社会保险是否合法？

教学目标

- 理解个人独资企业的概念和法律特征
- 掌握我国个人独资企业的设立条件、投资人权利及个人独资企业事务管理的相关法律制度
- 了解个人独资企业的解散、清算和法律责任

实训目标

- 能应用个人独资企业法的原理设立个人独资企业
- 能处理个人独资企业经营过程中涉及的法律问题

任务一　个人独资企业法概述

一、个人独资企业法的概念特征

（一）个人独资企业法的概念

个人独资企业，是指依照法律规定在中国境内设立，由一个自然人投资，财产为投资人个人所有，投资人以其个人财产对企业债务承担无限责任的经营实体。

（二）个人独资企业法的法律特征

（1）个人独资企业由一个自然人投资。根据法律规定，设立个人独资企业的只能是一个自然人，并且仅指中国公民。

（2）个人独资企业的投资人对企业的债务承担无限责任。投资人对企业的债务承担无限责任，即当企业的资产不足以清偿到期债务时，投资人应以自己个人的全部财产用于清偿。

（3）个人独资企业的内部机构设置简单，经营管理方式灵活。个人独资企业的投资人既可以是企业的所有者，又可以是企业的经营者。因此，法律对其内部机构的设置和经营管理方式不像公司和其他企业那样加以严格规定。

（4）个人独资企业是非法人企业。个人独资企业由一个自然人出资，投资人对企业的债务承担无限责任。个人独资企业虽不具有法人资格，但却是独立的民事主体，可以以自己的名义从事民事活动。

> **知识链接**
>
> 在个人独资企业法中，作为投资主体的必须是法律意义上的自然人。对于投资形式的要求为只能是一个自然人的投资，只有一个人的投资才能称得上是独资，两个以上的人进行投资，显而易见就不是一种单独的投资，不属于独资的形式。所以限于是自然人，同时又是一个自然人投资创立的，这就是个人独资企业的显著特征，或者说是决定其本质属性的特征。

二、个人独资企业与个体工商户的比较

（一）个体工商户的概念

一般认为，个体工商户是指生产资料归劳动者个人所有，以自己个人的劳动为基础，劳动成果由劳动者个人占有和支配的市场经营主体。而根据 2011 年 3 月 30 日由国务院通过，并自 2011 年 11 月 1 日起施行的《个体工商户条例》的规定，有经营能力的公民，依照《个体工商户条例》的规定经工商行政管理部门登记，从事工商业经营的，为个体工商户。同时条例规定，个体工商户可以个人经营，也可以家庭经营。

（二）个体工商户的特征

个体工商户是个体工商业经济在法律上的表现，其具有以下特征：

（1）个体工商户是从事工商业经营的有经营能力的公民。

（2）公民从事个体工商业经营必须依法核准登记。个体工商户的登记机关是县、自治县、不设区的市、市辖区工商行政管理部门。个体工商户经核准登记，取得营业执照后，才可以开始经营。个体工商户登记事项变更的，应当向登记机关申请办理变更登记。

（3）国家对个体工商户实行市场平等准入、公平待遇的原则。申请办理个体工商户登记，申请登记的经营范围不属于法律、行政法规禁止进入的行业的，登记机关应当依法予以登记。

（4）个体工商户业主对其经营中的债务承担无限责任。

（三）个人独资企业和个体工商户的比较

个人独资企业与个体工商户很容易混淆，因为二者有一些共同之处，包括：① 出资人为一个自然人；② 对外债务承担均为无限责任；③ 都只承担个人所得税，税前扣除标准一样。但个人独资企业与个体工商户在法律地位上根本不同，个人独资企业是经济组织，是企业的一种形式，在经营管理上要按国家的企业管理制度进行；而个体工商户在法律上是具有经营资格的自然人，不具有企业属性，其经营管理的自由度更高。此外，二者的法律依据不同，个人独资企业依照《个人独资企业法》设立和经营管理；个体工商户依照《民法典》《个体工商户条例》等的规定设立和经营管理。

三、个人独资企业法的概念和基本原则

（一）个人独资企业法

广义的个人独资企业法，是指国家关于个人独资企业的各种法律规范的总称；狭义的个人独资企业法，是指1999年8月30日第九届全国人大常委会通过、自2000年1月1日起施行的《中华人民共和国个人独资企业法》（以下简称《个人独资企业法》）。该法共6章48条，对个人独资企业的设立、个人独资企业的投资人及事务管理、个人独资企业的解散和清算、法律责任等做了明确规定。

（二）个人独资企业法的基本原则

个人独资企业法规定了以下几项基本原则：

（1）国家依法保护个人独资企业的财产和其他合法权益。个人独资企业财产是指个人独资企业的财产所有权，包括对财产的占有、使用、处分和收益的权利；其他合法权益是指财产所有权以外的有关权益，如名称权、自主经营权、平等竞争权、拒绝摊派权等。

（2）个人独资企业从事经营活动必须遵守法律、行政法规，遵守诚实信用原则，不得损害社会公共利益。只有遵守法律及行政法规，才能保证生产经营活动的有序进行，才能促进社会经济秩序的良性运行；只有诚实守信，才能取得他人信任，才能树立良好的企业形象；不得损害社会公共利益是企业从事民事活动必须遵循的基本原则之一。任何企业都应尽到以上义务，个人独资企业也不例外。

（3）个人独资企业应当依法履行纳税义务。依法纳税是每个公民和企业应尽的义务。个人独资企业在经营活动中应当依照有关法律、法规规定缴纳各项税款。

（4）个人独资企业应当依法招用职工。个人独资企业应当严格按照劳动法及有关规定招用职工。企业招用职工应当与职工签订劳动合同，签订劳动合同必须遵循平等自愿、协商一致的原则，并不得违反国家法律、行政法规和有关政策规定。

（5）个人独资企业职工的合法权益受法律保护。个人独资企业职工依法建立工会，工会依法开展活动。

> **课堂实训任务**

任务 2-1　下列选项中，能够成为个人独资企业投资人的有（　　）。
A. 某国有企业下岗工人　　　　　　B. 某外国公司外籍人员
C. 某国家机关公务员　　　　　　　D. 某派出所警察
答案：A

任务二　个人独资企业的设立

一、个人独资企业的设立条件

根据《个人独资企业法》的规定，设立个人独资企业应当具备下列条件：
（1）投资人为一个自然人，且只能是中国公民。
（2）有合法的企业名称。个人独资企业的名称可以叫厂、店、部、中心、工作室等，个人独资企业名称中不得使用"有限""有限责任"或者"公司"字样。
（3）有投资人申报的出资。《个人独资企业法》对设立个人独资企业的出资数额未做限制。投资人可以个人财产出资，也可以家庭共有财产作为个人出资。
（4）有固定的生产经营场所和必要的生产经营条件。
（5）有必要的从业人员。即要有与其生产经营范围、规模相适应的从业人员。

> **知识链接**

个人独资企业的基本特点，决定了这种企业形式的优势，个人独资企业历史悠久，几千年前它就已经存在，在历史上，农业、商业、手工业、渔业、家庭作坊等多数采用这种形式。一般地说，它的优势在于：

（1）个人投资，设立容易。因为是一个人投资，个人决策即可设立，无须与其他人在一起按照议事程序制定章程，申请、登记也比较简便。
（2）规模较小，灵活多样。个人独资企业为一人出资，一般都规模较小，或者说，绝大多数是小规模的经营，能适应市场迅速多样的变化，以多样化的经营适应市场多样的需要。
（3）个人经营，效率较高。个人独资企业往往是所有者与经营者集于一体，业主自行决定经营事项，效率高、行动快，这种运营方式使个人独资企业更易于贴近市场，更富于竞争力。
（4）吸纳劳动力，扩大就业。个人独资企业点多、面广、数量大，可以吸纳一大批人就业，服务于社会，也为自己谋利。
（5）有利于扩大社会投资。举办个人独资企业，从事生产经营，就是将社会闲散资金转入投资领域，这种投资的数额会随着个人独资企业所发挥的作用和企业素质的提高而有所变化。
（6）有利于适应产品、服务创新的需要。个人独资企业规模小，又比较灵活，在市场竞争中以创新求生存，用创新来满足社会的多样化需要，争取市场空间；同时，现代科学技术的发展，现代生产工具日趋小型化，也为个人独资企业这种企业形式在产品生产和提供服务方面增添了发展的机会。

二、个人独资企业的设立程序

（一）提出申请

申请设立个人独资企业，应当由投资人或者其委托的代理人向个人独资企业所在地的登记机关提出设立申请。投资人申请设立登记，应当向登记机关提交下列文件：

（1）投资人签署的个人独资企业设立申请书，设立申请书应当载明：企业的名称和住所；投资人的姓名和居所；投资人的出资额和出资方式；经营范围及方式。

（2）投资人身份证明，主要是身份证和其他有关证明材料。

（3）企业住所证明和生产经营场所使用证明等文件，如土地使用证明、房屋产权证或租赁合同等。

（4）委托代理人申请设立登记的，应当提交投资人的委托书和代理人的身份证明或者资格证明。

（5）国家工商行政管理局规定提交的其他文件。

（二）工商登记

登记机关应当在收到设立申请之日起15日内，对符合规定条件的予以登记，发给营业执照；对不符合规定条件的，不予登记，并应当给予书面答复，说明理由。个人独资企业营业执照的签发日期，为个人独资企业成立日期。在领取个人独资企业营业执照前，投资人不得以个人独资企业名义从事经营活动。

个人独资企业设立分支机构，应当由投资人或者其委托的代理人向分支机构所在地的登记机关申请设立登记。分支机构的民事责任由设立该分支机构的个人独资企业承担。个人独资企业存续期间登记事项发生变更的，应当在做出变更决定之日起15日内依法向登记机关申请办理变更登记。

> **课堂实训任务**
>
> 任务 2-2　根据法律规定，下列关于个人独资企业设立条件的判断，正确的是（　　）。
> A. 投资人只能是自然人　　　　　　B. 投资人需具有完全民事行为能力
> C. 须有企业章程　　　　　　　　　D. 有符合规定的法定最低注册资本
> 答案：AB。本题测试个人独资企业的设立条件。

任务三　个人独资企业的投资人及事务管理

一、个人独资企业投资人的资格

根据《个人独资企业法》的规定，个人独资企业的投资人为具有中国国籍的自然人，但法律、行政法规禁止从事营利性活动的人，不得作为投资人申请设立个人独资企业。根据我国有关法律、行政法规规定，国家公务员、党政机关领导干部、警官、法官、检察官等，不得作为投资人申请设立个人独资企业。

二、个人独资企业投资人的权利和责任

个人独资企业投资人对本企业的财产依法享有所有权，其有关权利可以依法进行转让或继承。企业的财产不论是投资人的原始投入还是经营所得，均归投资人所有。

由于个人独资企业是一个投资人以其个人财产对企业债务承担无限责任的经营实体，因此，根据法律规定，个人独资企业财产不足以清偿债务的，投资人应当以其个人的其他财产予以清偿。如果个人独资企业投资人在申请企业设立登记时明确以其家庭共有财产作为个人出资的，应当依法以家庭共有财产对企业债务承担无限责任。

知识链接

个人独资企业是社会中的经济实体，它应当对社会负有责任。在个人独资企业法中主要有以下规定：

个人独资企业从事经营活动必须遵守法律、行政法规，不得从事法律、行政法规禁止经营的业务，这是个人独资企业必须承担的依法行事、合法经营的责任。

个人独资企业不得损害社会公共利益的责任。这是指个人独资企业可以依法谋取利益，追求利润，但是要以不得损害社会公共利益为前提，社会公共利益高于企业的利益。

个人独资企业应当遵守诚实信用原则，不得欺骗消费者，不得对社会公众有欺诈行为，这也是一种应有的社会责任。

个人独资企业应当依法履行纳税义务，这就是承担依法纳税的社会责任。

三、个人独资企业的事务管理

个人独资企业投资人可以自行管理企业事务，也可以委托或者聘用其他具有民事行为能力的人负责企业的事务管理。

投资人委托或者聘用他人管理个人独资企业事务，应当与受托人或者被聘用的人签订书面合同。合同应明确委托的具体内容、授予的权利范围、受托人或者被聘用的人应履行的义务、报酬和责任等。受托人或者被聘用的人员应当履行诚信、勤勉义务，以诚实信用的态度对待投资人和企业，尽其所能依法保障企业利益，按照与投资人签订的合同负责个人独资企业的事务管理。投资人对受托人或者被聘用的人员职权的限制，不得对抗善意第三人。

《个人独资企业法》规定，投资人委托或者聘用的管理个人独资企业事务的人员不得有下列行为：

（1）利用职务上的便利，索取或者收受贿赂；
（2）利用职务或者工作上的便利侵占企业财产；
（3）挪用企业的资金归个人使用或者借贷给他人；
（4）擅自将企业资金以个人名义或者以他人名义开立账户储存；
（5）擅自以企业财产提供担保；

(6) 未经投资人同意，从事与本企业相竞争的业务；
(7) 未经投资人同意，同本企业订立合同或者进行交易；
(8) 未经投资人同意，擅自将企业商标或者其他让给他人使用；
(9) 泄露本企业的商业秘密；
(10) 法律、行政法规禁止的其他行为。

> 课堂实训任务

任务 2-3　万某因出国留学将自己的独资企业委托给陈某管理，并授权陈某 5 万元以下的开支和 50 万元以下的交易可自行决定。假设第三人对此授权不知情，则陈某受托期间实施的下列哪一行为为我国法律禁止或无效？

A. 未经万某同意与某公司签订的交易额为 100 万元的合同
B. 未经万某同意将自己的房屋以 1 万元出售给该企业
C. 未经万某同意向某电视台支付 8 万元的广告费
D. 未经万某同意聘用其妻为销售主管

答案：B。根据《个人独资企业法》第 20 条规定，投资人委托或聘用管理个人独资企业的人员不得有下列行为，未经投资人同意，同本企业订立合同或进行交易……

任务四　个人独资企业的解散和清算

一、个人独资企业的解散

个人独资企业的解散，是指个人独资企业终止活动使其民事主体资格消灭的行为。个人独资企业应当解散的情形为：
(1) 投资人决定解散；
(2) 投资人死亡或者被宣告死亡，无继承人或者继承人决定放弃继承；
(3) 被依法吊销营业执照；
(4) 法律、行政法规规定的其他情形。

> 知识链接

个人独资企业解散的原因：一是投资人的愿望，如果投资人不再愿意经营的，则可以决定解散，并不需要提出什么理由。二是投资人死亡，这是由于个人独资企业是个人单独出资的，出资主体已不存在，则企业随之消失，但是如果与财产继承相联系，则应当考虑两种情况，一种情况是有合法继承人而又愿意继续经营的，企业可以继续存在，这与传统的需要解散的做法相比有了较多的灵活性；另一种情况为无继承人或者继承人决定放弃继承的则应当解散。三是被依法吊销营业执照，实际上这是被依法取消经营资格后的解散行为。四是法律、行政法规规定的其他情形。由于个人独资企业数量很多，分布得又极广，解散的原因除前三种外还会有其他的情况，所以在法律上留有余地。

二、个人独资企业的清算

个人独资企业解散,应当进行清算,要符合下列要求:

(1)确定清算人。清算人由两种方式产生:由投资人自行清算;由债权人申请人民法院指定清算人进行清算。

(2)通知和公告债权人。投资人自行清算的,应当在清算前 15 日内书面通知债权人,无法通知的,应当予以公告。债权人应当在接到通知之日起 30 日内,未接到通知的应当在公告之日起 60 日内,向投资人申报债权。

(3)财产清偿顺序。个人独资企业解散的,财产应当按照下列顺序清偿:① 所欠职工工资和社会保险费用;② 所欠税款;③ 其他债务。个人独资企业财产不足以清偿债务的,投资人应当以其个人的其他财产予以清偿。

(4)清算期间对投资人的要求。清算期间,个人独资企业不得开展与清算目的无关的经营活动,在按前述财产清偿顺序未清偿完债务的,投资人不得转移、隐匿财产。

(5)投资人的持续清偿责任。个人独资企业解散后,原投资人对个人独资企业存续期间的债务仍应承担偿还责任,但债权人在 5 年内未向债务人提出偿债请求的,该责任消灭。

(6)注销登记。个人独资企业清算结束后,投资人或者人民法院指定的清算人应当编制清算报告,并于 15 日内到登记机关办理注销登记。经登记机关注销登记,个人独资企业终止。个人独资企业办理注销登记时,应当交回营业执照。

> **课堂实训任务**
>
> 任务 2-4　甲以个人财产设立一个人独资企业,后甲病故,其妻和子女(均已满 18 周岁)都明确表示不愿意继承该企业,该企业只得解散,该企业解散时,应由谁进行清算?
> A. 应由其子女进行清算　　　　　B. 应由其妻进行清算
> C. 应由妻及其子女进行清算　　　D. 应由债权人申请法院指定清算人
> 答案:D。根据《个人独资企业法》第 27 条的规定,个人独资企业解散,应由投资人自行清算或由债权人申请人民法院指定清算人进行清算。因此,原则上投资人自行清算,但经债权人申请,人民法院可以指定债权人以外的人进行清算。

任务五　违反《个人独资企业法》的法律责任

违反《个人独资企业法》的法律责任包括民事责任、行政责任和刑事责任等,下面主要列举个人独资企业及其投资者、个人独资企业投资人委托或者聘用人员的法律责任。

一、个人独资企业及投资人的法律责任

(1)违反规定,提交虚假文件或采取其他欺骗手段取得企业登记的,责令改正,处以 5 000 元以下的罚款;情节严重的,并处吊销营业执照。

(2)违反规定,个人独资企业使用的名称与其在登记机关登记的名称不相符合的,责令限期改正,处以 2 000 元以下的罚款。

(3)涂改、出租、转让营业执照的,责令改正,没收违法所得,处以 3 000 元以下的罚

款；情节严重的，吊销营业执照。伪造营业执照的，责令停业，没收违法所得，处以5 000元以下的罚款。构成犯罪的，依法追究刑事责任。

（4）个人独资企业成立后无正当理由超过6个月未开业的，或者开业后自行停业连续6个月以上的，吊销营业执照。

（5）违反规定，未领取营业执照，以个人独资企业名义从事经营活动的，责令停止经营活动，处以3 000元以下的罚款。个人独资企业登记事项发生变更时，未按规定办理有关变更登记的，责令限期办理变更登记；逾期不办理的，处以2 000元以下的罚款。

（6）个人独资企业违反规定，侵犯职工合法权益，未保障职工劳动安全，不缴纳社会保险费用的，按照有关法律、行政法规予以处罚，并追究有关责任人员的责任。

（7）个人独资企业及其投资人在清算前或清算期间隐匿或者转移财产、逃避债务的，依法追回其财产，并按照有关规定予以处罚；构成犯罪的，依法追究刑事责任。

知识链接

在实际生活中，由于众多原因，在相当一部分家庭中，人们的个人财产与家庭财产是不做明确划分，也难以划分清楚的，家庭成员的财产一般都是以家庭共有财产的形式存在着。一些个人独资企业的投资主体是一个自然人，但投资人设立企业用作出资的财产实际上是家庭共有财产，个人独资企业的生产经营收益也都为投资人的家庭成员所共同享有。在这种情况下，当需要对个人独资企业的债务承担财产责任时，只是以一部分家庭财产作为投资人个人财产，对个人独资企业债务承担无限责任，对投资人来说，就会造成事实上的权利义务不平等，在一定程度上也规避了一部分财产责任。针对我国存在这种实际情况，在本法第二条规定的个人独资企业投资人以其个人财产对企业债务承担无限责任的基础上，本条又对投资人承担无限责任的财产范围做出了特别规定：个人独资企业投资人在申请企业设立登记时，明确以其家庭共有财产作为个人出资的，应当依法以家庭共有财产对企业债务承担无限责任。

二、投资人委托或者聘用的人员的法律责任

（1）投资人委托或者聘用的人员管理个人独资企业事务时违反双方订立的合同，给投资人造成损害的，承担民事赔偿责任。

（2）投资人委托或者聘用的人员违反《个人独资企业法》的规定，侵犯个人独资企业财产权益的，责令退还侵占的财产；给企业造成损失的，依法承担赔偿责任；有违法所得的，没收违法所得；构成犯罪的，依法追究刑事责任。

课堂实训任务

任务2-5　1. 个人独资企业的投资人对企业债务承担何种责任？
A. 以出资额为限承担责任　　　　　B. 以企业财产为限承担责任
C. 以其个人财产承担无限责任　　　D. 以其个人财产承担连带无限责任
答案C。本题考查个人独资企业的投资人对企业债务的责任。《个人独资企业法》第2条规定："本法所称个人独资企业，是指依照本法在中国境内设立，由一个自然人投资，财产为投资人个人所有，投资人以其个人财产对企业债务承担无限责任的经营实体。"第31条规定：

"个人独资企业财产不足以清偿债务的,投资人应当以其个人的其他财产予以清偿。"据此,应选 C。由于个人独资企业是由一个自然人投资的,故无由产生连带责任。

2. 个人独资企业解散后,按照《个人独资企业法》的规定,原投资人对企业存续期间的债务是否承担责任?

A. 仍应承担责任

B. 不再承担责任

C. 仍应承担责任,但债权人在 5 年内未向债务人提出偿债请求的,该责任消灭

D. 仍应承担责任,但债权人在 2 年内未向债务人提出偿债请求的,该责任消灭

答案 C。本题考查个人独资企业的投资人对企业债务的免责要件。

复习思考题

1. 什么是个人独资企业?
2. 个人独资企业法是什么?
3. 个人独资企业设立条件有哪些?
4. 个人独资企业事务管理的方式有哪几种?
5. 个人独资企业事务管理的内容有哪些?

专项实训项目

活动目标和要求

《个人独资企业法》授课完毕,利用两个课时组织专项实训,提前分组并分配扮演角色。每组选一人设立个人独资企业,使学生能够掌握和运用所学的法律知识解决问题,为毕业后设立个人独资企业和创业打好基础。

实训组织

将学生分成四组,各组结合所学知识,商量设立自己的独资企业。

实训内容及成果

由学生扮演个人独资企业投资人、工商行政管理部门等角色,完成个人独资企业的设立全过程。各组选一名代表向大家汇报设立个人独资企业的情况。教师参照学生的表现进行讲评。

实训材料

张某,陕西某高校即将毕业的大学生,为响应国家鼓励大学生自主创业的政策,打算自己毕业后独立创业,开办个人独资企业。假如你是张某,你准备如何设立自己的个人独资企业?

设立个人独资企业的关键问题

- 条件
- 程序

项目三

合伙企业法

导入案例

【案情简介】

张某、李某、王某、马某四人商议设立一家合伙企业，并签订了合伙协议。协议约定张某、李某、王某每人出资10万元或相当于10万元价值的实物，经其他三人同意，马某以劳务作价10万元出资。合伙协议还约定了由张某和马某执行合伙企业事务，对外代表合伙企业，但签订买卖合同应经其他合伙人同意，李某和王某不再执行合伙企业事务。合伙企业设立后，张某擅自以合伙企业的名义与甲公司签订了买卖合同。由于超过了合同规定期限合伙企业还没有交货，甲公司派人交涉，方知合同的签订未经其他合伙人同意。合伙企业以此为由拒绝了甲公司赔偿损失的要求。王某个人在与刘某进行经济往来时，发生了债务。刘某便向法院起诉，胜诉后又向人民法院申请强制执行。当法院执行王某在合伙企业中财产份额时，张某、李某、马某均表示放弃优先受让权，于是法院便将王某在合伙企业中的财产份额执行给了刘某。

【问题】

要求：根据相关法律规定，回答以下问题：

1. 张某、李某、王某和马某的出资方式是否符合《合伙企业法》的规定？为什么？
2. 合伙企业可否接受甲公司的索赔要求？为什么？
3. 法院强制执行王某的财产后，王某是否应退伙？
4. 当法院将王某在合伙企业中的财产份额执行给了刘某后，刘某是否应当成为新的合伙人？

教学目标

- 理解合伙企业和合伙企业法的概念
- 熟悉合伙企业的成立条件及其对内对外关系
- 掌握有限合伙企业的特殊规定

实训目标

- 学会依法设立合伙企业
- 能够区分普通合伙企业和有限合伙企业
- 掌握合伙企业事务的执行并能够灵活运用

任务一 概 述

一、合伙企业的概念和分类

合伙企业是指自然人、法人和其他组织依法在中国境内设立的普通合伙企业和有限合伙企业。合伙人共同出资、合伙经营、共享收益、共担风险。

合伙企业分为普通合伙企业和有限合伙企业。普通合伙企业由普通合伙人组成，合伙人对合伙企业债务承担无限连带责任，但是法律对普通合伙人承担责任的形式有特别规定的，从其规定。有限合伙企业由普通合伙人和有限合伙人组成，普通合伙人对合伙企业债务承担无限连带责任，有限合伙人以其认缴的出资额为限对合伙企业债务承担责任。

二、合伙企业法的概念

合伙企业法是指国家立法机关制定的调整合伙企业在设立、经营、解散过程中所发生的社会关系的法律规范的总称。

1997年2月23日，第八届全国人民代表大会常务委员会第二十四次会议通过了《中华人民共和国合伙企业法》（以下简称《合伙企业法》），该法于2006年8月27日经第十届全国人民代表大会常务委员会第二十三次会议修订，自2007年6月1日起施行。

任务二 普通合伙企业

一、普通合伙企业的概念和特征

普通合伙企业是指由普通合伙人组成的，由合伙人对合伙企业债务承担无限连带责任的一种合伙企业。

普通合伙企业具有以下特征：

（1）由普通合伙人组成。所谓普通合伙人，是指对合伙企业的债务依法承担无限连带责任的自然人、法人和其他组织。

（2）合伙人对合伙企业的债务依法承担无限连带责任，但法律另有规定的除外。所谓法律另有规定的除外，是指《合伙企业法》有特殊规定的，合伙人可以不承担无限连带责任，如《合伙企业法》中关于"特殊的普通合伙企业"的相关规定。

二、普通合伙企业的设立

（一）普通合伙企业的设立条件

1. 有两个或两个以上的合伙人

合伙人可以是自然人，也可以是法人和其他组织。合伙人为自然人的，应当具有完全民事行为能力。国有独资公司、国有企业、上市公司以及公益性的事业单位、社会团体不得成为普通合伙人。

2. 有书面的合伙协议

合伙协议是合伙企业最重要的法律文件，也是确定合伙人之间权利义务的基本依据。合伙协议依法由全体合伙人协商一致，以书面形式订立。合伙协议经全体合伙人签名、盖章后生效。修改或者补充合伙协议，应当经全体合伙人一致同意；但是，合伙协议另有约定的除外。合伙人违反合伙协议的，应当依法承担违约责任。

3. 有合伙人认缴或者实际缴付的出资

合伙协议生效后，合伙人应当按照合伙协议的规定缴纳出资。合伙人可以用货币、实物、知识产权、土地使用权或者其他财产权利出资，也可以用劳务出资。合伙人以实物、知识产权、土地使用权或者其他财产权利出资，需要评估作价的，可以由全体合伙人协商确定，也可以由全体合伙人委托法定评估机构评估。合伙人以劳务出资的，其评估办法由全体合伙人协商确定，并在合伙协议中载明。合伙人应当按照合伙协议约定的出资方式、数额和缴付期限，履行出资义务。以非货币财产出资的，依照法律、行政法规的规定，需要办理财产权转移手续的，应当依法办理。

4. 有合伙企业的名称和固定的生产经营场所

普通合伙企业名称中应当标明"普通合伙"字样，不得使用"有限"或者"有限责任"的字样。合伙企业必须有固定的合法的经营场所。

5. 法律、行政法规规定的其他条件

（二）普通合伙企业的设立程序

合伙企业的设立登记，应当按照如下程序进行：

1. 向企业登记机关提交申请

设立合伙企业，应当由全体合伙人指定的代表或者共同委托的代理人向企业登记机关申请设立登记。并提交登记申请书、合伙协议、合伙人的身份证明等文件。

2. 企业登记机关核发营业执照

申请人提交的登记申请材料齐全、符合法定形式，企业登记机关能够当场登记的，应予当场登记，发给合伙企业营业执照。除这种情况外，企业登记机关应当自受理申请之日起20日内，做出是否登记的决定；予以登记的，发给合伙企业营业执照；不予登记的，应当给予书面答复，并说明理由。合伙企业营业执照的签发日期，为合伙企业的成立日期。合伙企业设立分支机构的，应当向分支机构所在地的企业登记机关申请登记，领取营业执照。

课堂实训任务

任务3-1 A先生与B有限责任公司（以下称B公司）协商后，决定设立一家合伙企业。合伙企业协议中规定：B公司向合伙企业投资30万元，A负责经营管理，但不投资，B公司每年从合伙企业取得60%的收益，亏损时，责任及其他一切风险均由A负担。随后，双方共同向登记机关申请合伙登记，登记机关工作人员C在收取了A的贿赂后，做出登记决定，并颁发了合伙企业营业执照。后A为了经营方便一直以B公司的名义对外进行经营活动。试分析本案中合伙企业设立必须具备的条件和违法之处。

任务3-2 2015年1月，甲、乙、丙三名自然人共同设立一普通合伙企业。合伙协议约定：甲以现金人民币 5 万元出资，乙以房屋作价人民币 8 万元出资，丙以劳务作价人民币 4 万元出资；各合伙人按相同比例分配盈利、分担亏损。试着草拟一份合伙协议并模拟合伙企业设立的过程。

任务 3-3　2014 年 1 月，赵、钱、孙、李四人决定设立一合伙企业，并签订书面协议，内容如下：赵出资 10 万元，钱以实物折价出资 8 万元，经其他人同意孙以劳务折价出资 6 万元，李以货币出资 4 万元。试分析各合伙人的出资是否合法。

三、普通合伙企业的财产

（一）合伙企业财产的概念和构成

合伙企业的财产是指合伙存续期间，合伙人的出资和所有以合伙企业名义取得的收益及依法取得的其他财产。

合伙财产包括两部分：

（1）全体合伙人的出资。

（2）以合伙企业名义取得的全部收益和依法取得的其他财产。例如，合伙企业的债权、合法接受赠予的财产等。

（二）合伙企业财产的性质

合伙企业的财产具有共有财产的性质，对合伙财产的占有、使用、收益和处分，均应当依据全体合伙人的共同意志进行。

（三）合伙企业财产的转让

1. 外部转让

合伙企业存续期间，合伙人向合伙人以外的人转让其在合伙企业中的全部或者部分财产份额时，须经其他合伙人一致同意，合伙协议另有约定的除外。

2. 内部转让

合伙人之间转让在合伙企业中的全部或者部分财产份额时，应当通知其他合伙人。

3. 优先受让

合伙人依法转让其财产份额的，在同等条件下，其他合伙人有优先受让的权利。经全体合伙人同意，合伙人以外的人依法受让合伙企业财产份额的，经修改合伙协议即成为合伙企业的合伙人，依照修改后的合伙协议享有权利，承担责任。

4. 财产出质

合伙人以其在合伙企业中的财产份额出质的，须经其他合伙人一致同意。未经其他合伙人一致同意，合伙人以其在合伙企业中的财产份额出质的，其行为无效，或者作为退伙处理；由此给其他合伙人造成损失的，依法承担赔偿责任。

课堂实训任务

任务 3-4　甲、乙、丙三位合伙人设立普通合伙企业，企业经营一段时间后，丙决定将自己在合伙企业中的财产份额转让给丁。经查，该转让行为在合伙协议中没有约定。根据《合伙企业法》的规定，分析丙是否可以转让自己在合伙企业中的财产份额，以及如何转让。

四、普通合伙企业事务的执行

(一) 合伙事务执行的形式

合伙人执行合伙企业事务的形式有以下两种:

1. 全体合伙人共同执行合伙企业事务

在采取这种形式的合伙企业中,按照合伙协议的约定,各个合伙人都直接参与经营,处理合伙企业的事务,对外代表合伙企业。

2. 委托一名或者数名合伙人执行合伙企业事务

按照合伙协议的约定或者经全体合伙人决定,可以委托一名或者数名合伙人对外代表合伙企业,执行合伙事务,未被委托的合伙人不再执行合伙企业事务。

除合伙协议另有约定外,合伙企业的下列事务必须经全体合伙人一致同意:① 改变合伙企业的名称;② 改变合伙企业的经营范围、主要经营场所;③ 处理合伙企业的不动产;④ 转让或者处理合伙企业的知识产权和其他财产权利;⑤ 以合伙企业名义为他人提供担保;⑥ 聘任合伙人以外的人担任合伙企业的经营管理人员。

(二) 合伙事务执行的决议办法

合伙人对合伙企业有关事项做出决议,按照合伙协议约定的表决办法办理。合伙人协议未约定或者约定不明确的,实行合伙人一人一票,并经全体合伙人过半数通过的表决办法。法律另有规定的,从其规定。

(三) 合伙企业的损益分配

合伙企业的利润分配、亏损分担,按照合伙协议的约定办理;合伙协议未约定或者约定不明确的,由合伙人协商决定;协商不成的,由合伙人按照实缴出资比例进行分配、分担;无法确定出资比例的,由合伙人平均分配、分担。

合伙协议不得约定将全部利润分配给部分合伙人或者由部分合伙人承担全部亏损。合伙人按照合伙协议的约定或者经全体合伙人决定,可以增加或者减少对合伙企业的出资。

课堂实训任务

任务3-5 甲、乙、丙、丁共同投资设立合伙企业,约定利润分配比例为4:3:2:1。现甲、乙已退伙,丙、丁未就现有合伙企业的利润分配约定新的比例。试分析相关合伙企业利润在丙、丁之间应如何分配。

任务3-6 甲、乙、丙三人设立一合伙企业,合伙企业协议中约定,合伙企业由甲全权负责管理,其他人不得过问也不承担任何合伙亏损。试问:该合伙企业的合伙协议的约定合法吗?

五、普通合伙企业与第三人的关系

(一) 合伙企业对外代表权

执行合伙企业事务的合伙人,对外代表合伙企业。可取得合伙企业对外代表权的合伙人,主要有以下三种:

(1) 由全体合伙人共同执行合伙企业事务的,全体合伙人都有权对外代表合伙企业。

（2）由部分合伙人执行合伙企业事务的，只有受委托执行合伙企业事务的那一部分合伙人有权对外代表合伙企业。

（3）由于特别授权在单项合伙事务上有执行权的合伙人，依照授权范围可以对外代表合伙企业。

执行合伙事务的合伙人在取得对外代表权后，以企业名义，在授权范围内做出的法律行为，所产生的法律后果归属于合伙企业。同时，合伙企业对合伙人执行合伙事务以及对外代表合伙企业权利的限制，不得对抗善意第三人。

（二）合伙企业和合伙人的债务清偿

1. 合伙企业的债务清偿与合伙人的关系

合伙企业对其债务，应先以其全部财产进行清偿。合伙企业财产不足清偿到期债务的，各合伙人应当承担无限连带责任。合伙人由于承担无限连带责任，清偿数额超过本法规定其亏损分担比例的，有权向其他合伙人追偿。

2. 合伙人的债务清偿与合伙企业的关系

合伙人发生与合伙企业无关的债务，相关债权人不得以其债权抵销其对合伙企业的债务；也不得代位行使合伙人在合伙企业中的权利。

合伙人的自有财产不足清偿其与合伙企业无关的债务的，该合伙人可以以其从合伙企业中分取的收益用于清偿；债权人也可以依法请求人民法院强制执行该合伙人在合伙企业中的财产份额用于清偿。

> **课堂实训任务**
>
> 任务 3-7　江某是一合伙企业的合伙事务执行人，欠罗某个人债务 7 万元，罗某在交易中又欠合伙企业 7 万元。后合伙企业解散。清算中，罗某要求以其对江某的债权抵销其所欠合伙企业的债务，各合伙人对罗某这一要求产生了分歧。试问：该问题如何解决？

六、入伙与退伙

（一）入伙

入伙是指在合伙企业存续期间，合伙人以外的第三人加入合伙企业并取得合伙人资格的行为。

新合伙人入伙，除合伙协议另有约定外，应当经全体合伙人一致同意，并依法订立书面入伙协议。订立入伙协议时，原合伙人应当向新合伙人如实告知原合伙企业的经营状况和财务状况。入伙的新合伙人与原合伙人享有同等权利，承担同等责任。入伙协议另有约定的，从其约定。

新合伙人对入伙前合伙企业的债务承担无限连带责任。

（二）退伙

退伙是指合伙人退出合伙企业并丧失合伙人资格的行为。退伙主要有自愿退伙和法定退伙两种形式。

（1）自愿退伙是指合伙人基于自愿的意思表示而退伙。自愿退伙分为协议退伙和声明退伙。

① 协议退伙是指合伙协议中对退伙有规定的，合伙人按照合伙协议的规定退伙。

《合伙企业法》规定，合伙协议约定合伙期限的，在合伙企业存续期间，有下列情形之一的，合伙人可以退伙：一是合伙协议约定的退伙事由出现；二是经全体合伙人一致同意；三是发生合伙人难以继续参加合伙的事由；四是其他合伙人严重违反合伙协议约定的义务。

② 声明退伙是指合伙人以其单方的意思表示退出合伙的行为。

《合伙企业法》规定，合伙协议未约定合伙期限的，合伙人在不给合伙企业事务执行造成不利影响的情况下，可以退伙，但应当提前30日通知其他合伙人。合伙人违反上述规定退伙的，应当赔偿由此给合伙企业造成的损失。

（2）法定退伙是指合伙人因出现法律规定的事由而退伙。法定退伙分为当然退伙和除名退伙。

关于当然退伙，《合伙企业法》规定，合伙人有下列情形之一的，属于当然退伙：① 作为合伙人的自然人死亡或者被依法宣告死亡；② 个人丧失偿债能力；③ 作为合伙人的法人或者其他组织依法被吊销营业执照、责令关闭、撤销，或者被宣告破产；④ 法律规定或者合伙协议约定合伙人必须具有相关资格而丧失该资格；⑤ 合伙人在合伙企业中的全部财产份额被人民法院强制执行。

关于除名退伙，《合伙企业法》规定，合伙人有下列情形之一的，经其他合伙人一致同意，可以决议将其除名：① 未履行出资义务；② 因故意或者重大过失给合伙企业造成损失；③ 执行合伙事务时有不正当行为；④ 发生合伙协议约定的事由。

（3）退伙的效果。

关于财产继承。有下列情形之一的，合伙企业应当向合伙人的继承人退还被继承合伙人的财产份额：① 继承人不愿意成为合伙人；② 法律规定或者合伙协议约定合伙人必须具有相关资格，而该继承人未取得该资格；③ 合伙协议约定不能成为合伙人的其他情形。

关于退伙结算。除合伙人死亡或者被依法宣告死亡的情形外，《合伙企业法》对退伙结算做了以下规定：① 合伙人退伙，其他合伙人应当与该退伙人按照退伙时的合伙企业财产状况进行结算，退还退伙人的财产份额。② 退伙人在合伙企业中财产份额的退还办法，由合伙协议约定或者由全体合伙人决定，可以退还货币，也可以退还实物。③ 合伙人退伙时，合伙企业财产少于合伙企业债务的，退伙人应当依照法律规定分担亏损。

合伙人退伙以后，退伙人对基于其退伙前的原因发生的合伙企业债务，承担无限连带责任。

课堂实训任务

任务3-8　A、B、C、D四人成立合伙企业甲。甲合伙企业4月1日向乙银行贷款100万元，期限是3个月。6月1日，D要求退伙并办清退伙手续。同时，E入伙，A、B、C告诉E合伙企业的财务状况。A、B、C、E约定新的合伙协议，但未约定损益分配。到7月1日，甲合伙企业无力偿还银行贷款。经过强制执行，甲合伙企业的全部财产只有40万元。试分析：对于尚未清偿的60万元，乙银行应向A、B、C、D、E中的谁进行追偿？

七、特殊的普通合伙企业

特殊的普通合伙企业是指以专业知识和专门技能为客户提供有偿服务的专业服务机构。

特殊的普通合伙企业有特殊规定的按规定，没有特殊规定的依照普通合伙企业的相关规定。

特殊的普通合伙企业名称中应当标明"特殊普通合伙"字样。

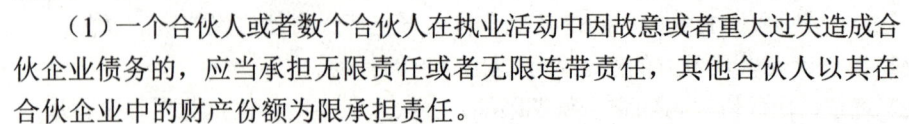

《合伙企业法》对特殊的普通合伙企业的合伙人的责任做出了以下特殊规定：

（1）一个合伙人或者数个合伙人在执业活动中因故意或者重大过失造成合伙企业债务的，应当承担无限责任或者无限连带责任，其他合伙人以其在合伙企业中的财产份额为限承担责任。

（2）合伙人在执业活动中非因故意或者重大过失造成的合伙企业债务以及合伙企业的其他债务，由全体合伙人承担无限连带责任。所谓重大过失，是指明知可能造成损失而轻率地作为或者不作为。

（3）合伙人在执业活动中因故意或者重大过失造成的合伙企业债务，以合伙企业财产对外承担责任后，该合伙人应当按照合伙协议的约定对给合伙企业造成的损失承担赔偿责任。

任务三　有限合伙企业

一、有限合伙企业的概念

有限合伙企业是指由有限合伙人和普通合伙人共同组成，普通合伙人对合伙企业债务承担无限连带责任，有限合伙人以其认缴的出资额为限对合伙企业债务承担责任的合伙组织。

二、有限合伙企业的设立条件

（1）有限合伙企业由 2 个以上 50 个以下合伙人设立；但是，法律另有规定的除外。有限合伙企业至少应当有一个普通合伙人。

（2）有限合伙企业名称中应当标明"有限合伙"字样。

（3）有限合伙企业的合伙协议除符合普通合伙企业合伙协议的规定外，还应当载明下列事项：① 普通合伙人和有限合伙人的姓名或者名称、住所；② 执行事务合伙人应具备的条件和选择程序；③ 执行事务合伙人权限与违约处理办法；④ 执行事务合伙人的除名条件和更换程序；⑤ 有限合伙人入伙、退伙的条件、程序以及相关责任；⑥ 有限合伙人和普通合伙人相互转变的程序。

（4）有限合伙人可以用货币、实物、知识产权、土地使用权或者其他财产权利作价出资。有限合伙人不得以劳务出资。有限合伙人应当按照合伙协议的约定按期足额缴纳出资；未按期足额缴纳的，应当承担补缴义务，并对其他合伙人承担违约责任。

（5）有限合伙企业登记事项中应当载明有限合伙人的姓名或者名称及认缴的出资数额。

三、有限合伙企业事务的执行

（一）有限合伙事务执行人

有限合伙企业由普通合伙人执行合伙事务。执行事务合伙人可以要求在合伙协议中确定执行事务的报酬及报酬提取方式。有限合伙人不执行合伙事务，不得对外代表有限合伙企业。

有限合伙人的下列行为，不视为执行合伙事务：

（1）参与决定普通合伙人入伙、退伙；

（2）对企业的经营管理提出建议；

（3）参与选择承办有限合伙企业审计业务的会计师事务所；

（4）获取经审计的有限合伙企业财务会计报告；

（5）对涉及自身利益的情况，查阅有限合伙企业财务会计账簿等财务资料；

（6）在有限合伙企业的利益受到侵害时，向有责任的合伙人主张权利或者提起诉讼；

（7）执行事务合伙人怠于行使权利时，督促其行使权利或者为了本企业的利益以自己的名义提起诉讼；

（8）依法为本企业提供担保。

第三人有理由相信有限合伙人为普通合伙人并与其交易的，该有限合伙人对该笔交易承担与普通合伙人同样的责任。有限合伙人未经授权以有限合伙企业名义与他人进行交易，给有限合伙企业或者其他合伙人造成损失的，该有限合伙人应当承担赔偿责任。

课堂实训任务

任务 3-9　甲、乙共同出资设立有限合伙企业 A，甲出资 10 万元为有限合伙人，乙出资 5 万元为普通合伙人。丙欲与 A 建立业务关系，多次到 A 进行洽谈，每次都是甲进行接待，并洽谈业务细节，乙有时在场，但并没有告知丙甲的有限合伙人的身份，甲以有限合伙企业 A 的名义与丙签订了三次合同，前两次均已付款。按合同约定，第三次发货后，A 拒绝付款，丙遂要求甲承担债务责任。试分析：甲是否应对合伙企业对丙的债务承担责任？

任务 3-10　2014 年 3 月，甲、乙、丙、丁按照《合伙企业法》的规定，共同投资设立一从事商品流通的有限合伙企业。合伙协议约定了以下事项：① 甲以现金 5 万元出资，乙以房屋作价 8 万元出资，丙以劳务作价 4 万元出资，另外以商标权作价 5 万元出资，丁以现金 10 万元出资；② 丁为普通合伙人，甲乙丙均为有限合伙人；③ 合伙企业的事务由丙和丁执行，甲和乙不执行合伙企业事务，也不对外代表合伙企业。试分析本案中不符合有限合伙企业规定的情形。

（二）有限合伙企业的利润分配

有限合伙企业不得将全部利润分配给部分合伙人；但是，合伙协议另有约定的除外。

（三）有限合伙人的权利

（1）有限合伙人可以同本有限合伙企业进行交易；但是，合伙协议另有约定的除外。

（2）有限合伙人可以自营或者同他人合作经营与本有限合伙企业相竞争的业务；但是，合伙协议另有约定的除外。普通合伙人如果禁止有限合伙人自营或者同他人合作经营与本有限合伙企业相竞争的业务，应当在合伙协议中做出约定。

四、有限合伙企业财产的出质与转让

（1）有限合伙人可以将其在有限合伙企业中的财产份额出质；但是，合伙协议另有约定的除外。这里的出质是指有限合伙人以其在合伙企业中的财产份额对外进行权利质押。

（2）有限合伙人可以按照合伙协议的约定向合伙人以外的人转让其在有限合伙企业中的财产份额，但应当提前 30 日通知其他合伙人。有限合伙人对外转让其在合伙企业中的财产份额时，在同等条件下，其他合伙人有优先购买权。

五、有限合伙人的债务清偿

有限合伙人的自有财产不足清偿其与合伙企业无关的债务的，该合伙人可以以其从有限合伙企业中分取的收益用于清偿；债权人也可以依法请求人民法院强制执行该合伙人在有限合伙企业中的财产份额用于清偿。

人民法院强制执行有限合伙人的财产份额时，应当通知全体合伙人。在同等条件下，其他合伙人有优先购买权。

六、有限合伙企业的入伙与退伙

（一）有限合伙企业入伙

新入伙的有限合伙人对入伙前有限合伙企业的债务，以其认缴的出资额为限承担责任。

（二）有限合伙企业退伙

（1）有限合伙人出现下列情形时当然退伙：① 作为合伙人的自然人死亡或者被依法宣告死亡；② 作为合伙人的法人或者其他组织依法被吊销营业执照、责令关闭、撤销，或者被宣告破产；③ 法律规定或者合伙协议约定合伙人必须具有相关资格而丧失该资格；④ 合伙人在合伙企业中的全部财产份额被人民法院强制执行。

（2）作为有限合伙人的自然人在有限合伙企业存续期间丧失民事行为能力的，其他合伙人不得因此要求其退伙。

（3）作为有限合伙人的自然人死亡、被依法宣告死亡或者作为有限合伙人的法人及其他组织终止时，其继承人或者权利承受人可以依法取得该有限合伙人在有限合伙企业中的资格。

（4）有限合伙人退伙后，对基于其退伙前的原因发生的有限合伙企业债务，以其退伙时从有限合伙企业中取回的财产承担责任。

知识链接

合伙企业的解散和清算

（一）合伙企业的解散

合伙企业解散，是指各合伙人解除合伙协议，合伙企业终止活动。

合伙企业有下列情形之一时，应当解散：① 合伙协议约定的经营期限届满时，合伙人不愿继续经营的；② 合伙协议约定的解散事由出现；③ 全体合伙人决定解散；④ 合伙人已不具备法定人数；⑤ 合伙协议约定的合伙目的已经实现或者无法实现；⑥ 被依法吊销营业执照；⑦ 出现法律、行政法规规定的合伙企业解散的其他原因。

（二）合伙企业的清算

合伙企业解散后，必须经过清算程序，了结合伙事务。《合作企业法》对合伙企业的清算做了以下规定：

1. 清算人的确定

合伙企业解散后应当进行清算，并通知和公告债权人；清算人由全体合伙人担任，未能由全体合伙人担任清算人的，经全体合伙人过半数同意，可以自合伙企业解散后十五日内指定一名或者数名合伙人，或者委托第三人；十五日内未确定清算人的，合伙人或者其他利害关系人可以申请人民法院指定清算人。

2. 清算事务

主要有下列六项，由清算人执行，即清理合伙企业财产，分别编制资产负债表和财产清单；处理与清算有关的合伙企业未了结的事务；清缴所欠税款；清理债权、债务；处理合伙企业清偿债务后的剩余财产；代表合伙企业参与民事诉讼活动。

3. 合伙企业财产清偿顺序

首先是支付清算费用，然后按照下列顺序清偿：合伙企业所欠招用的职工工资和劳动保险费用；合伙企业所欠税款；合伙企业的债务；返还合伙人的出资。合伙企业财产在按上述顺序清偿后，仍有剩余的，再按照约定比例或者法定比例分配给合伙人。

4. 解散后原合伙人的责任

合伙企业解散后，原合伙人对合伙企业存续期间的债务仍应当承担连带责任，但债权人在五年内未向债务人提出偿还请求的，该责任消灭。

5. 清算报告

清算结束，应当编制清算报告，经全体合伙人签名、盖章后，在十五日内向企业登记机关报送，办理合伙企业注销登记。

复习思考题

1. 简述普通合伙企业的概念和特征。
2. 普通合伙企业的设立条件是什么？
3. 简述普通合伙企业合伙事务的执行。
4. 简述普通合伙企业退伙的原因和种类。
5. 有限合伙企业的设立条件是什么？
6. 试述普通合伙企业与有限合伙企业的不同之处。

专项实训项目

▶ 活动目标和要求

《合伙企业法》授课完毕，利用两个课时组织模拟法庭，介绍简易法庭程序，提前分组并分配扮演角色。使学生学会依法设立合伙企业，能够区分普通合伙企业和有限合伙企业，掌握合伙企业事务的执行并能够灵活运用。

实训组织
将教室中的课桌椅摆放成法庭的形式,利用多媒体设备投射国徽的标志。检查学生的准备情况。

实训内容及成果
由学生扮演法官、书记员、当事人、鉴定人和代理人等。当堂进行法庭辩论,由学生分组进行讨论并最终形成判决书。教师参照学生的表现评分。

实训材料一
2005年1月,甲、乙、丙、丁4人决定设立一家普通合伙企业,并签订了书面合伙协议。合伙协议的部分内容如下:

(1)甲以货币出资2万元,乙以实物折价出资3万元,丙以劳务出资,经其他三人同意,折价3万元,丁以货币出资4万元;

(2)甲、乙、丙、丁按照3:2:3:2的比例分配利润和承担风险;

(3)合伙协议约定由甲作为合伙企业的事务执行人,但是对外签订合同标的金额不得超过10万元,超过10万元的合同应当经过其他合伙人的同意,合伙协议中未约定合伙企业的经营期限。

合伙企业存续期间,发生以下事实:

(1)甲因给父亲治病向张某借款10万元,借款已经到期,张某多次向甲索要,但甲每次都称自己除了在合伙企业中的财产份额之外,没有其他财产可供清偿。于是在甲的同意下,张某以自己对甲的债权抵销张某对合伙企业的债务。

(2)2005年5月,甲擅自以合伙企业的名义和飞达公司签订了一份买卖合同,合同标的金额为30万元,飞达公司不知道合伙企业对甲的权限限制。其他合伙人认为该合同不利于合伙企业,决定对此合同的效力不予承认。

(3)2005年6月,乙提出退伙,其退伙并没有给合伙企业带来不利影响。2005年7月,乙与其他合伙人结算后,撤资退伙。同时,合伙企业又接纳戊入伙,戊出资5万元。2005年8月,合伙企业的债权人A银行就合伙人乙退伙前发生的20万元债务要求合伙企业的合伙人甲、丙、丁、戊和退伙人乙承担连带赔偿责任;乙以自己已经退伙为由,拒绝承担清偿责任,戊以自己是新入伙人为由拒绝承担清偿责任。

庭审辩论和组织讨论的焦点问题
- 合伙人约定的利润分配比例和出资比例不一致,是否合法?
- 张某是否可以以自己对甲的债权抵销张某对合伙企业的债务?
- 分析甲与飞达公司签订的买卖合同的效力问题。
- 乙是否应当对A银行的债务负清偿责任?
- 戊的主张是否成立?

实训材料二
甲、乙、丙、丁共同投资设立了A有限合伙企业(以下简称A企业)。合伙协议约定:甲、乙为普通合伙人,分别出资10万元;丙、丁为有限合伙人,分别出资15万元;甲执行合伙企业事务,对外代表A企业。2006年A企业发生下列事实:

2月,甲以A企业的名义与B公司签订了一份12万元的买卖合同。乙获知后,认为该买卖合同损害了A企业的利益,且甲的行为违反了A企业内部规定,即甲无权单独与第三人签订超过 10 万元合同的限制，遂要求各合伙人做出决议，撤销甲代表 A 企业签订合同的资格。

4 月，乙、丙分别征得甲的同意后，以自己在 A 企业中的财产份额出质，为自己向银行借款提供质押担保。丁对上述事项均不知情，乙、丙之间也对质押担保事项互不知情。

8 月，丁退伙，从 A 企业取得退伙结算财产 12 万元。

9 月，A 企业吸收庚作为普通合伙人入伙，庚出资 8 万元。

10 月，A 企业的债权人 C 公司要求 A 企业偿还 6 月所欠款项 50 万元。

11 月，丙因所设个人独资企业发生严重亏损不能清偿 D 公司到期债务，D 公司申请人民法院强制执行丙在 A 企业中的财产份额用于清偿其债务。人民法院强制执行丙在 A 企业中的全部财产份额后，甲、乙、庚决定 A 企业以现有企业组织形式继续经营。

经查：A 企业内部约定，甲无权单独与第三人签订超过 10 万元的合同，B 公司与 A 企业签订买卖合同时，不知 A 企业该内部约定。合伙协议未对合伙人以财产份额出质事项进行约定。

庭审辩论和组织讨论的焦点问题

- 甲以 A 企业的名义与 B 公司签订的买卖合同的效力问题。
- 乙、丙的质押担保行为的效力问题。
- 如果 A 企业的全部财产不足清偿 C 公司的债务，对不足清偿的部分，应该如何清偿？
- 人民法院强制执行丙在 A 企业中的全部财产份额后，甲、乙、庚决定 A 企业以现有企业组织形式继续经营，甲、乙、庚组成的新合伙企业的成立问题。

项目四

公司法

导入案例

【案情简介】

甲、乙、丙于 2012 年 5 月出资设立 A 有限责任公司。2013 年 4 月，该公司又吸收丁入股。2015 年 10 月，该公司因经营不善造成严重亏损，拖欠巨额债务，被依法宣告破产。人民法院在清算中查明：甲在公司设立时作为出资的机器设备，其实际价额为 130 万元，显著低于公司章程所定价额 350 万元；甲的个人财产仅为 30 万元。

【问题】

1. 对于股东甲出资不实的行为，在公司内部应承担何种法律责任？
2. 当 A 公司被宣告破产时，对甲出资不实的问题应如何处理？
3. 对甲出资不足的问题，股东丁是否应对其承担连带责任？

教学目标

- 掌握公司的概念、特征，公司的设立条件，公司发行债券的条件，公司的组织机构
- 熟悉公司设立的程序，公司上市的条件，公司合并、分立、终止的相关规定
- 了解公司的分类，公司的基本原则，国有独资公司和一人公司的特别规定

实训目标

- 能了解公司的设立要求，公司内部组织机构的设置及功能
- 能运用所学知识解决公司在设立、运营过程中的简单法律问题

任务一　公司法概述

一、公司的概念和种类

（一）公司的概念

公司是依照公司法设立的以营利为目的的企业法人。

公司的概念

公司具有以下特征：
(1) 公司是由资本的联合而形成的经济组织。
(2) 公司是依法设立的企业法人。
(3) 公司股东承担有限责任。
(4) 公司是以营利为目的的。
(5) 公司实行所有权与经营权分离。

（二）公司的类型

(1) 从公司对外活动的信用基础看：公司可分为人合公司和资合公司。
(2) 从控股程度看：公司可分为母公司和子公司。
(3) 从公司注册地看：公司可分为本国公司、外国公司和跨国公司。
(4) 从股东的责任角度看：公司可分为有限责任公司、股份有限公司、无限责任公司和两合公司等。

知识链接

跨国公司（Transnational Corporation），又称多国公司（Multi-national Enterprise）、国际公司（International Firm）、超国家公司（Supernational Enterprise）和宇宙公司（Cosmo-corporation）等。20世纪70年代初，联合国经济及社会理事会组成了由知名人士参加的小组，较为全面地考察了跨国公司的各种准则和定义后，于1974年做出决议，决定联合国统一采用"跨国公司"这一名称。跨国公司是指由两个或两个以上国家的经济实体所组成，并从事生产、销售和其他经营活动的国际性大型企业。跨国公司的雏形最早出现于16世纪，成长于19世纪70年代之后，已经成为世界经济国际化和全球化发展的重要内容、表现和主要推动力。

二、公司的基本权利和义务

（一）公司的基本权利

(1) 法人财产所有权。
(2) 经营自主权。
(3) 投资权。

（二）公司的基本义务

(1) 公司以其全部资产承担公司债务责任、承担其他民事责任。
(2) 应建立"权责分明、管理科学、激励和约束相结合"的内部管理体制。
(3) 公司必须遵守法律，遵守职业道德，加强精神文明建设，接受政府和社会监督。
(4) 公司必须保护职工合法权益，加强劳动保护，实现安全生产。

三、公司法概述

为了规范公司的组织和行为，保护公司、股东和债权人的合法权益，维护社会经济秩序，促进社会主义市场经济的发展，制定本法。

1993年12月29日，第八届全国人民代表大会常务委员会第五次会议通过《中华人民共和国公司法》(以下简称《公司法》)，根据 1999 年 12 月 25 日第九届全国人民代表大会常务委员会第十三次会议《关于修改〈中华人民共和国公司法〉的决定》第一次修正，根据 2004 年 8 月 28 日第十届全国人民代表大会常务委员会第十一次会议《关于修改〈中华人民共和国公司法〉的决定》第二次修正，2005 年 10 月 27 日第十届全国人民代表大会常务委员会第十八次会议修订，根据 2013 年 12 月 28 日第十二届全国人民代表大会常务委员会第六次会议通过《关于修改〈中华人民共和国海洋环境保护法〉等七部法律的决定》第三次修正，于 2014 年 3 月 1 日起实施。

本法所称公司是指依照本法在中国境内设立的有限责任公司和股份有限公司。

四、公司法的基本原则

新公司法的基本原则包括：利益均衡原则、分权制衡原则、自治原则、股东股权平等原则、股东有限责任原则。

（一）利益均衡原则

利益均衡原则是指公司制度的安排及实现，是基于现代市场经济条件下对影响公司及社会发展的多种利益关系进行分析、均衡的原则。利益均衡意味着对某一利益过度保护的否定。坚持利益均衡原则，就要较好地研究围绕公司所形成的各种利益关系，以及诸多关系可能对公司经济、社会目标的实现，进而对社会发展的影响程度进行评估，确定各种利益的地位通过制度化的安排，使公司这一企业法律形态产生较佳的社会效益，抑制其负面作用。利益均衡原则是从利益（经济）基础层面决定的公司法的基本原则，可以说是公司法的首要原则。

（二）分权制衡原则

分权制衡原则是指公司有效运转的制度安排与实现，是以对公司各种权力合理分配、相互制衡为出发点而进行配置的原则。分权制衡会形成权责分明、管理科学、激励和约束相结合的内部管理体制，是公司运作的精髓。分权制衡从一定意义上讲与国有企业的厂长（经理）负责制管理模式有根本的区别。坚持分权制衡原则就要对公司内部应该存在哪些权力和权力的适当分配进行分析和界定，对各种权力制衡动作进行制度构建。分权制衡是从权力层面认识公司法的基本原则，是利益均衡原则在制度层面的直接体现。

（三）自治原则

自治原则是指出资人自己进行重大决策，选择公司的管理者；公司作为独立的市场主体，依照公司章程自主经营、自负盈亏，不受非法干预。自治原则符合市场主体在市场中的运动规律：出资人对自己的决策、选择行为负责；公司以章程为基础，自主应对市场的变化，对由此产生的一切后果负责。自治原则充分体现了公司作为市场主体的主体特性——市场主体的能动性，与产品体制下企业的附属地位形成鲜明的对照。

（四）股东股权平等原则

股东股权平等是指股东基于自己的出资（出资额或者股份）为基础而享有平等待遇的原则。出资的性质一致、数额相同，在公司运转中得到平等对待。股东股权平等并不排除股权内容的不同。股东各按其交纳的出资额或所持的股份数额享有权利、承担义务，股东所享有的权利大小、承担义务的轻重与其向公司出资的多少成正比。出资少，享有的权利小，承担的义务轻；出资多，享有的权利大，承担的义务重。股权可以划分为普通股、特别股，享有不同股权的股东，享有的权利和承担的义务是有区别的。

（五）股东有限责任原则

股东有限责任是指股东以投资（出资额或者股份）为限对公司承担责任，并通过公司这个中间物对外承担责任。股东有限责任乃现代公司法律的基石。可以说，现代公司法律制度的形成与建立以及各项具体制度的完善，皆与股东有限责任密切相关。抽去股东有限责任制度，现代公司法律的大厦将难以支撑，现代公司的法律体系就必然失去重心。股东有限责任并非公司制度产生以来就存在的一个原则，而是公司发展到一定历史阶段的产物。我们将股东有限责任作为一项基本原则，既符合现代公司法的方向，也符合我国公司法立法实际。

任务二　有限责任公司

一、有限责任公司的概念和特征

有限责任公司，也称有限公司，是由股东共同出资，股东以其出资额为限对公司承担责任，公司以其全部资产对公司债务承担责任的企业法人。有限责任公司具有以下特征：

（1）有限责任公司的股东均负有有限责任，股东以其出资额为限对公司承担责任。
（2）有限责任公司的资本不分为等额股份，股东出资直接以出资额计算。
（3）有限责任公司的设立只能采取发起设立的方式。
（4）有限责任公司的股东在转让其出资时，受到严格的限制。
（5）有限责任公司的设立程序比较简单。

二、有限责任公司的设立

公司设立，是指为使公司成立、取得公司法人资格而依据法定程序进行的一系列法律行为的总称。公司的设立与公司的成立意思并不完全相同。公司设立是指发起人创建公司的一系列活动，是一种过程。而公司成立则标志着公司取得了法人资格，取得了依法进行生产经营活动的权利能力与行为能力。可以说，公司设立是公司成立的前提；公司成立是公司设立的目标和结果。公司设立行为的内容，因公司的种类不同而有所不同。有限责任公司的设立条件、设立程序主要包括以下内容。

（一）有限责任公司的设立条件

根据我国《公司法》的规定，设立有限责任公司，应当具备以下条件。

1. 股东符合法定人数

设立有限责任公司的法定人数：法定股东人数必须是 50 个以下。

2. 有符合公司章程规定的全体股东认缴的出资额

股东出资方式不限于货币出资，也可以用实物、工业产权、非专利技术、土地使用权作价出资。股东以货币出资的，应当将货币出资足额存入准备设立的有限责任公司在银行开设的临时账户；股东以实物、工业产权、非专利技术、土地使用权出资的，必须进行评估作价，核实财产，不得高估或者低估作价，并依法办理财产权的转移手续。

3. 股东共同制定公司章程

公司章程是指规范公司的组织与行为，规定公司与股东之间、股东与股东之间权利义务关系的公司必备的法律文件。公司章程是公司最重要的法律文件，它是公司内部组织与行为的基本准则，是政府对公司进行管理的依据之一，也对公司外部人员起着公示作用。

有限责任公司的章程由股东共同制定，所有股东应当在公司章程上签名、盖章。我国《公司法》规定，公司章程应当载明法定事项。

4. 有公司名称，建立符合有限责任公司要求的组织机构

公司名称是公司的标志。有限责任公司设立自己的名称，必须符合法律、法规的规定，必须在公司名称中标明有限责任公司字样。我国对公司名称的登记管理实行预先核准制度，公司在申请设立登记以前，必须首先申请名称预先核准。公司名称经注册后，即受法律保护，公司取得对其名称的专用权。

公司成立后是要从事生产经营活动的，如果没有机构就无法运行。我国《公司法》规定，有限责任公司应设立股东会、董事会或执行董事、监事会或监事等组织机构。

5. 有固定的生产经营场所和必要的生产经营条件

经营场所是指公司从事生产经营活动的所在地；生产经营条件是指根据公司的业务性质、规模等因素而需具备的设施、设备、人员等方面的条件。

（二）有限责任公司的设立程序

1. 制定公司章程

设立有限责任公司，必须根据《公司法》的规定制定公司章程。公司章程由公司全体股东共同订立，并经全体股东同意，所有股东应当在公司章程上签名、盖章。公司章程的内容必须记载法定记载事项，其任意记载事项不得与国家法律、法规规定的内容相抵触。公司章程对公司、股东、董事、监事、经理具有约束力。

国有独资公司的章程由国家授权投资的机构或者国家授权的部门制定，或由董事会制定，报国家授权投资的机构或者国家授权的部门批准。

2. 申请设立登记

在我国，公司登记机关是工商行政管理部门。公司登记机关对符合《公司法》规定条件的，予以登记，发给公司营业执照；对不符合《公司法》规定的，不予登记。公司营业执照签发日期，为有限责任公司成立日期。公司自成立之日起，取得法人资格，具有了权利能力和行为能力。

公司可以设立分公司。分公司只是总公司管理的一个分支机构，不具有法人资格。

知识小结

分公司与子公司是两个不同的概念，其具有以下区别：

（1）子公司是独立的法人，而分公司只是一个分支机构，不是独立的法人。

（2）对外承担责任的方式不同。母公司作为子公司的最大股东，仅以其对子公司的出资额为限对子公司在经营活动中的债务承担责任；子公司作为独立的法人，以子公司自身的全部财产为限对其经营负债承担责任。分公司由于没有自己独立的财产，与隶属公司在经济上统一核算，因此其经营活动中的负债由隶属公司负责清偿，即由隶属公司以其全部资产为限

对分公司在经营中的债务承担责任。

（3）控制方式不同。母公司对子公司的控制不是直接控制，而是间接控制，即通过任免子公司董事会成员和投资决策来影响子公司的生产经营决策。而分公司则不同，其人事、业务、财产受隶属公司直接控制，在隶属公司的经营范围内从事经营活动。

3. 签发出资证明书

出资证明书是证明股东已缴纳出资的文件，由公司在登记注册后签发。出资证明书必须由公司盖章。

根据《公司法》的规定，出资证明书应当载明下列事项：公司名称；公司登记日期；公司注册资本；股东的姓名或者名称；缴纳的出资额和出资日期；出资证明书的编号和核发日期。

三、有限责任公司的组织机构

公司组织机构是现代公司组织制度或公司法人治理结构的重要组成部分。根据我国《公司法》的规定，有限责任公司的组织机构主要包括股东会、董事会或者执行董事、监事会或者监事。

（一）有限责任公司的股东会

股东是指公司的出资人。在我国，除国家有某些限制的特别规定外，有权代表国家投资的机构或者政府部门、企业法人、具有法人资格的事业单位和社会团体、自然人均可以依法成为有限责任公司的股东。

1. 股东会的性质和职权

有限责任公司股东会是公司的权力机构，是公司的最高决策机关，股东会只对公司的重大问题进行决策。《公司法》规定，有限责任公司的股东会由全体股东组成。

根据我国《公司法》的规定，有限责任公司股东会行使下列职权：

（1）决定公司的经营方针和投资计划；
（2）选举和更换非由职工代表担任的董事、监事，决定有关董事、监事的报酬事项；
（3）审议批准董事会的报告；
（4）审议批准监事会或者监事的报告；
（5）审议批准公司的年度财务预算方案、决算方案；
（6）审议批准公司的利润分配方案和弥补亏损方案；
（7）对公司增加或者减少注册资本做出决议；
（8）对发行公司债券做出决议；
（9）对公司合并、分立、变更公司形式，解散和清算等事项做出决议；
（10）对股东向股东以外的人转让出资做出决议；
（11）修改公司章程。

课堂实训任务

任务 4-1 甲有限责任公司于 2015 年 5 月 9 日召开了股东会会议，做出了如下决议：
1. 选举股东 A 为公司的监事，同时更换职工代表担任的董事 B。

2. 修改公司章程的第 7 条规定。
3. 解聘公司总经理 C。
请分析上述的决议中有哪些是不合法的。

2. 股东会的议事规则

有限责任公司股东会会议分为定期会议和临时会议。定期会议按照公司章程的规定按时召开，临时会议是在公司章程规定的会议时间以外召开的会议。代表 1/10 以上表决权的股东、1/3 以上董事提议、监事会或不设监事会的监事提议，可以提议召开临时会议。

股东会的首次会议由出资最多的股东召集和主持。以后的股东会会议，设立董事会的，由董事会召集，董事长主持，董事长因特殊原因不能履行职务时，由董事长指定的副董事长或者其他董事主持。

股东会对公司的重大问题做出决议，需由股东进行表决。根据《公司法》的规定，股东会会议由股东按照出资比例行使表决权。对某些涉及股东根本利益的事项的表决，《公司法》做了特别规定。即股东会对公司增加或者减少注册资本、分立、合并、解散、变更公司形式或者修改公司章程做出决议，必须经代表 2/3 以上表决权的股东通过。

(二) 有限责任公司的董事会

1. 董事会的设立

有限责任公司的董事会是公司股东会的执行机构，向股东会负责。董事会由 3~13 人组成。两个以上的国有企业或者其他两个以上的国有投资主体投资设立的有限责任公司，其董事会成员中应当有公司职工代表。董事会中的职工代表由公司职工民主选举产生。

董事任期由公司章程规定，但每届任期不得超过 3 年。董事任期届满，连选可以连任。董事在任期届满前，股东会不得无故解除其职务。

董事会设董事长 1 人，可以设副董事长。董事长、副董事长的产生办法由公司章程规定。董事长为公司的法定代表人。

股东人数较少、规模较小的有限责任公司，可以不设董事会，设 1 名执行董事。执行董事可以兼任公司经理，执行董事为公司的法定代表人。

2. 董事会的职权

根据我国《公司法》的规定，董事会行使下列职权：

(1) 负责召集股东会，并向股东会报告工作；
(2) 执行股东会的决议；
(3) 决定公司的经营计划和投资方案；
(4) 制定公司的年度财务预算方案、决算方案；
(5) 制定公司的利润分配方案和弥补亏损方案；
(6) 制定公司增加或者减少注册资本的方案；
(7) 拟定公司合并、分立、变更公司形式、解散的方案；
(8) 决定公司内部管理机构的设置；
(9) 聘任或者解聘公司经理（总经理）（以下简称经理），根据经理的提名，聘任或者解聘公司副经理、财务负责人，决定其报酬事项；

（10）制定公司的基本管理制度。

3. 董事会的议事规则

董事会会议由董事长召集和主持。董事长因特殊原因不能履行职务时，由董事长指定的副董事长或者其他董事召集和主持。1/3 以上董事可以提议召开董事会会议。

召开董事会会议，应于会议召开 10 日前通知全体董事。董事会应当对所议事项的决定做成会议记录，出席会议的董事应在会议记录上签名。

（三）有限责任公司的经理

1. 性质

经理，现实中多称总经理，是指在董事会领导下负责公司日常经营管理的执行机关，是董事会的执行机构。

2. 职权

有限责任公司设经理，由董事会聘任或者解聘。经理负责公司日常经营管理工作，对董事会负责。

（四）有限责任公司的监事会或者监事

1. 性质

有限责任公司的监事会是公司的内部监督机构。

2. 人数

《公司法》规定，经营规模较大的有限责任公司设立监事会，监事会成员不得少于 3 人，股东人数较少和规模较小的有限责任公司可以只设 1~2 名监事。监事会应在其组成人员中推选 1 名召集人。监事会由股东代表和适当比例的公司职工代表组成，具体比例由公司章程规定。监事会中的职工代表由公司职工民主选举产生。

3. 任期

监事的任期每届为 3 年。监事任期届满，连选可以连任。

4. 有限责任公司的董事、监事、经理的任职资格

董事、监事、经理的任职资格，包括积极资格和消极资格。前者是指具备何种条件可以担任董事、监事、经理；后者是指在哪些条件下不得担任董事、监事、经理。

我国《公司法》第 57 条对董事、监事、经理的消极资格做出了具体规定，即有下列情形之一者，不得担任有限责任公司的董事、监事、经理：

（1）无民事行为能力或者限制民事行为能力；

（2）因犯有贪污、贿赂、侵占财产、挪用财产罪或者破坏社会经济秩序罪，被判处刑罚，执行期满未逾 5 年，或者因犯罪被剥夺政治权利，执行期满未逾 5 年；

（3）担任因经营不善破产清算的公司、企业的董事或者厂长、经理，并对该公司、企业的破产负有个人责任的，自该公司、企业破产清算完结之日起未逾 3 年；

（4）担任因违法被吊销营业执照的公司、企业的法定代表人，并负有个人责任的，自该公司、企业被吊销营业执照之日起未逾 3 年；

（5）个人所负数额较大的债务到期未清偿。

我国《公司法》还规定，董事、经理及财务负责人不得兼任监事，国家公务员也不得兼任公司的董事、监事、经理。

四、有限责任公司的股权转让

按照有限责任公司股权交易主体不同,可将有限责任公司股权转让分为股东间股权转让、股东向公司股东以外的第三人转让股权和公司回购股东股权三种情形。

1. 股东间转让股权

股东间转让股权是指股东将自己全部或者部分的股权转让给其他股东的行为。由于股东之间转让股权不会破坏有限责任公司的"人合性",所以《公司法》对此采取了宽松的态度,规定"股东之间可以相互转让其全部或部分股权"。

2. 股东向公司股东以外的第三人转让股权

股东向公司股东以外的第三人转让股权,应当经其他股东过半数同意。股东应就其股权转让事项书面通知其他股东征求同意,其他股东自接到书面通知之日起满 30 日未答复的,视为同意转让。其他股东半数以上不同意转让的,不同意的股东应当购买该转让的股权;不购买的,视为同意转让。

根据上述规定可知,股东欲向公司股东以外的人转让股权,应书面征求其他股东意见。经过半数股东同意,可以转让。如果有股东不同意,在同等条件下,该股东具有购买义务,如果不购买,则视为同意。股东表达意见不需要特别召开股东会,而只需要征得每个股东同意就可以,但在实践中,公司到工商管理部门申请变更股权登记时,工商行政管理部门一般会要求公司出具股东会决议。

3. 公司回购股东股权

法律严格限制公司回购股东股权的行为,因为公司持有自己的股权实际上是减少自己资本的行为。

根据《公司法》第 74 条规定:有下列情形之一的,对股东会该项决议投反对票的股东可以请求公司按照合理的价格收购其股权:公司连续 5 年不向股东分配利润,而公司该 5 年连续盈利,并且符合本法规定的分配利润条件的;公司合并、分立、转让主要财产的;公司章程规定的营业期限届满或者章程规定的其他解散事由出现,股东会会议通过决议修改章程使公司存续的。自股东会会议决议通过之日起 60 日内,股东与公司不能达成股权收购协议的,股东可以自股东会会议决议通过之日起 90 日内向人民法院提起诉讼。

此外,在司法实践中,人民法院也会认可公司在章程中自行规定一些公司可以回购股权的情形,公司回购后,应及时将股权转让,或依《公司法》相关规定减少注册资本。

五、国有独资公司

(一)国有独资公司的概念

国有独资公司是指国家单独出资、由国务院或者地方人民政府授权本级人民政府国有资产监督管理机构履行出资人职责的有限责任公司。其特殊表现为该有限责任公司的股东只有一个——国家。这是《公司法》为适应建立现代企业制度的需要,结合我国的实际情况而制定的。

(二)《公司法》中有关国有独资公司的规定

(1) 国有独资公司章程由国有资产监督管理机构制定,或者由董事会制定报国有资产监督管理机构批准。

（2）国有独资公司不设股东会，由国有资产监督管理机构行使股东会职权。国有资产监督管理机构可以授权公司董事会行使股东会的部分职权，决定公司的重大事项，但公司的合并、分立、解散、申请破产，应当由国有资产监督管理机构决定，其中，重要的国有独资公司合并、分立、解散、申请破产，应当由国有资产监督管理机构审核后，报本级人民政府批准。

（3）国有独资公司设董事会，董事会的职权与普通有限责任公司相同。董事会每届任期不超过3年。董事任期届满，连选可以连任。

董事会成员中应当有公司职工代表。董事会成员由国有资产监督管理机构委派，董事会设董事长一人，可以设副董事长。董事长和副董事长由国有资产监督管理机构从董事会成员中指定。

（4）国有独资公司设经理，由董事会聘任或者解聘。经理的职权与普通有限责任公司相同。经国有资产监督管理机构同意，董事会成员可以兼任经理。

（5）国有独资公司设监事会，成员不得少于5人，其中职工代表的比例不得低于1/3，具体比例由公司章程规定。监事会成员由国有资产监督管理机构委派，但是，监事会成员中的职工代表由公司职工代表大会选举产生。

六、一人有限责任公司

（一）一人有限责任公司的概念

一人有限责任公司可简称为"一人公司""独资公司"或"独股公司"，是指由一名股东（自然人或法人）持有公司的全部出资的有限责任公司。

（二）《公司法》中有关一人有限责任公司的规定

（1）一个自然人只能投资设立一个一人有限责任公司。该一人有限责任公司不能投资设立新的一人有限责任公司。

（2）一人有限责任公司应当在公司登记中注明自然人独资或者法人独资，并在公司营业执照中载明。

（3）一人有限责任公司不设股东会。

（4）一人有限责任公司应当在每一会计年度终了时编制财务会计报告，并经会计师事务所审计。

（5）一人有限责任公司的股东不能证明公司财产独立于股东自己的财产时，应当对公司债务承担连带责任。

知识链接

关于一人有限责任公司的股东是否可以再投资设立其他一人有限责任公司，关键要看原一人有限责任公司的股东身份，是自然人股东还是法人或其他组织形式的股东，如果是自然人股东，则不得再设立一人有限责任公司，也就是说自然人只能设立一个一人有限责任公司；而其他形式的股东则不做限制，可以再投资设立一个或一个以上的一人有限责任公司。

任务三　股份有限公司

一、股份有限公司的概念和特征

股份有限公司又称股份公司，是指由一定的股东发起设立，其全部资本由等额股份构成，并通过发行股票筹集资本，股东以其所持股份为限对公司承担责任，公司以其全部资产对公司债务承担责任的企业法人。股份有限公司具有以下特征：

（1）股份有限公司的全部资本分割为等额股份，股东以其认购的股份为限对公司承担责任。股份是构成公司资本的最小单位。

（2）股份以股票为表现形式。

（3）股份有限公司可以采取发起设立，也可以采取募集设立。

（4）股份发行和经营状况具有开放性。

（5）股份有限公司的设立程序比较复杂。

二、股份有限公司的设立

（一）股份有限公司的设立条件

（1）发起人符合法定人数。《公司法》规定，设立股份有限公司，应当有2人以上200人以下的发起人，其中必须有过半数的发起人在中国境内有住所。

（2）有符合公司章程规定的全体发起人认购的股本总额或者募集的实收股本总额。

（3）股份发行、筹办事项符合法律规定。

（4）发起人制定公司章程，并经创立大会通过。

（5）有公司名称，建立符合股份有限公司要求的组织机构。

（6）有固定的生产经营场所和必要的生产经营条件。

（二）股份有限公司的设立程序

1. 制定公司章程

股份有限公司章程的制定者为发起人，而不是公司全体股东。

2. 申请设立批准

根据我国《公司法》的规定，设立股份有限公司，必须经过国务院授权部门或者省级人民政府批准。

3. 认购股份

（1）发起设立。发起设立是指由发起人认购公司应发行的全部股份而设立公司。

（2）募集设立。募集设立是指由发起人认购公司发行股份的一部分，其余部分向社会公开募集而设立公司。以募集设立方式设立股份有限公司，其认股程序如下：

① 取得股票发行资格。

② 发起人认购公司发行股份的比例为公司净资产额的35%。

③ 制定招股说明书。

④ 签订承销协议与代收股款协议。

⑤ 申请股票发行的批准。
⑥ 招认股份，缴纳股款。

课堂实训任务

任务 4-2　A、B、C、D、E、F 六名发起人欲设立一股份有限公司，其中，A、B、E、F 四名发起人的住所地在美国。公司所需资本为 8 000 万元，其中，A、B、C、D、E、F 认购了 2 000 万元，其余的，公司决定采用募集方式筹集。认股人可以直接找发起人签订认股协议。

请分析上述公司在设立中的不妥之处。

三、股份有限公司的组织机构

（一）股份有限公司的股东大会

股份有限公司股东大会是由公司全体股东共同组成的权力机构，是对公司重大事项行使最终决策权的机构。

股份有限公司股东大会的形式分为年会和临时会两种。年会即每年按时召开一次的大会。临时会是指在年会以外遇有特殊情况依法召开的大会。我国《公司法》规定，有下列情形之一的，应当在 2 个月内召开临时股东大会：

（1）董事人数不足《公司法》规定人数或公司章程所定人数的 2/3 时；
（2）公司未弥补的亏损达股本总额 1/3 时；
（3）持有公司股份 10%以上的股东请求时；
（4）董事会认为必要时；
（5）监事会提议召开时。

（二）股份有限公司的董事会和经理

（1）董事会的组成。股份有限公司的董事会是公司股东大会的执行机构，董事会由 5~19 人组成，董事会设董事长 1 人。

（2）董事。董事的每届任期不得超过 3 年。董事任期届满，连选可以连任。董事在任期届满前，股东大会不得无故解除其职务。

（3）董事长。股份有限公司的董事长由董事会以全体董事的过半数选举产生，董事长为公司的法定代表人。

（4）经理。股份有限公司的经理由董事会聘任或者解聘，经理负责公司的日常经营管理工作。

（三）股份有限公司的监事会

（1）股份有限公司设立监事会。监事会由股东代表和适当比例的公司职工代表组成，具体比例由公司章程规定。监事会的成员不得少于 3 人。

（2）监事会应在其组成人员中推选一名召集人。董事、经理及财务主管等高级管理人员不得兼任监事。

（3）监事的任期每届为 3 年，任期届满可以连选连任。

四、股份有限公司股份的发行和转让

（一）股份有限公司股份的发行

1. 股票的概念与特征

股票，是股份的表现形式，是股份有限公司签发的证明股东权利与义务的有价证券。股份是股票的价值内容，股票是股份的存在形式。

2. 股份发行的方式

① 设立发行；② 新股发行。

3. 股份发行价格

① 同股同价发行；② 不得折价发行。

（二）股份有限公司股份的转让

1. 股份转让的法律限制

（1）国家股的转让须依照法律、行政法规的规定办理。

（2）股份有限公司的发起人持有的本公司的股份，自公司成立之日起1年内不得转让；公司董事、监事、经理应当向公司申报所持有的本公司的股份，并在任职期内不得转让。

（3）公司一般不得收购本公司的股票。

（4）公司不得接受本公司的股票作为质押权的标的。

知识链接

《公司法》第143条规定：公司不得收购本公司股份。但是，有下列情形之一的除外：1. 减少公司注册资本；2. 与持有本公司股份的其他公司合并；3. 将股份奖励给本公司职工；4. 股东因对股东大会做出的公司合并、分立决议持异议，要求公司收购其股份的。公司因前款第1项至第3项的原因收购本公司股份的，应当经股东大会决议。公司依照前款规定收购本公司股份后，属于第1项情形的，应当自收购之日起十日内注销；属于第2项、第4项情形的，应当在六个月内转让或者注销。

五、上市公司

（一）上市公司的概念

上市公司是指所发行的股票经国务院或者国务院授权证券管理部门批准在证券交易所上市交易的股份有限公司。

（二）申请股票上市的法定条件

（1）股票经国务院证券管理部门批准已向社会公开发行。

（2）公司股本总额不少于人民币3 000万元。

（3）开业时间在3年以上，最近3年连续盈利；原国有企业依法改建而设立的，或者《公司法》实施后新组建成立，其主要发起人为国有大中型企业的，可连续计算。

（4）向社会公开发行的股份占公司股份总数的25%以上；公司股本总额超过人民币4亿元的，其向社会公开发行股份的比例为10%以上。

（5）公司在最近3年内无重大违法行为，财务会计报告无虚假记载。
（6）国务院规定的其他条件。

（三）公司股票上市程序

1. 报国务院证券监督管理机构核准

根据《证券法》规定：股份有限公司申请其股票上市交易，必须报经国务院证券监督管理机构核准。国务院证券监督管理机构可以授权证券交易所依照法定条件和法定程序核准股票上市申请。国家鼓励符合产业政策同时又符合上市条件的公司股票上市交易。

向国务院证券监督管理机构提出股票上市交易申请时，应当提交下列文件：上市报告书；申请上市的股东大会决议；公司章程；公司营业执照；经法定验证机构验证的公司最近三年的或者公司成立以来的财务会计报告；法律意见书和证券公司的推荐书；最近一次的招股说明书。

股票上市交易申请经国务院证券监督管理机构核准后，其发行人应当向证券交易所提交核准文件和前条规定的有关文件。证券交易所应当自接到该股票发行人提交的前款规定的文件之日起6个月内，安排该股票上市交易。

2. 报交易所申请上市

上市的推荐人应在公司申请上市过程完成相关工作，公司在材料提供方面予以协助。

公司向交易所申请上市，至少需在拟定上市日的5～7个工作日前向交易所提供齐备的申请材料。发行结束后，上市推荐人应及早和存管部联系，在上市之前5个工作日内将全体股东登记股托管资料交存管部登记托管完毕，填写相关审查表并交存管部确认后，报送上市部。上市部对公司提交的上市申请材料进行审查，符合上市条件的，报中国证监会批准。

上市安排经证监会同意后，公司应当在上市交易日第五日内在指定报刊上刊登上市公告书，并与交易所签订《上市协议》和《股票发行登记长期服务合同》。

股票上市交易申请经证券交易所同意后，上市公司应当在上市交易的5日前公告经核准的股票上市的有关文件，并将该文件置备于指定场所供公众查阅。

任务四　公司债券与财务会计

一、公司债券

（一）公司债券的概念

公司债券是指依照法定条件和程序发行的、约定在一定期限还本付息的有价证券。

> **知识小结**
>
> 公司债券与公司股票有不同的法律特征：第一，公司债券表示发行者与投资者之间的债权债务关系；公司股票表示投资者对发行股票的公司拥有股东的一系列权利。第二，公司债券的本金到期退还；公司股票所表示的股金则不允许退还。第三，公司债券的利息是固定的；而公司股票的收益可能较高或者较低或者没有或者是负收益（亏损），风险比债券大。第四，公司债券持有人在公司解散或者破产的情况下，优先于公司股东得到债务清偿。

（二）公司债券的发行

1. 公司债券发行的条件

根据我国《公司法》的规定，发行公司债券，必须符合下列条件：

（1）股份有限公司的净资产额不低于人民币 3 000 万元，有限责任公司的净资产额不低于人民币 6 000 万元。

（2）累计债券总额，不超过公司净资产额的 40%。累计债券总额，是指公司成立以来，发行的所有债券尚未偿还的部分。

（3）近 3 年平均可分配利润足以支付公司债券 1 年的利息。

（4）筹集的资金投向符合国家产业政策。

（5）债券的利率不得超过国务院限定的利率水平。

（6）国务院规定的其他条件。

课堂实训任务

任务 4-3　鹏城股份有限公司于 2010 年 5 月发行了公司五年期公司债券 1 500 万元，一年期债券 1 000 万元。2015 年 8 月，因需要，再次发行债券，此时，公司的净资产额为 6 000 万元。那么，公司这次发行的债券数额最高为多少？

发行公司债券筹集的资金，必须用于审批机关批准的用途，不得用于弥补亏损和非生产性支出。

我国《公司法》就公司再次发行债券的条件做出了限制性规定。《公司法》规定，不得再次发行公司债券的情形有：

（1）前一次发行的公司债券尚未募足的；

（2）对已发行的公司债券或者其债务有违约或者延迟支付本息的事实，且仍处于继续状态的。

2. 公司债券发行的程序

（1）由公司的权力机关做出决议。股份有限公司、有限责任公司发行债券，由董事会制定方案，股东大会或者股东会做出决议。

（2）报请国务院有关部门批准。

（3）公告公司债券募集办法。

（4）公司债券的承销。

（5）认购并缴纳公司债券债款。

（6）置备公司债券存根簿。

（三）公司债券的转让

1. 公司债券的转让场所

公司债券的转让应当在依法设立的证券交易所进行，不得私下进行。

2. 公司债券的转让价格

公司债券的转让价格由转让人与受让人自行约定。

3. 公司债券的转让方式

依据公司债券的种类不同,有两种转让方式:① 记名公司债券由债券持有人以背书方式转让或者法律、行政法规规定的其他方式转让,记名债券的转让由公司将受让人的姓名或者名称及住所记载于公司债券存根簿上,以备公司存查。② 无记名公司债券的转让手续较为简单,只需由债券持有人在依法设立的证券交易所,将要转让的债券交付给受让人即发生转让效力,受让人一经持有该债券,即成为公司的债权人。

二、公司财务会计

(一)公司财务会计制度

(1)根据《公司法》的规定,公司除法定的会计账册外,不得另设会计账册。

(2)公司的财务会计报告。

① 根据《公司法》的规定,公司的财务会计报告主要包括资产负债表、损益表(利润表)、财务状况变动表(现金流量表)、财务状况说明书、利润分配表。

② 公司财务会计报告的验证和公开。有限责任公司应当按照公司章程规定的期限,将公司财务会计报告及时送交公司的各个股东。股份有限公司的财务会计报告应当在召开股东大会年会之前20日置备于本公司,供股东查阅。以募集设立方式成立的股份有限公司必须公告其财务会计报告。根据《证券法》规定,上市公司还应当在每一会计年度的上半年结束之日起2个月内制作并公告中期财务会计报告。

(二)公司的利润分配

1. 利润分配的顺序

公司利润是指公司在一定时期内从事经营活动的财务成果,包括营业利润、投资净收益以及营业外收支净额。

根据《公司法》和《企业所得税法》的规定,公司的利润分配顺序是:

(1)弥补以前年度的亏损,但不得超过税法规定的弥补期限。根据我国《企业所得税法》规定,纳税人发生年度亏损的,可以用下一年度的所得弥补;下一年度的所得不足以弥补的,可以逐年延续弥补,但是弥补期限最长不得超过5年。

(2)缴纳所得税。

(3)法定公积金不足弥补以前年度亏损的,弥补亏损。

(4)依法提取法定公积金,公司分配当年税后利润时,应当提取利润的10%列入公司法定公积金,公积金累计额为公司注册资本的50%以上的,可不再提取。

(5)提取任意公积金。《公司法》规定,公司从税后利润中提取法定公积金后,经股东大会决议,可以提取任意公积金。任意公积金虽然不受法律的强制限制,但由于任意公积金的提取势必影响股东的利润分配,所以,非经股东大会会议决定,不能提取任意公积金。

(6)向股东分配利润。有限责任公司依照股东出资比例进行分配。股份有限公司依照股东持有的股份比例进行分配。

股东会或者董事会违反规定,在弥补亏损和提取法定公积金、法定公益金之前向股东分配利润的,必须将违反规定分配的利润退还公司。

2. 公积金的用途

(1)弥补亏损;

(2) 扩大生产经营；

(3) 转增资本。

公司为了实现增加资本的目的，可以将公积金的一部分转为资本。对用任意公积金转增资本的，法律没有限制，但用法定公积金转增资本时，法律规定公司所留存该项公积金不得少于注册资本的 25%。

股份有限公司经股东大会决议将公积金转增资本时，按股东原有股份比例派送新股或增加每股面值。

任务五　公司合并、分立、增资、减资、解散和清算

一、公司的变更

（一）公司的合并

公司的合并是指两个或两个以上具有法人资格的公司依照法定程序，合并成为一个独立法人的法律行为。

(1) 吸收合并是指一个公司吸收其他公司，被吸收的公司解散。

(2) 新设合并是指两个以上公司合并设立一个新公司，合并各方解散。

公司合并后，合并各方的债权、债务，应当由合并后存续的公司或者新设的公司承继。

（二）公司分立

公司分立是指一个具有独立法人资格的公司依照法定程序，分立为两个或两个以上独立法人的法律行为。公司分立，其财产应做相应的分割。

公司分立前的债务按所达成的协议由分立后的公司承担。

根据《公司法》的规定，公司的合并和分立，应当由股东（大）会做出决议；股份有限公司的合并和分立，还必须经国务院授权的部门或者省级人民政府批准。

公司合并和分立应当编制资产负债表和财产清单。股东（大）会做出合并或分立决议后，应当自做出决议之日起 10 日内通知债权人，并于 30 日内在报纸上公告。债权人自接到通知书之日起 30 日内，未接到通知书的自公告之日起 45 日内，有权要求公司清偿债务或者提供相应的担保，不清偿债务或者不提供相应担保的，公司不得合并和分立。

公司合并或者分立，登记事项发生变更的，应当依法向公司登记机关办理变更登记；公司解散的，应当依法办理公司注销登记；设立新公司的，应当依法办理公司设立登记。

（三）公司增加和减少注册资本

(1) 公司增资是指公司依法增加注册资本的行为。

公司成立后，为了扩大经营规模、拓展市场，往往需要增加资本，各国立法一般都允许公司依法增加资本，我国亦如此。我国《公司法》对有限责任公司和股份有限公司增资条件做了不同的规定。

有限责任公司增加注册资本时，股东认缴新增资本的出资，按照设立有限责任公司缴纳出资的有关规定执行。

股份有限公司为增加注册资本而发行新股时，股东认购新股应当按照设立股份有限公司缴纳股款的有关规定执行。

(2) 公司需要减少注册资本时，必须编制资产负债表及财产清单。

公司应当自做出减少注册资本决议之日起10日内通知债权人，并于30日内在报纸上公告。债权人自接到通知书之日起30日内，未接到通知书的自公告之日起45日内，有权要求公司清偿债务或者提供相应的担保，不清偿债务或者不提供相应的担保的公司不得减少注册资本。

公司增加或减少注册资本，应当依法向公司登记机关办理变更登记。

二、解散和清算

(一) 公司解散

公司解散是公司法人资格消灭，并宣布公司不存在的法律行为。

根据我国《公司法》第180条规定：公司因下列原因解散：

(1) 公司章程规定的营业期限届满或者公司章程规定的其他解散事由出现；
(2) 股东会或者股东大会决议解散；
(3) 因公司合并或者分立需要解散；
(4) 依法被吊销营业执照、责令关闭或者被撤销；
(5) 人民法院依照本法第182条的规定予以解散。

(二) 公司清算

公司解散时，应当依法进行清算。清算就是了结终止公司的各项财产关系。

进行清算必须成立清算组。因公司章程规定的营业期限届满或者公司章程规定的其他解散事由出现解散的，或股东会决议解散的，应当在15日内成立清算组。

有限责任公司的清算组由股东组成，股份有限公司的清算组由股东大会确定其人选。逾期不成立清算组进行清算的，债权人可以申请人民法院指定有关人员进行清算。公司违反法律、行政法规被依法责令关闭解散的，由有关主管机关组织股东、有关机关及有关专业人员组成清算组，进行清算。

根据《公司法》第184条的规定，清算组在清算期间行使下列职权：

(1) 清理公司财产，分别编制资产负债表和财产清单；
(2) 通知或者公告债权人；
(3) 处理与清算有关的公司未了结的业务；
(4) 清缴所欠税款；
(5) 清理债权债务；
(6) 处理公司清偿债务后的剩余财产；
(7) 代表公司参与民事诉讼活动。

三、外国公司分支机构

(一) 外国公司及其分支机构的含义

外国公司是指依照外国法律在境外登记成立的公司。外国公司的分支机构是指外国公司在中国境内设立的从事生产经营等活动的分支机构。

随着我国改革开放事业的发展，外商纷纷来我国从事各种商贸活动。有的参与兴办外商投资企业（对此我国已有比较完备的法律规定），有的则在我国设立各种分支机构，以开展对我国的业务，或作为在我国进一步投资的准备。所有这些，对我国的经济建设都发挥了积极作用。

为了便于外国公司来我国设立分支机构并使我国对此进行规范化管理，我国《公司法》也对外国公司的分支机构做了规定。

（二）对外国公司在中国设立分支机构的基本要求

（1）外国公司依照《公司法》的规定，可以在中国境内设立分支机构，从事生产经营活动。

（2）外国公司在中国境内设立分支机构，必须向中国主管机关提出申请，并提交其公司章程、所属国的公司登记证书等有关文件，领取营业执照。

（3）外国公司在中国境内设立分支机构，必须在中国境内指定负责该分支机构的代表人或者代理人，并向该分支机构拨付与其所从事的经营活动相适应的资金（对外国公司分支机构的经营资金需要规定最低限额的，由国务院另行规定）。

（4）外国公司的分支机构应当在其名称中标明该外国公司的国籍及责任形式。

（5）外国公司的分支机构应当在本机构中置备该外国公司章程。

（三）外国公司分支机构的活动及其法律地位

（1）经批准设立的分支机构，在中国境内从事业务活动，必须遵守中国的法律，不得损害中国的社会公共利益，其合法权益受中国法律保护。

（2）外国公司属于外国法人，其在中国境内设立的分支机构不具有中国法人资格。

（3）外国公司对其分支机构在中国境内进行经营活动承担民事责任。

（四）外国公司分支机构的撤销

外国公司撤销其在中国境内的分支机构时，必须依法清偿债务，按照《公司法》有关公司清算程序的规定进行清算。未清偿债务之前，不得将其分支机构的财产转移至中国境外。

任务六　违反《公司法》的法律责任

一、公司的法律责任

（1）在法定的会计账簿以外另立会计账簿的，由县级以上人民政府财政部门责令改正，处以5万元以上50万元以下的罚款。构成犯罪的，依法追究刑事责任。

（2）公司不依照《公司法》规定提取法定公积金的，由县级以上人民政府财政部门责令如数补足应当提取的金额，可以对公司处以20万元以下的罚款。

（3）公司在合并、分立、减少注册资本或者进行清算时，不依照规定通知或者公告债权人的，由公司登记机关责令改正，对公司处以1万元以上10万元以下的罚款。

（4）公司成立后无正当理由超过6个月未开业的，或者开业后自行停业连续6个月以上的，可以由公司登记机关吊销营业执照。

（5）公司违反《公司法》规定，应当承担民事赔偿责任和缴纳罚款、罚金的，其财产不足以支付时，先承担民事赔偿责任。

二、公司发起人、股东的法律责任

《公司法》对公司发起人、股东的法律责任的规定，主要分布在第199条、第200条、第201条等条文中，《刑法》中也有相关规定。具体内容如下：

（1）违反《公司法》规定，虚报注册资本、提交虚假材料或者采取其他欺诈手段隐瞒重要事实取得公司登记的，由公司登记机关责令改正，对虚报注册资本的公司，处以虚报注册资本金额5%以上15%以下的罚款；对提交虚假材料或者采取其他欺诈手段隐瞒重要事实的公司，处以5万元以上50万元以下的罚款；情节严重的，撤销公司登记或者吊销营业执照。构成犯罪的，依《刑法》规定追究刑事责任，处3年以下有期徒刑或者拘役，并处或者单处虚报注册资本金1%以上5%以下的罚金。单位犯此罪的，对单位处以罚金，并对其直接负责的主管人员和其他直接责任人员，处3年以下有期徒刑或者拘役。

（2）公司的发起人、股东虚假出资，未交付或者未按期交付作为出资的货币或者非货币财产的，由公司登记机关责令改正，处以虚假出资金额5%以上15%以下的罚款。构成犯罪的，依《刑法》规定追究刑事责任，处5年以下有期徒刑或者拘役，并处或者单处虚假出资金额2%以上10%以下的罚金。单位犯此罪的，对单位处以罚金，并对其直接负责的主管人员和其他直接责任人员，处5年以下有期徒刑或者拘役。

（3）公司的发起人、股东在公司成立后，抽逃其出资的，由公司登记机关责令改正，处以所抽逃出资金额5%以上15%以下的罚款。构成犯罪的，依《刑法》规定追究刑事责任，处5年以下有期徒刑或者拘役，并处或者单处抽逃出资金额2%以上10%以下的罚金。单位犯此罪的，对单位处以罚金，并对其直接负责的主管人员和其他直接责任人员，处5年以下有期徒刑或者拘役。

复习思考题

1. 公司的概念和特征。
2. 有限责任公司的设立条件。
3. 股份有限公司的设立条件。
4. 公司债券的发行条件。
5. 公司上市的条件。
6. 公司利润的分配顺序。

专项实训项目

↘ 活动目标和要求

利用两个课时组织模拟法庭，介绍简易法庭程序，提前分组并分配扮演角色。使学生能够掌握公司的设立要求和组织机构的设置及权限。

实训组织

将教室中的课桌椅摆放成法庭的形式，利用多媒体设备投射国徽的标志。检查学生的准备情况。

实训内容及成果

由学生扮演法官、书记员、当事人和代理人等。当堂进行法庭辩论，由学生分组进行讨论并形成小组最终意见。教师参照学生的表现评分并进行讲评。

实训材料一

甲、乙、丙三方准备投资组建一有限责任公司。经协商，他们共同制定了公司章程。其中，章程中有如下条款：

1. 公司由甲、乙、丙三方组建；
2. 公司以生产经营某一科技项目为主，注册资本为 30 万元人民币；
3. 甲、乙、丙三方必须用现金出资；
4. 公司获得利润时，除依法提取各项基金外，甲、乙、丙分别按 1:1:1 的比例进利润分配；
5. 公司设立董事会，董事长负责董事会工作；
6. 公司经理由董事会聘任，作为法定代表人，负责日常经营管理工作；
7. 公司存续期间，任何一方均可回收投资。

庭审辩论和组织讨论的焦点问题

- 请指出上述章程中的条款，符合《公司法》规定的是哪些，并说明理由。
- 请指出上述章程中的条款，不符合《公司法》规定的是哪些，并说明理由。

实训材料二

甲股份有限公司（以下简称甲公司）于 2016 年 2 月 1 日召开董事会会议，该次会议召开情况及讨论决议事项如下：

1. 甲公司董事会的 7 名董事中有 6 名出席该次会议。其中，董事张某因病不能出席会议，电话委托董事李某代为出席会议并行使表决权。
2. 甲公司与乙公司有业务竞争关系，但甲公司总经理王某于 2013 年下半年擅自为乙公司从事经营活动，损害甲公司的利益，故董事会做出如下决定：解聘公司总经理王某；将王某为乙公司从事经营活动所得的收益收归甲公司所有。
3. 为完善公司经营管理制度，董事会会议通过了修改公司章程的决议，并决定从通过之日起执行。

庭审辩论和组织讨论的焦点问题

- 董事张某电话委托董事李某代为出席董事会会议并行使表决权的做法是否符合法律规定？简要说明理由。
- 董事会做出解聘甲公司总经理王某的决定是否符合法律规定？简要说明理由。
- 董事会做出将王某为乙公司从事经营活动所得的收益收归甲公司所有的决定是否符合法律规定？简要说明理由。
- 董事会做出修改公司章程的决议是否符合法律规定？简要说明理由。

项目五

外商投资法

导入案例

【案情简介】

美国一商人和我国的投资者有意共同投资建立一家外商投资企业，该企业设立的过程如下：

（1）中方的投资者是一位中国公民；

（2）商务部对外商投资企业的设立进行了审批，外商投资企业在市场监管部门进行了登记；

（3）为了鼓励和吸引外资，政府以口头形式向外方投资者承诺：外国投资者从外商投资企业取得的利润免征所得税。

【问题】

1. 中方的投资者可以是自然人吗？
2. 外商投资企业在设立的过程中需要向商务部进行审批吗？
3. 政府承诺的各项优惠条件是否可以以口头形式存在？

教学目标

- 了解外商投资法的概念
- 掌握外商投资的形式
- 掌握关于外商投资促进、保护、管理的相关法律制度

实训目标

- 能够对外商投资企业的设立条件和设立程序进行应用

任务一　外商投资法概述

一、外商投资企业的概念和特征

（一）外商投资企业的概念

外商投资企业是指全部或者部分由外国投资者投资，依照中国法律在中国境内经登记注册设立的企业。

（二）外商投资企业的特征

（1）投资主体具有涉外因素；
（2）依照中国法律在中国境内登记注册；
（3）国家对其实行特殊管理政策的企业。

（三）外商投资的形式

外商投资是指外国的自然人、企业或者其他组织（以下称外国投资者）直接或者间接在中国境内进行的投资活动，包括下列情形：
（1）外国投资者单独或者与其他投资者共同在中国境内设立外商投资企业；
（2）外国投资者取得中国境内企业的股份、股权、财产份额或者其他类似权益；
（3）外国投资者单独或者与其他投资者共同在中国境内投资新建项目；
（4）法律、行政法规或者国务院规定的其他方式的投资。

二、外商投资企业法的概念和原则

（一）外商投资企业法的概念

外商投资企业法是调整国家协调经济运行过程中发生的关于外商投资企业的经济关系的法律规范的总称。

（二）外商投资企业法的原则

（1）维护国家主权原则；
（2）平等互利原则；
（3）利用外资的同时发展民族工业的原则；
（4）参照国际惯例的原则。

三、对外商投资企业的基本管理制度

（一）外商投资企业的组织形式、组织机构及其活动准则

外商投资企业的组织形式、组织机构及其活动准则适用《中华人民共和国公司法》《中华人民共和国合伙企业法》等法律的规定。

外商投资企业开展生产经营活动，应当遵守法律、行政法规有关劳动保护、社会保险的规定，依照法律、行政法规和国家有关规定办理税收、会计、外汇等事宜，并接受相关主管

部门依法实施的监督检查。

（二）准入前国民待遇制度

准入前国民待遇是指在投资准入阶段给予外国投资者及其投资不低于本国投资者及其投资的待遇。如果中华人民共和国缔结或者参加的国际条约、协定对外国投资者准入待遇有更优惠规定的，可以按照相关规定执行。

（三）负面清单制度

负面清单是指国家规定在特定领域对外商投资实施的准入特别管理措施。国家对负面清单之外的外商投资，给予国民待遇。负面清单由国务院发布或者批准发布。

负面清单的意思相当于投资领域的"黑名单"，列明了企业不能投资的领域和产业。负面清单是国际上重要的投资准入制度，目前国际上有70多个国家采用"准入前国民待遇和负面清单"管理模式。学理上的解释是，凡是针对外资的与国民待遇、最惠国待遇不符的管理措施，或业绩要求、高管要求等方面的管理限制措施，均以清单方式列明。

课堂实训任务

任务5-1　搜集关于外商投资的负面清单的规定。

（四）外商投资信息报告制度和安全审查制度

国家建立外商投资信息报告制度。外国投资者或者外商投资企业应当通过企业登记系统以及企业信用信息公示系统向商务主管部门报送投资信息。外商投资信息报告的内容和范围按照确有必要的原则确定；通过部门信息共享能够获得的投资信息，不得再行要求报送。

另外，国家还建立外商投资安全审查制度，对影响或者可能影响国家安全的外商投资进行安全审查，并规定：依法做出的安全审查决定为最终决定。

任务二　外商投资的促进和保护

一、关于促进外商投资的法律规定

（一）征求外商投资企业的意见和建议并提供咨询和服务

外商投资企业不仅依法平等适用国家支持企业发展的各项政策，同时法律还规定在制定与外商投资有关的法律、法规、规章时，应当采取适当方式征求外商投资企业的意见和建议。

知识链接

在制定与外商投资有关的行政法规、规章、规范性文件，或者政府及其有关部门起草与外商投资有关的法律、地方性法规，应当根据实际情况，采取书面征求意见以及召开座谈会、论证会、听证会等多种形式，听取外商投资企业和有关商会、协会等方面的意见和建议；对反映集中或者涉及外商投资企业重大权利义务问题的意见和建议，应当通过适当方式反馈采纳的情况。

（二）依法及时公布规范性文件并提供咨询服务

与外商投资有关的规范性文件、裁判文书等，应当依法及时公布。与外商投资有关的规范性文件应当依法及时公布，未经公布的不得作为行政管理依据。与外商投资企业生产经营活动密切相关的规范性文件，应当结合实际，合理确定公布到施行之间的时间。

国家建立健全外商投资服务体系，为外国投资者和外商投资企业提供法律法规、政策措施、投资项目信息等方面的咨询和服务。

政府及其有关部门应当通过政府网站、全国一体化在线政务服务平台集中列明有关外商投资的法律、法规、规章、规范性文件、政策措施和投资项目信息，并通过多种途径和方式加强宣传、解读，为外国投资者和外商投资企业提供咨询、指导等服务。

（三）国家加强与国际上的交流和合作

国家与其他国家和地区、国际组织建立多边、双边投资促进合作机制，加强投资领域的国际交流与合作。

（四）国家对外商投资企业提供优惠条件

国家根据需要，设立特殊经济区域，或者在部分地区实行外商投资试验性政策措施，促进外商投资，扩大对外开放；国家根据国民经济和社会发展需要，鼓励和引导外国投资者在特定行业、领域、地区投资。外国投资者、外商投资企业可以依照法律、行政法规或者国务院的规定享受优惠待遇。

县级以上地方人民政府可以根据法律、行政法规、地方性法规的规定，在法定权限内制定外商投资促进和便利化政策措施；各级人民政府及其有关部门应当按照便利、高效、透明的原则，简化办事程序，提高办事效率，优化政务服务，进一步提高外商投资服务水平；有关主管部门应当编制和公布外商投资指引，为外国投资者和外商投资企业提供服务和便利。

（五）公平对待外商投资企业

国家保障外商投资企业依法平等参与标准制定工作，强化标准制定的信息公开和社会监督；国家制定的强制性标准平等适用于外商投资企业；国家保障外商投资企业依法通过公平竞争参与政府采购活动，政府采购依法对外商投资企业在中国境内生产的产品、提供的服务平等对待；外商投资企业可以依法通过公开发行股票、公司债券等证券和其他方式进行融资。

二、关于保护外商投资的法律规定

（一）国家对外国投资者的投资不实行征收

国家对外国投资者的投资不实行征收除非在特殊情况下，国家为了公共利益的需要，可以依照法律规定对外国投资者的投资实行征收或者征用。征收、征用应当依照法定程序进行，并及时给予公平、合理的补偿。

（二）国家保护外国投资者和外商投资企业的知识产权

外国投资者在中国境内的出资、利润、资本收益、资产处置所得、知识产权许可使用费、依法获得的补偿或者赔偿、清算所得等，可以依法以人民币或者外汇自由汇入、汇出；国家保护外国投资者和外商投资企业的知识产权，保护知识产权权利人和相关权利人的合法权益；对知识产权侵权行为，严格依法追究法律责任。

(三) 国家鼓励在外商投资过程中开展技术合作

国家鼓励在外商投资过程中基于自愿原则和商业规则开展技术合作。技术合作的条件由投资各方遵循公平原则平等协商确定。行政机关及其工作人员不得利用行政手段强制转让技术；行政机关及其工作人员对于履行职责过程中知悉的外国投资者、外商投资企业的商业秘密，应当依法予以保密，不得泄露或者非法向他人提供。

(四) 维护外商投资企业的合法权益

各级人民政府及其有关部门制定涉及外商投资的规范性文件，应当符合法律法规的规定；没有法律、行政法规依据的，不得减损外商投资企业的合法权益或者增加其义务，不得设置市场准入和退出条件，不得干预外商投资企业的正常生产经营活动。

(五) 履行向外商投资企业的承诺

地方各级人民政府及其有关部门应当履行向外国投资者、外商投资企业依法做出的政策承诺以及依法订立的各类合同；因国家利益、社会公共利益需要改变政策承诺、合同约定的，应当依照法定权限和程序进行，并依法对外国投资者、外商投资企业因此受到的损失予以补偿。

国家建立外商投资企业投诉工作机制，及时处理外商投资企业或者其投资者反映的问题，协调完善相关政策措施；外商投资企业或者其投资者认为行政机关及其工作人员的行政行为侵犯其合法权益的，可以通过外商投资企业投诉工作机制申请协调解决；外商投资企业或者其投资者认为行政机关及其工作人员的行政行为侵犯其合法权益的，除依照前款规定通过外商投资企业投诉工作机制申请协调解决外，还可以依法申请行政复议、提起行政诉讼；外商投资企业可以依法成立和自愿参加商会、协会。商会、协会依照法律法规和章程的规定开展相关活动，维护会员的合法权益。

任务三 违反外商投资法的法律责任

一、违反负面清单制度规定的法律责任

外国投资者投资外商投资准入负面清单规定禁止投资的领域的，由有关主管部门责令停止投资活动，限期处分股份、资产或者采取其他必要措施，恢复到实施投资前的状态；有违法所得的，没收违法所得。

外国投资者的投资活动违反外商投资准入负面清单规定的限制性准入特别管理措施的，由有关主管部门责令限期改正，采取必要措施满足准入特别管理措施的要求；逾期不改正的，依照前款规定处理；外国投资者的投资活动违反外商投资准入负面清单规定的，除依照前两款规定处理外，还应当依法承担相应的法律责任。

二、违反外商投资信息报告制度的法律责任

外国投资者、外商投资企业违反本法规定,未按照外商投资信息报告制度的要求报送投资信息的,由商务主管部门责令限期改正;逾期不改正的,处 10 万元以上 50 万元以下的罚款;对外国投资者、外商投资企业违反法律、法规的行为,由有关部门依法查处,并按照国家有关规定纳入信用信息系统。

三、行政机关工作人员的法律责任

行政机关工作人员在外商投资促进、保护和管理工作中滥用职权、玩忽职守、徇私舞弊的,或者泄露、非法向他人提供履行职责过程中知悉的商业秘密的,依法给予处分;构成犯罪的,依法追究刑事责任。

复习思考题

1. 简述外商在我国投资的形式。
2. 简述我国关于促进外商投资的法律规定。
3. 简述我国关于保护外商投资的法律规定。

专项实训项目

活动目标和要求
利用两个课时组织学生进行分组讨论。

实训组织
将教室中的一部分课桌椅摆成圆桌的形式,每组推荐几名代表发言。

实训内容及成果
由学生分组进行讨论并最终形成总结,教师参照学生的表现评分。

组织讨论的焦点问题
1. 对外商投资提供优惠待遇的原因有哪些?
2. 外商投资实行负面清单制度的原因有哪些?

项目六

破产法

导入案例

【案情简介】

宏达公司重整期间,管理人追回多笔债款,共计 160 万元。宏达公司主要股东甲和乙向管理人提出,宏达公司上一年度的财务报表显示,公司当年税后利润为 120 万元,当时因公司现金周转困难未能分配红利,请求兑现分配。

【问题】

管理人能否拒绝这一请求?

这一案例即涉及破产法的相关问题。

教学目标

企业破产制度是现代企业的重要制度,企业破产法是经济法中极其重要的法律。它也是经济法的核心法律之一。学习本项目的目的,在于让学生明确和掌握破产法这一现代法律的基本理论和法律规定,从而适应国家建立现代企业制度的需要。

实训目标

通过本项目的学习,除要求学生掌握破产法律制度一系列的基本理论外,还要掌握破产法对破产申请和受理、债权人会议、和解、和解协议、重整、破产宣告、破产清算、破产救济及破产法律责任等一系列的法律规定,并能运用所学知识分析和解决有关企业的具体法律问题。

任务一 破产法概述

一、破产法的概念

(一)企业破产法的概念

在传统破产法上,"破产"首先表示一种法律上的地位,它的结果一定是倒闭清算。事实上,在破产法领域,长期就存在一个固定观念:破产就是倒闭清算。其次,在法律上,"破产"

常常被指称：债务人在其无力偿还债务时，债务人以其财产对债权人公平清偿的程序，即破产清算程序。

破产是指债务人不能清偿到期债务时，为满足债权人正当合理的清偿要求，在法院的指挥和监督之下，就债务人的总财产实行的以分配为目的的清算程序。企业破产是指企业因不能清偿到期债务，通过重整、和解或清算等法定程序，实现公平清偿以及在可能情况下实现企业拯救的法律制度。

（二）企业破产法的概念

破产法是关于债务人不能清偿到期债务时，宣告其破产，并由法院对其全部财产进行清理、分配或由其进行和解等方面的法律规范的总称。企业破产法是指规范企业破产程序，公正审理破产案件，保护各方当事人合法权益，维护社会主义市场经济秩序的法律。它通过调节和规范破产程序进行中各案件参与人如债权人、债务人、破产管理人、第三人，甚至法院的具体行为和活动来达到调节债权债务关系的目的。

（三）企业破产法的立法目的

2006 年 8 月 27 日，我国正式颁布《中华人民共和国企业破产法》（以下简称《破产法》）。《破产法》第 1 条就明确规定了立法目的："为规范企业破产程序，公平清理债权债务，保护债务人和债权人的合法权益，维护社会主义市场经济秩序，制定本法。"

根据本条的规定，我国《破产法》的立法宗旨为：

1. 规范企业破产程序

我国在 1986 年制定了适用于全民所有制企业的《中华人民共和国企业破产法（试行）》（以下简称《企业破产法（试行）》）。我国又以修订后的《民事诉讼法》第 19 章专门规定了适用于全民所有制企业以外的所有企业法人的"企业法人破产还债程序"。近年来，我国针对企业破产问题发布了大量的行政法规、部门规章和司法解释。这样，在破产法领域就出现了法律规定繁多，行政法规、部门规章与法律冲突的现象。因此，《破产法》使企业破产实现程序清晰、操作公正有序。

2. 公平清理债权债务

第一，它意味着《破产法》首先被定位为债务清理法，改变了以往将《企业破产法（试行）》看作企业法的认识。第二，它意味着对于债权人的权利，依照不同性质做出清偿位阶上的安排。第三，它意味着所有债权在破产程序开始时，无论是否到期均视为已经到期。第四，它意味着对所有债权都应按照法定顺序进行分配，当对同一顺序的债权人不足清偿时，按债权的比例进行清偿。

3. 保护债权人和债务人的合法权益

企业在破产过程中主要涉及债权人和债务人的利益。二者的利益既相互排斥，又相互关联。这两个主体的合法权益均应受到法律保护。本法对于债务人和债权人的合法权益都设立了相关的制度予以保护。

4. 维护社会主义市场经济秩序

本法通过规范企业破产中各方当事人的行为，有助于规范市场主体的交易行为，提高市场的诚信度和安全度。

二、破产法的适用范围

《破产法》将适用范围限定为企业法人,这其中不仅包括国有企业法人,还包括承担有限责任的其他企业法人。现行法律规定不具有法人资格的合伙企业、个人独资企业的合伙人、出资人应对企业债务承担无限连带责任,这些企业破产,必然会连带牵涉企业合伙人、出资人的个人破产问题。而我国目前尚未出台有关个人破产的程序规定。所以,本法第135条规定:"其他法律规定企业法人以外的组织的清算,属于破产清算的,参照适用本法规定的程序。"这意味着,合伙企业、个人独资企业的破产对本法规定的适用,由有关法律规定。《企业破产法(试行)》将适用主体的范围限制在具有法人资格的全民所有制企业。本法将适用主体范围扩大到所有具有法人资格的企业,不再区分是否为全民所有制企业,这其中包括有限责任公司、股份有限公司和具有法人资格的集体企业、民营企业以及设在中国领域内的中外合资经营企业、中外合作经营企业和外资企业等。一般来讲,商业银行、证券公司、保险公司等金融机构应该适用本法所规定的程序。但是由于这类金融机构的种种特殊性,它们的破产应当优先适用《破产法》第134条和其他相关法律的特殊规定,以及国务院制定的实施办法。

三、破产原因

破产原因,又称破产界限,是指企业适用破产程序的必要条件。破产原因是法律规定的特别法律事实,是法院受理破产申请和实施破产宣告的根据。《破产法》第2条第1款规定:"企业法人不能清偿到期债务,并且资产不足以清偿全部债务或者明显缺乏清偿能力的,依照本法规定清理债务。"它规定了以下两种情况,具备任何一种情况的企业法人都可以适用破产程序。

(一)企业法人不能清偿到期债务,并且资产不足以清偿全部债务

"不能清偿到期债务",即无力还债,国际上也称作"非流动性",又称"现金流标准",其含义是"债务人已全面停止偿付到期债务,而且没有充足的现金流量偿付正常营业过程中到期的现有债务。""债务人全面停止付款的标志可以包括债务人未能支付租金、税款、薪金、员工福利、贸易应付款和其他主要业务费用。借助这一标准,是为了在债务人财务困难期间尽早启动破产程序,以尽量减少资产的散失并避免债权人争夺资产,造成债务人的资产被瓜分,反而对全体债权人不利。等到债务人能证明资产负债表破产才允许启动程序,可能只会延迟必然要发生的事情,减少可收回的资产。"无力偿债的认定,不以债权人提出请求为必要条件。

"资产不足以清偿全部债务",又称"资不抵债",国际上也称作"资产负债表标准",主要指企业法人的资产负债表上,全部资产之和小于其对外的全部债务。这一标准的依据是资不抵债即表明遇到财务困难。

在能够证明企业同时存在"不能清偿到期债务"和"资产不足以清偿全部债务"的情况下,企业有充分理由适用破产程序。

(二)企业法人不能清偿到期债务,并且明显缺乏清偿能力

以"明显缺乏清偿能力"替代"资不抵债"作为"不能清偿到期债务"并列的条件,是

对后者的一个限定。根据这一限制，一时不能支付但仍有偿付能力的企业不适用破产程序。因为"债务人无力清偿到期债务，可能只表明现金流量或清偿能力暂时出现问题，而企业在其他方面则是健全的。当今市场竞争激烈，竞争可能迫使市场的参与者为保持竞争力和维持或取得市场份额而暂时接受更低的利润，甚至承担损失。虽然在每个案件中都会成为一个事实问题，但可取的做法是，破产法对法院判断是否已达到启动标准规定指导原则，以避免过早裁定破产"。

本项标准代表了本法起草的一个指导思想，即鼓励适用破产程序，特别是再建型的破产程序（重整、和解），以积极清理债务，避免社会中大量的债务沉淀和资产闲置，并减少企业长期困境下的道德风险以及由此造成的经济损失。

四、重整原因

重整是指在企业无力偿债的情况下，依照法律规定的程序，保证企业继续营业，实现债务调整和企业整理，使之摆脱困境，走向复兴的再建型债务清理制度。重整程序是对濒临破产企业的拯救，对于作为其发动条件的重整原因，本法做出了较为宽松的规定。首先，当企业法人满足了《破产法》第 2 条第 1 款的破产原因的情况下，即可提出进行重整。其次，虽然企业还不具备破产原因，如果企业明显具有了丧失清偿能力的可能性，企业也可以进行重整。所谓"有明显丧失清偿能力的可能"，是指债务人虽然尚未具备破产原因，但是根据其经营状况和财务信息，可以明确地预知不能清偿到期债务的事态一定会在将来的一定时刻发生。此时，赋予债务人及时启动重整程序的机会，有利于实现早期拯救，提高企业困境的治愈率。

五、破产案件的管辖

（一）破产案件的地域管辖

《破产法》第 3 条规定："破产案件由债务人住所地人民法院管辖。"根据本条规定，破产案件由债务人住所地人民法院管辖。1992 年 7 月 14 日通过的《最高人民法院关于适用〈中华人民共和国民事诉讼法〉若干问题的意见》第 4 条规定："法人的住所地是指法人的主要营业地或者主要办事机构所在地。"而 2002 年 7 月 18 日通过的《最高人民法院关于审理企业破产案件若干问题的规定》第 1 条将"债务人住所地"限定为债务人的"主要办事机构所在地"，没有提及"主要营业地"。其主要原因在于，实践中对于主要营业地的判断存在着一定困难。而对于主要办事机构所在地一般是指企业的法人机关所在地，比较容易判断。因此，本条所称的"债务人住所地"应解释为债务人的主要办事机构所在地。

（二）破产案件的级别管辖和移送管辖

《破产法》没有对破产案件的级别管辖做出直接规定。《最高人民法院关于审理企业破产案件若干问题的规定》第 2 条规定，基层人民法院一般管辖县、县级市或者区的工商行政管理机关核准登记企业的破产案件，中级人民法院一般管辖地区、地级市（含本级）以上的工商行政管理机关核准登记企业的破产案件；纳入国家计划调整的企业破产案件，由中级人民法院管辖。

关于破产案件的移送管辖，根据《最高人民法院关于审理企业破产案件若干问题的规定》

第 3 条，上级人民法院审理下级人民法院管辖的企业破产案件，或者将本院管辖的企业破产案件移交下级人民法院审理，以及下级人民法院需要将自己管辖的企业破产案件交由上级人民法院审理的，依照《民事诉讼法》第 39 条的规定办理，省、自治区、直辖市范围内因特殊情况需对个别企业破产案件的地域管辖做调整的，须经共同上级人民法院批准。

任务二　破产申请和受理

一、破产申请

（一）破产申请概述

破产申请是破产申请人请求人民法院受理破产案件的意思表示。它是启动破产程序的初始步骤。我国《破产法》实行受理开始主义，即破产程序只能在依法具有破产申请资格的当事人提出申请后经由人民法院受理而开始；人民法院不得依职权主动开始破产程序。这意味着，在我国，破产申请是破产程序开始的必要条件。本法为无力偿债的企业提供了重整、和解和破产清算三种程序制度，并规定了一般情况下债权人或债务人从不同程序中选择一种提出破产申请的权利，以及在企业处于解散或清算状态时负有清算责任的人申请破产清算的义务。

（二）本法各程序之间的联系

按照本法的程序设计，无力偿债的企业可以适用的债务清理程序有重整、和解和破产清算三种。在债权人申请或债务人申请的情况下，申请人必须从中选择一种程序提出申请。按破产清算受理的案件，在人民法院受理破产案件后、破产宣告前，可以经有申请权的当事人的申请，人民法院裁定，转为重整程序或者和解程序。按重整或者和解受理的案件，在具备法定原因时，也可以经人民法院裁定，转为破产清算程序。

（三）债权人申请破产

1. 债权人申请破产的条件

（1）债务人不能清偿到期债务。债务人不能清偿到期债务，债权人可以向人民法院提出对债务人进行重整或破产清算的申请，但不可以提出和解申请。《破产法》的立法宗旨之一就是保护债权人的合法权益。当债务人无力偿债时，如果存在多个债权人，就存在着通过集体清偿程序实现众多债权人之间的公平清偿的需求。启动破产程序就可以成为债权人利益保护的一个优先考虑的选择。法律赋予债权人提出破产申请的权利，也有利于遏制和追查债务人隐匿资产、不当转让财产等恶意损害债权人利益的行为。

与债务人提出申请的申请条件不同，债权人提出申请破产的条件只是不能清偿到期债务，而无须证明债务人资不抵债或明显缺乏清偿能力。这样体现了对债权人利益的保护。因为通常情况下，债权人很难知悉债务人的财务状况，更加难以准确地判断债务人是否亏损，因此，如果一定要债权人在掌握了充分证据证明债务人已经资不抵债后，才能申请债务人破产，那么，债权人高昂的信息搜集成本将导致应用价值大大下降。

（2）债权人行使的债权是财产上的请求权。因为破产程序是对债务人的财产进行清理的程序，所以只有享有财产上的请求权的债权人才可以通过破产程序获得清偿，从而法律赋予其申请开始破产程序的权利才有实际意义。相反，没有财产请求权的债权通过破产程序不能获得满足，法律赋予其申请开始破产程序的权利才有意义。

（3）债权人的债权应是已到期的债权。债权人的债权必须是可得行使的，即该债权已到期，且未受清偿。债权人享有的债权如果是附期限的，必须是期限已经到来；如果是附条件的，必须是条件已经成就的。

但是，在破产程序开始后，未到期债权视为已到期。也就是说，未到期债权的请求人虽无申请破产的资格，却享有参加破产程序的权利。

（4）债权人的债权是没有超过诉讼时效的债权。超过诉讼时效的债权债务属于自然之债，债权人不再享有胜诉权，即不能通过司法强制执行手段满足其债权。破产程序即是以司法强制执行手段满足债权人，自然之债自然无法适用。司法实践中，如果债权人的债权已经超过诉讼时效，法院应当驳回其破产申请。

2. 债权人申请破产的程序

债权人申请破产，应当向有管辖权的人民法院提交破产申请书和有关证据。破产申请书应当载明下列事项：① 申请人、被申请人的基本情况；② 申请目的；③ 申请的事实和理由；④ 人民法院认定应当载明的其他事项。

（四）债务人申请破产

1. 债务人申请破产的条件

在具备破产原因的情况下，债务人可以向人民法院申请破产。

2. 债务人申请破产的程序

债务人申请破产，应当向有管辖权的人民法院提交破产申请书和有关证据。该破产申请书所载明事项与债权人提交的破产申请书相同。债务人还应当向人民法院提交财产状况说明、债务清册、债权清册、有关财务会计报告、职工安置预案以及职工工资的支付和社会保险费用的缴纳情况。债务人提交上述文件，必须做到真实、充分。

（五）清算责任人申请破产

企业法人已经解散但未清算或者未清算完毕的，属于清算法人，即为清算目的而存续的法人。企业法人解散是指企业因发生章程规定或者法律规定的除破产以外的事由而停止业务，进入待清算状态或实施清算的过程。在此期间，其法人资格在法律上视为存续，但其营业资格已经丧失。此时，如果企业存在着资不抵债的事实，依法负有清算责任的人依法向人民法院申请破产清算。

依法负有清算责任的人，应依照有关的法律确定。例如，在公司清算的场合，根据《公司法》第184条的规定，包括有限责任公司的股东、股份有限公司的董事或者股东大会确定的人员以及特定情形下人民法院指定有关人员组成的清算组。在合伙企业的场合，根据《合伙企业法》第86条规定，包括全体合伙人、经合伙人过半数同意指定的一个或数个合伙人以及特定情形下人民法院指定的清算人。

清算责任人申请破产，是清算责任人在破产法上承担的一项特别义务。第一，清算责任人既没有权利选择不提出破产申请，也不得拖延时间迟迟不提出破产申请。第二，在提出破产申请时，破产清算程序是其唯一选择，所以其不得选择重整或和解。第三，清算责任人申请破产后,人民法院应当受理并于受理时宣告债务人破产。

清算责任人违反规定,不履行及时申请义务,导致债务财产减少,给债权人造成损失的,应当承担赔偿责任。

(六)破产申请的撤回

破产申请人提出破产申请后,能否撤回?我国《破产法》采取的是受理前的法院许可主义。即人民法院受理破产申请前,程序尚未开始,除清算责任人外,申请人可以请求撤回申请。但是,一旦法院受理了破产申请,则不得撤回申请。对于申请人在人民法院受理前提出的撤回请求,人民法院有权决定是否准许。《最高人民法院关于审理企业破产案件若干问题的规定》第 11 条规定:"在人民法院决定受理企业破产案件前,破产申请人可以请求撤回破产申请。""人民法院准许申请人撤回破产申请的,在撤回破产申请之前已经支出的费用由破产申请人承担。"

二、受理

(一)破产受理的意义

破产案件的受理,又称立案,是指人民法院在收到破产案件申请后,认为申请符合法定条件而予以接受,并由此开始破产程序的司法行为。法院裁定受理破产申请,是破产程序开始的标志。受理是人民法院收到破产申请后依职权进行的司法行为,而不是主动依职权进行的司法行为。受理是人民法院对于破产案件是否符合破产条件进行审查的必经程序。

(二)受理破产申请的期限

1. 对债权人提出破产申请的受理期限以及债务人的异议期限

债权人提出破产申请后,人民法院应当自收到破产申请之日起 5 日内通知债务人。债务人对申请有异议的,应当自收到人民法院的通知之日起 7 日内向人民法院提出。异议期满后,无论债务人是否提出异议,法院有不超过 10 天的审理期。

2. 债务人或清算责任人提出破产申请的受理期限

因为不存在异议期问题,人民法院应当自收到破产申请之日起 15 日内裁定是否受理。

3. 特殊情况下人民法院受理申请期限

有特殊情况需要延长裁定受理期限的,经上一级人民法院批准,可以延长 15 日。即在特殊情况下,从法院收到破产申请到法院做出受理裁定的最长时间,债权人提出申请的案件为 37 日,债务人或清算责任人提出申请的案件为 30 日。

(三)受理的程序

1. 审查

对破产案件的审查包括形式审查和实质审查。

(1)形式审查。形式审查是旨在判定破产申请是否具备法律规定的申请形式,其内容主要包括:首先,申请人是否具备破产申请资格(是否为《破产法》第 7 条规定的债权人、债务人或者清算责任人);其次,债务人是否为依法可适用企业破产程序的主体(是否为《破产法》第 2 条规定的企业法人或者《破产法》第 135 条规定的其他组织);再次,受案法院对本案是否有管辖权（依据《破产法》第 3 条及相关司法解释确定）；最后，申请文件是否符合《破产法》第 8 条的要求，即申请书内容完整、相关证据齐备、法定文件齐全。

形式审查中，发现存在可以补正的形式缺陷的，法院可以在法律规定的期限内，令申请人补正。

（2）实质审查。实质审查是旨在判定破产申请是否具备法律规定的破产申请实质条件，即债务人是否存在破产原因。实质审查是一种表面事实的审查，就是依据申请人提交的材料，对债务人是否具有《破产法》第 2 条（在债权人申请的情况下）或者《破产法》第 7 条第 2 款规定的事由。

人民法院对破产申请进行审查，包括形式审查和实质审查。

人民法院经审查认为破产申请符合法定条件的，应当裁定受理破产申请，应当自裁定做出之日起 5 日内送达申请人；人民法院裁定受理破产申请的，应当同时指定管理人。债权人提出申请的，人民法院应当自受理裁定做出之日起 5 日内送达债务人。债务人应当自裁定送达之日起 15 日内，向人民法院提交财产状况说明、债务清册、债权清册、有关财务会计报告以及职工安置预案、职工工资的支付和社会保险费用的缴纳情况。自受理裁定送达债务人之日起至破产程序终结之日，债务人的有关人员承担下列义务：第一，妥善保管其占有和管理的财产、印章、账簿、文书等资料；第二，根据人民法院、管理人的要求进行工作，并如实回答询问；第三，列席债权人会议并如实回答债权人的询问；第四，未经人民法院许可，不得离开住所地；第五，不得新任其他企业的董事、监事、高级管理人员。债务人的有关人员是指企业的法定代表人；经人民法院决定，可以包括企业财务管理人员和其他经营管理人员。即自受理裁定送达债务人之日起，债务人的有关人员承担五项义务。按照国际上使用的术语，其中包括了三类义务："合作与协助""信息提供义务""附属义务"。

法院经审查认为破产申请不符合破产条件的，则应裁定不受理，该裁定应当自做出之日起 5 日内送达申请人并说明理由。申请人对裁定不服的，可以在裁定送达之日起 10 日内向上一级人民法院提起上诉。

申请人因相关证据不足被裁定不受理的，可以在补足证据后重新提出破产申请。

受理后到破产宣告前，经审查发现债务人不符合《破产法》第 2 条规定情形的，裁定驳回申请，终结破产程序。申请人对裁定不服的，可以在裁定送达之日起 10 日内向上一级人民法院提起上诉。

2. 发布通知和公告

人民法院应当自裁定受理破产申请之日起 25 日内通知已知债权人，并予以公告。通知和公告应当载明：申请人、被申请人的名称或姓名；人民法院受理申请的时间；申报债权的期限、地点和注意事项；管理人的名称或者姓名及处理事务的地址；债务人的债务人或者财产持有人应当向管理人清偿债务或者交付财产的要求；第一次债权人会议召开的时间和地点；人民法院认定应当通知和公告的其他事项。

（四）破产受理的法律效力

1. 个别清偿无效

人民法院受理申请后，债务人对个别债权人的债务清偿无效；无效是绝对无效，即任何人都可以主张的无效；个别清偿无效情况下，接受清偿的债权人负有恢复原状的义务，即返还因个别清偿所得的财产利益的义务。集体受偿是《破产法》的一个显著特征,也是《破产法》的一项基本原则。为了贯彻集体受偿原则,《破产法》禁止个别清偿。《破产法》第16条和第32条分别做出规定:禁止个别清偿。《破产法》第16条禁止的个别清偿,须具备以下条件:第一,债务人实施的清偿;第二,债务人对实际存在的债务实施的清偿;第三,债务人在破产申请受理后实施的清偿。

以下情形,不构成《破产法》第16条禁止的个别清偿:债务人的担保人或者其他连带债务人实施的清偿;债务人对虚假债务实施的清偿;债务人在破产申请受理前实施的清偿。

2. 对管理人为给付

人民法院受理破产申请后,债务人的债务人或者财产持有人应当向管理人清偿债务或者交付财产。债务人的债务人或者财产持有人故意违反规定向债务人清偿债务或者交付财产,使债权人受到损失的,不免除其清偿债务或者交付财产的义务。管理人还可以依据不当得利的法理,请求实际受领人返还其受领的财产;受领返还后,对给付义务人的请求权归于消灭。

3. 待履行合同的处理

人民法院受理破产申请后,管理人对破产申请受理前成立而债务人和对方当事人均未履行完毕的合同有权决定解除或者继续履行,并通知对方当事人。破产程序开始后,管理人对于下列合同有选择权:① 为双务合同;② 为破产申请受理前成立的合同;③ 双方尚未履行或者尚未履行完毕的合同。下列行为不属于管理人选择权的范围:① 附条件或附期限的继续履行或者解除;② 延长选择权的行使时间或者指定选择权的行使条件;③ 在决定继续履行时修改或增加合同条款;④ 在决定继续履行时剥夺相对人依照《破产法》第18条第2款享有的请求担保的权利以及与此相关的解除权;⑤ 在解除合同时免除债务人的违约责任。管理人的此类行为,未经相对人同意,不发生行使选择权的效力。此时管理人视为未曾行使选择权,相对人有权行使催告权和解除权。破产程序中管理人的待履行合同选择权是一项法定权利,当事人不得事先以约定条款加以排除或限制。

管理人自破产申请受理之日起2个月内未通知对方当事人,或者自收到对方当事人催告之日起30日未答复的,视为解除合同。

管理人决定继续履行合同的,对方当事人应当履行;但是,对方当事人有权要求管理人提供担保。管理人不提供担保的,视为解除合同。

4. 保全解除和执行中止

人民法院受理破产申请后,有关债务人财产的保全措施应当解除,执行程序应当中止。执行程序,是指对非依破产程序所生的法律文书的个别执行程序。

5. 民事诉讼和仲裁的中止

人民法院受理破产申请后,已经开始而尚未终结的有关债务人的民事诉讼和仲裁应当中止;在管理人接管债务人的财产后,该诉讼和仲裁继续进行。

6. 破产程序开始后的民事诉讼

人民法院受理破产申请后,有关债务人的民事诉讼,只能向受理破产申请的人民法院提起。有关债务人的民事诉讼,包括对债务人提起的民事诉讼和由债务人提起的民事诉讼。

任务三　债权人会议

一、债权人会议的概念

债权人会议是指在破产程序进行中为便于全体债权人参与破产程序以实现其破产程序参与权，维护全体债权人的共同利益，由全体登记在册的债权人组成的表达债权人意志和统一债权人行动的议事机构。债权人会议是一种程序性机构，随着破产程序的开始而产生，破产程序结束，其使命结束。债权人会议是自治性机构，具有独立的法人地位。对于有关破产事务具有自主权。

概括起来，债权人会议设立原因表现在：第一，是统一债权人意志和行动，保证破产程序有序化的需要。一般说来，破产程序中的债权人数量很多，债权人之间的意志和利益存在此消彼长的差异甚至冲突。为了使破产程序顺利进行，需要将全体债权人的意志、利益和外在要求借助于某种方式统一起来，并最终体现于破产程序的程序设计和程序进行中。第二，是基于公平保护全体债权人利益的需要。破产案件的处理事关债权人的切实利益，其债权最终受偿比例的高低决定着债权人利益的保护程度。因而，理应给予债权人参与和过问程序进行的机会。但是，如果允许债权人个别为之，势必会妨碍程序的顺利进行而且会进一步增加程序成本，因此，为了全体债权人的利益考虑，需要将众多分散的债权人的各自分散的利益形成一种"利益集合"，并且为保证这一利益集合的实现将各自的行为协调起来，通过债权人会议这种有组织的形式来实现其共同利益。第三，是实现处理破产案件程序的经济目标的需要。破产程序从某种意义上说，是在债务人破产的偶然原因下形成的共同诉讼的一种特殊形式。由于程序进行涉及数目众多利害关系人的利益，程序设计中出现的少许失误都极为有可能延误程序的进行进而增加债权人的负担。给予程序经济的考虑，"债权人不能单独地行使权利、决定诉讼活动，所以需要设立一个临时性机构，就破产事项协调意见，并决定采取何种诉讼行为"。这样既为全体债权人提供了参与破产程序的机会，又不至于妨碍破产程序的顺利进行。

二、债权人会议的法律地位

债权人会议是全体债权人参加破产程序并集体行使权利的决议机构。从性质上讲，债权人会议是债权人团体在破产程序中的意思发表机关。也就是说，债权人会议是要使全体债权人能够作为一个整体，就他们的权利行使和权利处分做出共同的意思表示，并且维护他们的共同利益而采取的必要的行动。债权人会议本质上是一个组织体。

债权人自治是指全体债权人通过债权人会议，对破产程序进行中涉及债权人利益的各种重大事项做出决定，并监督破产财产管理和分配的一系列权利，以及保障这些权利实现的有关程序制度。

债权人自治原则是确定债权人会议地位的基本依据。根据这一原则，有关债权人权利行使和权利处分的一切事项，均应由债权人会议独立地做出决议。债权人在债权人会议上应享有充分的自由表达和自主表决的权利。债权人会议做出的关于债权确认、与债务人和解、破产财产变价和分配等重大事项的决议，是程序进行的重要依据。债权人会议还应享有监督破产财产管理和处分的权利。

同时，法院在破产程序中扮演着重要的角色，其履行职责的宗旨之一是维护债权人的合法权益，实现债务的公平清偿。在此过程中，法院要遵循债权人自治原则，在债权人之间存在不同利益要求的情况下，保持中立，只承担保障程序进行和最终裁判的职责。只有在法律授权的情况下，法院才能代替债权人会议，就债权人会议职权范围内的事项做出决定。

在破产案件中，人民法院居主导地位，对破产程序的进行负有全面责任，并直接领导管理人对破产财产的管理工作。人民法院承担这些职责的一个基本宗旨，就是维护债权人的合法权益和实现债务的公平清偿。遵循债权人自治原则，发挥债权人会议的作用，是人民法院正确履行职责的重要条件。另外，对于债权人之间存在的不同利益诉求，法院应当保持中立，依法秉公处理；维护程序公正，而不是充当债权人会议的领导者或者指挥者，从而将自己置于介入利益纷争或者债权人相对立的地位。

三、债权人会议的组成

（一）债权人会议成员

依法申报债权的债权人为债权人会议成员，有权参加债权人会议，享有表决权。这意味着债权人依法申报债权后，即成为债权人会议成员；凡是债权人会议成员，都享有出席会议的权利。

债权人会议成员分为有表决权的债权人和无表决权的债权人。

有表决权的债权人，是指有权出席债权人会议和发表意见，并有权对债权人会议决议事项投票表达个人意志的债权人。有表决权的债权人分为两种情况：一是对所有表决事项都有表决权的债权人；二是对部分表决事项都有表决权的债权人。

无表决权的债权人，是指有权出席债权人会议和发表意见，但没有权对债权人会议决议事项投票表达个人意志的债权人。主要包括：债权尚未确定，而人民法院未能为其行使表决权而临时确定债权额的；债权附有停止条件，其条件尚未成就的，或者债权附有期限，其期限尚未到来的；尚未代替债务人清偿债务的保证人或者其他连带债务人。

债权尚未确定的债权人，包括债权是否有效存在尚未确定的债权人、债权的数额尚未确定债权人、债权的担保尚未确定的债权人。对于债权尚未确定的债权人，如果法院能够临时为其确定债权额，该债权人可据此行使相应的表决权。当然，这些债权，应该是真实性、有效性没有争议，但债权数额、担保等尚有争议或疑义的债权。法院确定这些债权额时，宜采用合理和相对保守的标准。对于真实性、有效性有争议的债权，除非人民法院有充分证据认定异议不成立，一般不得为其参加表决临时确定债权额。如果，已经被认定或者有充分证据认定不能确定的债权，人民法院应当拒绝为其参加表决临时确定债权额。

如果债权人对于债务人的特定财产有担保权，该债权人又不放弃优先受偿权利，该债权人的相关利益可以通过行使优先受偿权利得到保障，故而排除了该债权人的对于部分决议的表决权。

债权人的表决权可以亲自行使，也可以委托代理人行使。代理人出席会议，应向人民法院或者债权人会议主席提交债权人的委托授权书。同时，依照民事诉讼法的相关规定，代理人行使债权人对通过和解协议、破产财产分配方案的表决权，还应当有债权人的特别授权。

债权人也可以委托其他债权人作为自己的代理人。

职工代表和工会代表，对于关系职工利益的事项，例如涉及职工债权的清偿分配方案，涉及职工聘用、工资和生活保障等继续营业决议等，有权发表意见。

债权人会议成员在申报债权后有以下情形的，不得出席债权人会议：已经由担保财产优先受偿权并且获得足额清偿的；已经由债务人的保证人或者其他连带债务人获得足额清偿的；债权人的债权因为抵消、免除等原因而消灭；债权附有解除条件或者终止期限的，其解除期限已经成就，或者终止期限已经到来。

（二）债权人会议主席

债权人会议主席一人，由人民法院从有表决权的债权人中指定。债权人会议主席主持债权人会议。债权人会议主席主持债权人会议的具体工作包括：宣布会议开始，说明会议议程和注意事项；就有关程序事项提出表决动议并主持表决；领导会议各项议题的审议和表决进程，维护会议秩序；就会议决议事项宣布表决规则，主持表决进程，公布表决结果；决定休会；宣布会议闭幕；审阅会议记录。

（三）债权人会议的职权

债权人会议行使下列职权：

1. 核查债权

全体债权人依据《破产法》第58条规定，通过对债权表以及申报债权人提供的相关证明材料的查阅、对申报人的询问和相互间的辩论来核查债权的基本情况。

2. 申请人民法院更换管理人，审查管理人的费用和报酬

债权人会议认为管理人不能依法、公正履行职务或者由其他不能胜任职务的情形的，可以请求人民法院予以解任，另行指定。债权人会议对管理人的报酬有异议的，有权向人民法院提出。

3. 监督管理人

债权人会议对管理人的监督，主要表现为知情权和异议权。

4. 选任和更换债权人委员会委员

5. 决定继续或者停止债务人的营业

6. 通过重整计划

7. 通过和解协议

8. 通过债务人财产管理方案

9. 通过破产财产变价方案

10. 通过破产财产分配方案

11. 人民法院认为应当由债权人会议行使的其他职权

四、债权人会议的召集和召开

（一）债权人会议召集人

第一次债权人会议召集通知，以人民法院名义发出，以后的债权人会议召集以债权人会议主席名义发出。

（二）债权人会议召开

第一次债权人会议应当自债权申报期届满之日起 15 日内召开。第一次债权人会议结束后，可以在以下两种情况下召开以后的债权人会议：① 人民法院认为必要时召开。② 管理人、债权人委员会或者占债权总额 1/4 以上的债权人向债权人会议主席提议时召开。召开债权人会议，管理人应当提前 15 日通知已知的债权人。

五、债权人会议的决议

（一）债权人会议的表决规则

债权人会议的决议，由出席会议的有表决权的债权人过半数通过，并且其所代表的债权额占无财产担保债权总额的二分之一以上。但是，法律另有规定的除外。

1. 人数标准与债权额标准的关系

债权人会议的表决通过，按照人数和债权额两个标准分解计算，即所谓"双重表决标准"。这种"双重表决标准"中的人数标准，赋予债权人中的多数人对表决结果的控制权，而债权标准保证占债权额多数的债权人表决结果的控制权。由此形成多数中小债权人与少数大债权人之间的相互制衡局面。这样有利于平衡不同债权人群体的利益诉求，实现破产程序的公平清偿的制度目标。

2. 出席会议的债权人和未出席会议的债权人的关系

关于人数标准与债权额标准的计算基数，破产法采用了兼顾出席会议的债权人和未出席会议的债权人。以出席会议的债权人为基数计算，可以使会议表决不受出席会议人数的制约而顺利召开和通过，有利于提高破产程序的效率。但是，由此产生的后果是未出席会议的债权人被忽视，甚至少数出席会议的债权人代表全体债权人意志的情况，这与破产法公平保护的目标存在一定的冲突。以未出席会议的债权人为基数计算，可能使会议因出席人数不够法定人数而召集无效，以至于拖延进度、增加程序成本的局面。实践中，小债权人对于自己的利益关心程度较低，而且由于出席会议的费用自理，常常许多小债权人不出席会议。如果因为他们不参加会议而导致重整计划不能顺利表决和通过，不利于提高破产程序的效率。由此，在人数标准的计算上，未出席会议的债权人可以忽略不计。而大债权人对于自己的利益关心程度高，主观上不存在出席会议的障碍，如果未能出席会议往往是因为召集人的疏忽和未能及时通知。以申报额作为债权额标准的计算基数，有利于保证大债权人出席，维护程序公正。

法律另有规定指下列情况：

重整计划的通过。出席会议的同一表决组的债权人过半数同意重整计划草案，并且其所代表的债权额占该组债权总额的三分之二以上的，即为该组通过重整计划草案。

和解协议的通过。债权人会议通过和解协议的决议，由出席会议的有表决权的债权人过半数同意重整计划草案，并且其所代表的债权额占无财产担保债权总额的三分之二以上。

（二）决议的撤销

债权人认为债权人会议的决议违反法律的规定，损害其利益的，可以自债权人会议做出决议之日起 15 日内，请求人民法院裁定撤销该决议，责令债权人会议依法重新做出决议。这里所说的"违反法律规定"包括的情况有：决议内容违法；决议程序违法；会议程序违法；

其他违法事项，导致产生决议的程序不公，或者导致债权人合法权益受到损害。该撤销请求权期间是除斥期间，超过这一期限提出撤销请求的，法院不予受理。

对债权人提出的裁定请求，人民法院审理后，认为请求有理，应当裁定撤销该决议，并责令债权人会议依法重新做出决议。如果经审理认为并无违法情事，请求无理，应当裁定驳回要求。在审理中，法院除审查请求人的陈述和证据外，还可以进行开庭调查。

（三）决议的效力

债权人会议的决议，对于全体债权人均有约束力。

（四）表决未通过时的裁定

《破产法》规定："本法第61条第1款第8项、第9项所列事项，经债权人会议表决未通过的，由人民法院裁定。本法第61条第1款第10项所列事项，经债权人会议第二次表决未通过的，由人民法院裁定。对于前两款的裁定，人民法院可以在债权人会议上宣布或者另行通知债权人。"

首先，对于"本法第61条第1款第8项、第9项所列事项"，即债务人财产的管理方案和破产财产的变价方案，如债权人会议迟迟不能形成决议，可能造成债务人财产的贬值、管理费用增加甚至丧失变现时机，因此应由人民法院予以裁定。

其次，对于"本法第61条第1款第10项所列事项"，即破产财产的分配方案，如债权人会议迟迟不能形成决议，将造成清算分配无法实施。清算分配是破产清算的必经程序，不允许在此问题上久拖不决，所以，经过两次表决能通过的，由人民法院裁定。

（五）不服裁定时的复议申请

《破产法》规定："债权人对人民法院依照本法第65条第1款做出的裁定不服的，债权额占无财产担保债权总额的二分之一以上的债权人对人民法院依照本法第65条第2款做出的裁定不服的，可以自裁定宣布之日起或者收到通知之日起15日内向该人民法院申请复议。复议期间不停止裁定的执行。"

任务四　和解和整顿

一、和解

（一）和解制度

和解是指法院受理了破产申请后，为了避免破产宣告或破产分配，由债务人提出和解申请及和解协议草案，债权人会议讨论通过并经人民法院许可的，解决债权人、债务人之间的债权债务问题的制度。

和解的特点：① 债务人已经具备破产原因。② 由债务人提出和解的要求。③ 和解请求以避免破产清算为目的。④ 和解协议采用让步方法了结债务。⑤ 债务人与债权人团体之间达成协议。⑥ 和解程序受法定机关的监督。

我国和解制度的特点。我国现行的和解制度，有以下特点：① 和解申请的主体单一，即只能由债务人提出。② 适用和解的条件较为单纯，即具备破产原因。③ 和解制度的结构简单,即仅规定和解协议的成立、生效和履行。④ 和解协议的内容单纯,即仅涉及债权债务关系。⑤ 参加和解协议的债权人单一,即仅为无财产担保的债权人。⑥ 和解协议未获债权人会议通过时,法院不加干涉。⑦ 和解协议一经法院许可,破产程序即告终结。

(二)和解申请

1. 和解申请人

和解可以视为一个合同订立过程,其中,债务人提出和解协议草案为要约,债权人会议通过该草案为承诺。在通常情况下,债权人不了解债务人经营情况和财务状况,并且处于分散状态,难以充当要约方。提出和解的申请人必须是已经具备破产原因的债务人。实践中,债权人希望和解的,可以与债务人协商,由债务人提出和解申请。

2. 和解申请的分类

根据和解申请提出时,法院是否已经受理针对债务人的破产申请,可将和解申请分为初始和解申请和后续和解申请。初始和解申请,是指债务人在申请人民法院受理破产案件时提出破产申请。此种申请被审理的,破产案件在启动的同时进入和解程序。后续和解申请,指债权人或债务人提出的破产申请被人民法院受理后,人民法院宣告债务人破产前,债务人向人民法院提出的和解申请。此种申请经法院审查受理后,产生阻却破产宣告,破产案件转入和解程序的效果。

3. 申请文件的提交

首先,申请和解的债务人应当遵守有关破产申请的一般规定,向法院提交相关的文件。和解申请为初始申请的,应该按照《破产法》第8条的规定提交相关的文件。如果是后续申请,也必须按照人民法院的规定提交和解申请书。

其次,债务人在申请和解时必须提交和解协议草案。该草案在理论上属于债务人向债权人集体提出的和解要约,因而是和解开始的必要条件。根据司法解释,和解草案应具备如下内容:清产债务的财产来源;清产债务的办法,和解协议通常要规定某些以债权人让步为条件的债务清偿办法;清偿债务的期限,这不仅包括清偿的最后期限,而且包括在分期清偿情况下各阶段的偿债时间和偿债数额。

4. 裁定和解和担保物权的行使

《破产法》规定:"人民法院经审查认为和解申请符合本法规定的,应当裁定和解,予以公告,并召集债务人会议讨论和解协议草案。对债务人的特定财产享有担保权的权利人,自人民法院裁定和解之日起可以行使权利。"

(三)和解协议的成立和生效

1. 和解协议的成立

《破产法》规定:"债权人会议通过和解协议的决议,由出席会议的有表决权的债权人过半数同意,并且其所代表的债权额占无财产担保债权总额的三分之二以上。"

2. 和解协议的生效

《破产法》规定:"债权人会议通过和解协议的,由人民法院裁定认可,终止和解程序,并予以公告。管理人应当向债务人移交财产和营业事务,并向人民法院提交执行职务的报告。"法院适用《破产法》,应于裁定认可和解协议后结案,而无须考虑和解协议何时执行完毕的问题。

（四）和解协议未成立和未生效

《破产法》规定："和解协议草案经债权人会议表决未获得通过，或者已经债权人会议通过的和解协议未获得由人民法院认可的，人民法院裁定终止和解程序，并宣告债务人破产。"和解协议需经过债权人会议通过为成立，经人民法院裁定认可方为生效。和解协议没有获得债权人会议表决通过，即为和解协议未成立。和解协议获得债权人会议表决通过后，没有获得法院认可，则为已经成立的和解协议未生效。

（五）和解协议的法律效果

和解协议一旦生效，发生以下效果：

1. 破产程序中止
2. 和解协议对债务人有约束力

和解协议对债务人的约束力主要表现为：必须严格履行和解协议的偿债条款，不得拒绝履行或迟延履行，不得实施任何有损债权人清偿利益的欺诈性财产处分行为，不得超出和解协议的规定范围对个别债权人实施有损其他债权人利益的额外清偿。

3. 和解协议对和解债权人有约束力

和解债权人是指人民法院受理破产申请时对债务人享有无财产担保债权的人。和解协议对和解债权人的约束力主要表现为：不得超出和解协议的规定数额、时间和方式对债务人进行追索；不得超出和解协议的规定范围向债务人获得有损其他债权人利益的额外清偿。

（六）和解的终结

1. 债务人不能执行和解协议

这属于客观的执行不能，即债务人本身缺乏执行和解协议的能力。

2. 债务人不执行和解协议

这属于主观的执行不能，即债务人拒不执行或者拖延执行。

（七）法庭外和解

《破产法》规定："人民法院受破产申请后，债务人与全体债权人就债权债务的处理自行达成协议的，可以请求人民法院裁定认可，并终结破产程序。"

二、重整

（一）重整概述

重整是指在企业无力偿债的情况下，依照法律规定的程序，保护企业继续营业，实现债务调整和企业整理，使其摆脱困境，走向复兴的再建性债务清理制度。

1. 重整和破产清算的关系

建立重整制度和强调企业再建，并不意味着对破产清算制度的否定。首先，在破产企业中，有一部分是无可拯救的。对于这些企业，如果适用重整程序，只能导致资源浪费和债权人受到损失。破产法律考虑到这种可能，并设立了随时由重整程序转为破产清算程序的规则。其次，破产清算是一种优胜劣汰机制。重整制度的目标只是拯救值得拯救和能够拯救的企业，而不是盲目阻止破产清算的发生和不加区别地保护没有生命力的企业。再次，破产清算制度对重整制度有一种支持的作用。

2. 重整和和解的关系

重整比较复杂，有较多的法律干预，是一种力度较大但费用较高的企业拯救制度，适合规模较大、困境较严重的企业。和解充分尊重当事人意思自治，具有简便灵活的特点，适合规模较小、拯救难度较低的企业。但是二者不存在相互转换的必要。启动和解后，不能转为重整；同样，启动和解后，不能转为重整。

（二）重整的开始

1. 重整申请

（1）重整申请的分类。重整申请是破产申请的一种，是重整利害关系人启动重整程序的法定方式，法院审理重整申请、做出针对债务人的重整裁定后，债务人进入重整程序。根据重整申请提出的时间，可以将重整申请分为初始申请和后续申请。初始重整申请是在人民法院受理破产申请以前提出的对债务人适用重整程序的最初申请，后续重整申请是在人民法院已经受理对债务人适用清算程序的申请后、破产宣告前提出的重整申请。在后续申请的情况下，如果人民法院裁定受理重整申请，则已经启动的破产程序转入重整程序。

（2）初始重整申请。初始重整申请的申请权人仅为债权人和债务人。债权人和债务人都能以债务人不能清偿到期债务为由提出初始重整申请；能够以债务人"有明显丧失清偿能力可能"为由提出初始重整申请的，只能是债务人自己。债权人和债务人可以直接向法院申请重整，申请时提交破产申请书和有关证据。在实践中，可能出现债权人和债务人或者几个不同的债权人在人民法院受理破产申请前分别提出适用重整程序和适用破产清算程序、和解程序的破产申请的情形。这种情况下，人民法院应当优先受理重整申请。

（3）后续重整申请。后续重整申请是在人民法院已经受理债权人提出的对债务人适用破产清算程序的申请、但尚未宣告债务人破产的情况下，赋予债务人一方申请转为重整程序以展开企业拯救的最后机会。适用后续重整申请的条件是：人民法院已经受理破产申请；人民法院已经受理的是债权人提出的破产申请；人民法院已经受理的是债权人提出的破产申请，是以适用破产清算程序为内容；人民法院尚未对债务人做出宣告债务人破产的裁定。因此，有以下情况之一，不适用后续重整申请：人民法院尚未受理破产申请；人民法院已经受理债务人提出的破产清算申请或者和解申请；人民法院已经受理债权人提出的重整申请；人民法院已经对债务人做出宣告债务人破产的裁定。

后续重整申请的申请权人为债务人或者出资额占债务人注册资本 1/10 以上的出资人。后续重整申请经过人民法院审查后受理的，法院依照《破产法》第 71 条规定裁定债务人重整，债务人由破产清算程序转入重整程序。

2. 受理

《破产法》规定："人民法院经审查认为重整申请符合本法规定，应当裁定债务人重整，并予以公告。"

（三）重整期间的营业

1. 重整期间的意义

重整期间是重整程序开始后的一个法定期间，它在美国被称为"冻结期间"，在澳大利亚被称为"延缓偿付期间",在法国被称为"观察期间",其目的在于防止债权人在重整管理期间对债务人及其财产采取诉讼或其他程序行动,维持债务人的继续营业,以便保护企业的营运价值和指定重整计划。确定重整期间的法律意义在于确定法律为重整设定的有关营业保护的规定的效力时间。我国《破产法》规定:"自人民法院裁定债务人重整之日起至重整程序终止,为重整期间。"

2. 自动停止

自动停止,又称"中止""冻结""延缓"或"暂停",指在法院受理破产申请后,为进行债权人之间的公平清偿,禁止债权人的个别追讨行为,所有对债务人的诉讼或非诉讼的个别追债行为都必须无条件止息,在重整程序中,除禁止普通债权人的个别追债行为外,为维持债务人营业、保存债务人财产,还将冻结范围扩大至担保物权的行使上,即重整期间,有财产担保的债权人暂停行使在债务人财产上享有的担保物权。

3. 重整期间的管理人

我国《破产法》对于继续营业机构,采用了"管理人监督下的债务人自行管理"。此规定对于企业经营者给予较为高度的信任,有利于提高拯救的效率;但鉴于债务人道德风险的存在,有必要由管理人加以监督。为了加强管理人在业务营运方面的权利,管理人有一定的人事控制权。

4. 重整期间的营业保护

现代破产法以企业再建为立法重心。再建主义以拯救企业为宗旨,自然要设法维持企业的继续营业。重整程序开始后,债务人企业继续营业保护,主要应解决以下两个问题。

(1)继续营业的机构。我国《破产法》规定了两种方案。第一,经债务人申请,人民法院批准,债务人可以在管理人的监督下自行管理财产和营业事务,此时的继续营业的机构就是企业管理层。第二,如果不采用第一种方案,管理人可以聘任债务人的经营管理人员负责营业事务,此时,继续营业的机构就是管理人。

(2)继续营业机构的权利。继续营业机构的权利包括一般管理职权和与继续营业相关的特别权利。一般管理职权具体包括:决定债务人的内部事务;决定债务人的日常开支和其他必要开支;在第一次债权人会议召开之前,决定继续或者停止债务人的营业;管理和处分债务人的财产;提议召开债权人会议;人民法院认为管理人应当履行的其他职责。与继续营业相关的特别权利:在重整期间,营业机构有权为新借款设定担保,有权决定待履行合同的继续履行或解除,也有权通过清偿或替代担保取回质保物。

5. 继续营业的限制

继续营业可能损及债权人的清偿利益。因此,法律要企业拯救与债权人保护之间有个平衡点。我国《破产法》规定,担保物有损坏或者价值明显减少的可能,足以危害担保权利人权利的,担保权利人可以向人民法院请求恢复行使担保权。在重整期间,债务人的出资人不得请求投资收益分配。在重整期间,债务人的董事、监事、高级管理人员不得向第三人转让其持有的债务人的股权。

6. 重整期间的终止

重整期间的终止有以下四种:重整失败;超过时限;计划被批准;计划未被批准。

（四）重整计划制定和通过

1. 重整计划

重整计划是债务人、债权人和其他利害关系人在协商基础上就债务清偿和企业拯救做出的安排。

2. 重整计划的制备

重整计划的制备有一定时间限制。我国《破产法》规定："债务人或者管理人应当自人民法院裁定债务人重整之日起6个月内，同时向人民法院和债权人会议提交重整计划草案。前款规定的期限届满，经债务人或者管理人请求，有正当理由的，人民法院可以裁定延期3个月。"

关于重整计划的内容，法律规定应当包括以下内容：债务人的经营方案；债权分类；债权调整方案；债权受偿方案；重整计划的执行期限；重整计划执行的监督期限；有利于债务人重整的其他方案。

3. 重整计划的通过和批准

债务人或管理人应当在人民法院指定的期间内向法院提交重整计划草案。人民法院应当自收到重整计划草案之日起30日内召开债权人会议，对重整计划草案进行表决。

债务人或管理人应当向债权人会议就重整计划草案做出说明，并回答询问。

债权人会议应当依照规定的债权分类分成不同的表决组，对重整计划进行分组表决。出席会议的同一表决组的债权人过半数同意重整计划草案，并且其所代表的债权额占该组债权总额的三分之二以上的，即为改组通过重整计划草案。各组均通过的，重整计划通过。

如果重整计划未获通过，法律规定：再表决和强行批准。我国《破产法》第87条规定："部分表决组未通过重整计划草案的，债务人或者管理人可以同未通过重整计划草案的表决组协商。该表决组可以在协商后再表决一次。双方协商的结果不得损害其他表决组的利益。未通过重整计划草案的表决组拒绝再次表决或者再次表决仍未通过重整计划草案，但重整计划草案符合下列条件的，债务人或者管理人可以申请人民法院批准重整计划草案：① 按照重整计划草案，本法第82条第一款第一项所列债权就该特定财产将获得全额清偿，其因延期清偿所受的损失将得到公平补偿，并且其担保权未受到实质性损害，或者该表决组已经通过重整计划草案；② 按照重整计划草案，本法第82条第一款第二项、第三项所列债权将获得全额清偿，或者相应表决组已经通过重整计划草案；③ 按照重整计划草案，普通债权所获得的清偿比例，不低于其在重整计划草案被提请批准时依照破产清算程序所能获得的清偿比例，或者该表决组已经通过重整计划草案；④ 重整计划草案对出资人权益的调整公平、公正，或者出资人组已经通过重整计划草案；⑤ 重整计划草案公平对待同一表决组的成员，并且所规定的债权清偿顺序不违反本法第113条的规定；⑥ 债务人的经营方案具有可行性。人民法院经审查认为重整计划草案符合前款规定的，应当自收到申请之日起30日内裁定批准，终止重整程序，并予以公告。"

重整计划通过以后，管理人或债务人应当向人民法院提出批准重整计划的申请。如果人民法院认为符合《破产法》的规定，应当裁定批准重整计划。

法院在做出批准重整计划的裁定以前，应当开庭审理，听取管理人、有关当事人意见。

如果法院经审理认为重整计划不符合《破产法》的规定，应当裁定终止重整程序，并宣告债务人破产，由此进入破产清算程序。

（五）重整计划的执行

1. 重整计划的约束力

生效的重整计划对债务人和全体债权人均有约束力。经人民法院裁定批准的重整计划，对债务人和全体债权人均有约束力。债权人未依照《破产法》规定申报债权的，在重整计划执行期间不得行使权利；在重整计划执行完毕后，可以按照重整计划规定的同类债权的清偿条件行使权利。

债权人对债务人的保证人和其他连带债务人所享有的权利，不受重整计划的影响。

2. 重整计划的执行

重整计划由债务人负责执行。人民法院裁定批准重整计划后，已接管财产和营业事务的管理人应当向管理人移交财产和营业事务。

3. 对执行的监督

自人民法院裁定批准重整计划之日起，在重整计划规定的监督期内，由管理人监督重整计划的执行。在监督期内，债务人应当向管理人报告重整计划执行情况和债务人财务状况。

4. 执行完毕

监督期届满时，管理人应当向人民法院提交监督报告。自监督报告提交之日起，管理人的监督职责终止。

管理人向人民法院提交的监督报告，重整计划的利害关系人有权查阅。

经管理人申请，人民法院可以裁定延长重整计划执行的监督期限。

（六）重整计划的终止

（1）重整计划因执行障碍而终止。

（2）重整计划因执行完毕而终止。

任务五　破产宣告和破产清算

一、破产宣告

（一）破产宣告的概念

破产宣告是法院对债务人具备破产原因的事实做出有法律效力的认定。破产宣告标志着破产案件进入清算程序。

（二）破产宣告的裁定

破产宣告的裁定，是法院对债务人具备破产原因的事实做出认定的法定方式。该裁定书应当自裁定做出之日起 5 日内送达债务人和管理人，自裁定做出之日起 10 日内通知已知债权人，并予以公告。

（三）破产宣告的效果

1. 对破产案件的效果

破产宣告对于破产案件的效果，就是破产案件转入破产清算程序。

2. 对债务人的效果

破产宣告对债务人产生身份上、财产上的一系列法律后果。具体说，主要有以下几项：

（1）债务人成为破产人。

（2）债务人财产成为破产财产。

（3）债务人丧失对财产和事务的管理权。

3. 对债权人的效果

（1）有财产担保的债权人即别除权人可以由担保物获得清偿。

（2）无财产担保的债权人依破产分配方案获得清偿。

二、取回权

（一）取回权概述

1. 取回权概念

取回权是指对不属于破产人的财产，财产权利人可以不依照破产程序，依法通过破产管理人取回该财产的权利。取回权是为了解决破产管理人占有管理的现实财产，同可供分配的破产财产之间的不一致而设立的权利制度。

2. 取回权的法律特征

（1）取回权的标的物不属于破产人所有，但为破产人占有。这是取回权存在的客观前提。

（2）取回权据以存在的基础权利，必须在破产宣告前已经存在。取回权是破产程序中的特殊的返还请求权，取回权人得以主张的基础权利是对于财产的所有权和其他物权，这些权利必须是在破产人被宣告破产前已经存在。

（3）取回权的行使不依据破产程序。

3. 取回权的种类

取回权按照成立根据的不同，可分为一般取回权和特别取回权。一般取回权，也称典型取回权，是指依据民法中物的返还请求权，当破产人实际占有取回权人的财产时，取回权人可从破产管理人处取回该财产的权利。特别取回权，也称特殊取回权或特种取回权，是指依据《破产法》或者《商事法》的专门规定，对破产人曾经占有或者即将占有的取回权人的财产，取回权人可依法从破产管理人占有管理的财产中，取回其财产的权利。它具体包括代偿取回权、出卖人取回权、行纪人取回权。

（二）取回权的行使

（1）取回权行使的时间。

破产宣告后，破产程序终结前，取回权人需随时向破产管理人请求取回财产。

（2）取回权行使的条件。

根据取回权类别的不同，取回权行使条件不尽相同。下面简单说一下一般取回权的行使条件和出卖人取回权的行使条件。一般取回权的行使条件：取回权的标的物，须现实存在，并且为破产人或者破产管理人占有；取回权的基础权利应该具有完全对抗力。出卖人取回权的行使条件：买受人受破产宣告前，出卖人已经将出卖标的物发送而买受人尚未收到；买受人受破产宣告时，买受人或者破产管理人尚未付清全部价款；出卖人解除合同；一般为异地买卖。

（3）行使的方式。

取回权不依破产程序而在破产程序之外行使。

三、别除权

（一）别除权概述

1. 别除权的概念

别除权，是大陆法系破产法上的概念，指债权人不依照破产程序，而由破产财产中的特定财产单独优先受偿的权利。

2. 别除权的法律特征

（1）别除权以担保权为基础权利。别除权不是破产法创设的实体权利，而是破产法给予某些既成的实体权利的特殊待遇。

（2）别除权以实现债权为目的。

（3）别除权以破产人的特定财产为标的物。

（4）别除权的行使不参加集体清偿程序。

（5）别除权标的物不计入破产财产。

（二）别除权的行使

（1）别除权行使的时间。自破产宣告裁定做出之日起，别除权人可以行使别除权。

（2）别除权行使的条件。第一，债权和担保权须合法成立和生效。第二，债权和担保权须符合破产法的规定。第三，债权和担保权须已经依法申报并获得确认。

（3）行使的方法。行使别除权的方法，不受破产程序的约束。

四、破产债权

（一）破产债权概述

1. 破产债权的概念

破产债权是指破产程序开始前成立的、对破产人享有的、必须通过破产清算程序受偿的财产请求权。

2. 破产债权的法律特征

（1）破产债权基于破产程序开始前成立的原因成立。

（2）破产债权是对人的请求权。

（3）破产债权是具有财产给付内容的请求权。

（4）破产债权必须是能够强制执行的债权。

（5）破产债权必须是依法申报和确认，并通过破产清算程序按比例受偿。

（二）破产债权的范围

破产债权一般包括以下几种：

（1）进入破产程序之前成立的无财产担保的债权。

（2）有财产担保而未能受优先受偿的债权。

（3）附条件的债权。

（4）附期限的债权。
（5）债权人对破产的连带债务人的债权。

五、破产抵销权

（一）破产抵消权概述

1. 破产抵消权的概念

破产抵消权是指在破产宣告时，与破产人互负债务的债权人享有的不依照破产程序，而以其对破产人的债权抵消其对破产人所负的债务的权利。

2. 破产抵消权的法律特征

（1）破产抵消权的行使主体只能是破产债权人。
（2）破产抵消权不受债务种类和履行期限的限制。
（3）破产债权人主张抵消的债务，只能成立于破产宣告前。

3. 破产抵消权的适用范围

（1）破产债权和破产人债权的抵销。
（2）破产费用及共益债权与破产人债权的抵消。

（二）破产抵消权的行使

1. 破产抵消权行使的方式

第一，破产人债权应在破产财产最终分配前行使破产抵消权。第二，破产债权人依法申报债权，并向破产管理人提出行使破产抵消权的请求。第三，破产管理人承认破产债权。

2. 破产抵消权行使的法律效力

破产抵消权一经行使，就产生在相同数额内，破产债权人和破产人的债权归于消灭的法律效力，但超出破产抵消权额以外的债权依然存在。因此，破产债权人行使破产抵消权后，其超出破产抵消权范围外的债权，仍然为破产债权，依照破产程序按比例清偿；破产人超出破产抵消权范围外的债权，仍然为破产财产，破产管理人应该收回。

六、破产财产的变价

（一）破产财产变价概述

1. 破产财产变价的概念

破产财产变价，简称破产变价，是指管理人将非货币的破产财产，通过合法方式加以出让，使之转化为货币形态，以便于清算分配的过程。

2. 破产财产变价的估价

3. 破产财产变价方案

我国《破产法》规定："管理人应当及时拟订破产财产变价方案，提交债权人会议讨论。管理人应当按照债权人会议通过的或者人民法院依照本法第65条第1款规定裁定的破产财产变价方案，适时变价出售破产财产。"

（二）破产财产的变价方式

我国《破产法》规定："变价出售破产财产应当通过拍卖进行。但是，债权人会议另有决议的除外。破产企业可以全部或者部分变价出售。企业变价出售时，可以将其中的无形资产和其他财产单独变价出售。按照国家规定不能拍卖或者限制转让的财产，应当按照国家规定的方式处理。"

七、破产财产的分配

（一）破产分配概述

1. 破产分配的概念

破产分配，又称破产财产的分配，是指破产管理人将变价后的破产财产，根据符合法定顺序并经合法程序确定的分配方案，对全体破产债权人进行公平受偿的程序。

2. 破产分配的法律特征

（1）破产分配的实施者为破产管理人。
（2）破产分配的受偿对象是破产债权人。
（3）破产分配以现存的可供分配的破产财产为限。
（4）破产分配应该依照法定的清偿顺序和程序进行。

（二）破产分配的程序

1. 制定破产分配方案

按照我国《破产法》规定，破产分配方案应当包括以下内容：

（1）参加破产财产分配的债权人名称或者姓名、住所。
（2）参加破产财产分配的债权额。
（3）可供分配的破产财产数额。
（4）破产财产分配的顺序、比例及数额。我国《破产法》规定："破产财产在优先清偿破产费用和共益债务后，依照下列顺序清偿：① 破产人所欠职工的工资和医疗、伤残补助、抚恤费用，所欠的应当划入职工个人账户的基本养老保险、基本医疗保险费用，以及法律、行政法规规定应当支付给职工的补偿金；② 破产人欠缴的除前项规定以外的社会保险费用和破产人所欠税款；③ 普通破产债权。破产财产不足以清偿同一顺序的清偿要求的，按照比例分配。破产企业的董事、监事和高级管理人员的工资按照该企业职工的平均工资计算。"
（5）实施破产财产分配的方法。

此外，根据司法解释，破产分配方案还应包括以下内容：可供破产分配的财产种类、总值，已经变现的财产和未变现的财产；债权清偿顺序、各顺序的种类与数额，包括破产企业所欠职工工资、劳动保险费用和破产企业所欠税款的数额和计算依据，纳入国家计划调整的企业破产，还应当说明职工安置费的数额和计算依据；破产债权总额和清偿比例；破产分配的方式、时间；对将来能够追回的财产拟进行追加分配的说明。

2. 通过破产分配方案

我国《破产法》第 64 条规定，债权人会议的决议由出席会议的有表决权的债权人过半数通过，并且其所代表的债权额占无财产担保债权总额的 1/2 以上。我国《破产法》第 59 条第 3 款还规定，别除权人未放弃优先受偿权利的，对破产方案无表决权。经债权人会议通过的破产分配方案，对全体债权人均有约束力。

3. 裁定认可破产财产分配方案

债权人会议通过破产财产分配方案后,由管理人将该方案提请人民法院裁定认可。

4. 执行破产财产分配方案

八、追加分配

(一)追加分配概述

1. 追加分配的概念

追加分配,是指在破产分配完成,破产程序终结以后,对于新发现的属于破产人而可用于破产分配的财产,由法院按照破产程序的有关规则对尚未获得满足的破产请求权进行清偿的补充性程序。这里指的"破产程序终结",是基于我国《破产法》第43条第4款或者第120条规定的事由即债务人财产不足以清偿破产费用、破产人无财产可供分配或者破产财产分配完毕的情形,人民法院裁定的破产程序终结。

2. 追加分配的法律特征

(1)用于追加分配的财产,是破产程序终结后新发现的财产。

(2)追加分配受法定除斥期间的限制。

(3)追加分配由法院负责实施。

(4)追加分配的方案应符合破产清算的有关规定。

3. 追加分配的财产范围

根据我国《破产法》第123条第1款规定,用于追加分配的财产,主要包括:依据我国《破产法》第31条、第32条、第33条、第36规定追回的财产;破产程序终结后收回的属于破产人的其他财产。

4. 追加分配的除斥期间

追加分配的除斥期间为2年。

5. 分配财产

法院应当通知有权参加分配的债权人,并对追加分配的时间、地点、金额等进行公告。未收到通知的债权人,如果认为自己有权参加分配的,可向法院提出请求。追加分配还应遵守法定的清偿顺序和清偿比例。

九、破产程序的终结

(一)破产程序终结概述

1. 破产程序终结的事由

破产程序终结,是指破产程序不可逆转地归于结束。破产程序终结,可能意味着破产程序预期目标实现,也可能意味着破产程序预期目标未能实现。

根据我国现行破产法规定或条文本意,破产程序终结的事由有:

① 重整计划执行完毕;② 人民法院裁定认可和解协议;③ 债务人有不予宣告破产的法定事由;④ 债务人财产不足以清偿破产费用;⑤ 破产人无财产可供分配;⑥ 破产财产分配完毕。

2. 破产程序终结的种类

以上六种事由中，前三种发生于破产宣告前，第四种可以发生在破产程序期间的任何时候，最后两种发生在破产宣告后即破产清算程序中。其中，依前三种事由终结破产程序的，除和解协议规定企业自愿解散的个别案件外，债务人的法律人格不消灭，因而无须办理企业注销登记。依后三种事由终结破产程序的，债务人的法律人格消灭，因而必须办理企业注销登记。破产程序终结分两类：维持债务人法律人格的破产程序终结和消灭债务人法律人格的破产程序终结。

（二）消灭债务人法律人格的破产程序终结

有上述后三种事由即债务人财产不足以清偿破产费用、破产人无财产可供分配或者破产财产分配完毕的，管理人有义务提请人民法院裁定终结破产程序。人民法院应当自收到管理人终结破产程序的请求之日起 15 日内做出是否终结破产程序的裁定。如果管理人不履行或者不能履行提请终结的义务，人民法院可以依职权裁定终结。终结破产程序的裁定，应当予以公告。

破产宣告时的终结，通常由人民法院依职权裁定。人民法院在破产宣告时已经发现破产财产不足清偿破产费用的，应当同时裁定破产宣告和终结破产程序。这种情况称为"同时终结"。同时终结也可以由债务人提请人民法院裁定。

（三）破产清算程序终结

（1）破产人无财产可供分配。
（2）破产财产分配完毕。

（四）破产程序终结的裁定

（五）破产程序终结的法律效果

（1）债务人的有关人员在破产程序中承担的各种义务终止。
（2）诉讼或者仲裁未决债权之提存分配额的存续期间开始起算。
（3）管理人办理注销登记的期间开始起算。
（4）法院追加分配财产的期间开始起算。
（5）破产人董事、监事和高级管理人员资格限制期间开始起算。

任务六　破产救济和破产责任

一、破产救济

（一）破产救济的概念

"破产救济"，首先是作为特殊案件适用的一种救济方法，当然破产救济还是一个程序问题，也是一个制度问题。作为救济方法，破产救济是指债务人不能清偿到期债务时，债权人的债权受到不能清偿之侵害，债权人为保护其债权利益，选择向法院申请变卖破产者的破产财团或请求破产预防、破产重整以获得再生偿债的方法。或债务人在不能清偿到期债务时，自愿向法院申请破产保护令以获重生；以及债务人陷入无法挽救困境，在面临承担责任的问题上，债务人请求破产清算还债，以获取清偿剩余债务的免除之方法。或债务人在不能清偿到期债务，并存在权利冲突时，为了策动权利冲突的协调，特别是为了公众权利或公共利益，有关利益代表向法院申请债务破产清算或请求破产预防之方法。另外，在破产救济之程序实施中，相关当事人的权益受到侵害或冲突时，可以获取权益保护之途径。

简而言之，破产救济，即债务人存在不能清偿到期债务的状态，有关利益代表向法院申请债务人破产清算或请求破产预防之方法，及破产程序中有关利益代表的利益之救济途径。破产救济为司法救济的一类，是权利救济与权利冲突协调的一种方法、途径。本质上也是一种债权人、债务人及其他关系人获得救济的权利，如别除权，抵押权受到破产程序之影响，而在破产程序上赋予其救济即抵押权人可以行使别除权。

破产救济作为程序问题是指在行使破产救济方法时应遵循的法律程序，主要包括法院外破产救济程序、破产救济司法程序。破产救济作为制度问题是指破产救济在实体上和程序上的法律规范，主要包括破产法律制度、破产职工救济法律制度、破产法院组织制度及破产行政管理制度等，而核心内容是破产法律制度。

（二）破产救济的综合法律性质

首先，从救济方法来讲，破产程序首先体现为一种司法程序，因此，作为一种司法救济方法为主要方面；当然，以纠纷解决的视角来看，即纠纷解决的过程类型为两条基轴：一是合意性——决定性，并分为根据合意的纠纷解决和根据决定的纠纷解决；二是状况性——规范性，并分为状况性纠纷解决和规范性纠纷解决。

破产救济之纠纷处理过程，同样存在破产和解、破产重整等兼具合意性、决定性、状况性、规范性之特征。因此，上述破产救济也并存私力救济形式。但该私力救济形式应区别于罗马法之债权人自力救济主义；而是在法院干涉或监督之下，由债权人或法院选任的破产管理人进行的破产程序。另外，破产预防中有些国家或地区还规定有商业和解，商业和解还借助商会参与力量，具有公助救济方法的形式特征。

其次，从破产救济程序方面来讲，破产救济程序是一种综合法律程序。针对破产申请是否受理与是否宣告破产的裁定可以上诉，表现为诉讼程序；但是，针对债权确认及财产分配、特别是债务人债权的追收，表现为执行程序；而商业和解又表现为非诉讼程序；管理人的问题，大多国家或地区又由行政机关来负责，表现为行政行为按行政程序处理；破产救济中的社会保障问题也与诉讼程序无关，通过社会保障程序解决。正如美国学者李维森耳在其著作中指出："要给破产下一个适合于所有审判制度的定义是难乎其难的，因为不同的民族，不同的历史时期，有不同的法律制度体系。"破产定义难乎其难，破产救济之性质就更是这样。

二、破产责任

（一）破产责任的概念

破产责任，也叫破产法律责任，是指为了维护破产法律秩序，遏制破产违法行为而由法律设立的对相关责任人员的制裁机制。

(二) 企业管理层的破产责任

我国《破产法》规定:"企业董事、监事或者高级管理人员违反忠实义务、勤勉义务,致使所在企业破产的,依法承担民事责任。有前款规定情形的人员,自破产程序终结之日起 3 年内不得担任任何企业的董事、监事、高级管理人员。"

1. 忠实、勤勉义务

(1) 义务主体是企业的董事、监事和高级管理人员。

(2) 义务内容是指忠实和勤勉义务。

2. 违反忠实、勤勉义务的法律责任

(1) 归责原则。确定违反忠实、勤勉义务的法律责任,应当依据过错责任原则。

(2) 责任形式。赔偿责任和资格限制。有前款规定的行为,构成犯罪的,依法追究刑事责任。

(三) 违反信息披露义务的法律责任

我国《破产法》规定:"有义务列席债权人会议的债务人的有关人员,经人民法院传唤,无正当理由拒不列席债权人会议的,人民法院可以拘传,并依法处以罚款。债务人的有关人员违反本法规定,拒不陈述、回答,或者作虚假陈述、回答,人民法院可以依法处以罚款。"

债务人对债权人的信息披露义务包括:一是列席债权人会议,二是在债权人会议上如实回答询问。违反信息披露义务的法律责任包括违反列席义务的法律责任和违反说明义务的法律责任。

1. 违反列席义务的法律责任

构成此项责任,需要具备以下条件:① 须为有义务列席债权人会议的债务人有关人员。② 须为拒不列席债权人会议。③ 须为无正当理由拒不列席债权人会议。④ 须为经法院传唤后仍然拒不列席债权人会议。

人民法院可以拘传,并依法处以罚款。有前款规定的行为,构成犯罪的,依法追究刑事责任。

2. 违反说明义务的法律责任

构成此项责任,需要具备以下条件:① 须为负有说明义务的债务人有关人员。② 须为拒不列席债权人会议。③ 须为拒不陈述、回答,或者作虚假陈述、回答的方式违反说明义务。

根据《民事诉讼法》规定,对个人的罚款金额,为人民币 1 000 元以下;对单位的罚款金额,为人民币 1 000 元以上 3 万元以下。有前款规定的行为,构成犯罪的,依法追究刑事责任。

(四) 违反提交、移交义务的法律责任

我国《破产法》规定:"债务人违反本法规定,拒不向人民法院提交或者提交不真实的财产状况说明、债务清册、债权清册、有关财务会计报告以及职工工资的支付情况和社会保险费用的缴纳情况的,人民法院可以对直接责任人员依法处以罚款。债务人违反本法规定,拒不向管理人移交财产、印章和账簿、文书等资料的,或者伪造、销毁有关财产证据材料而使财产状况不明的,人民法院可以对直接责任人员依法处以罚款。"

（1）违反提交的法律责任。有义务列席债权人会议的债务人的有关人员，经人民法院传唤，无正当理由拒不列席债权人会议的，人民法院可以拘传，并依法处以罚款。债务人的有关人员违反本法规定，拒不陈述、回答，或者作虚假陈述、回答的，人民法院可以依法处以罚款。有前款规定的行为，构成犯罪的，依法追究刑事责任。

（2）违反提交、移交义务的法律责任。债务人违反本法规定，拒不向管理人移交财产、印章和账簿、文书等资料的，或者伪造、销毁有关财产证据材料而使财产状况不明的，人民法院可以对直接责任人员依法处以罚款。有前款规定的行为，构成犯罪的，依法追究刑事责任。

（五）欺诈破产行为的法律责任

我国《破产法》规定："债务人有本法第31条、第32条、第33条规定的行为，损害债权人利益的，债务人的法定代表人和其他直接责任人员依法承担赔偿责任。"

1. 责任主体

债务人的法定代表人和其他责任人员。

2. 违法行为

我国《破产法》第31条、第33条规定的欺诈破产行为和我国《破产法》第32条规定的个别清偿行为。

3. 责任

实施本条规定的违法行为，造成债务人财产减少，应当依法承担民事赔偿责任。有前款规定的行为，构成犯罪的，依法追究刑事责任。

（六）擅离住所地的法律责任

我国《破产法》规定："债务人的有关人员违反本法规定，擅自离开住所地的，人民法院可以予以训诫、拘留，可以依法并处罚款。"

1. 责任主体和违法行为

责任主体，是我国《破产法》规定的企业法定代表人以及依据人民法院的决定承担不擅离义务即"未经人民法院许可，不得离开住所地"的企业财务管理人员和其他管理人员。违反本项义务，擅自离开住所地的，构成妨碍破产程序的违法行为。

2. 法律责任

对于本条规定的违法行为，人民法院可以予以训诫、拘留，可以依法并处罚款。有前款规定的行为，构成犯罪的，依法追究刑事责任。

（七）管理人违反义务的法律责任

我国《破产法》规定："管理人未依照本法规定勤勉尽责，忠实执行职务的，人民法院可以依法处以罚款；给债权人、债务人或者第三人造成损失的，依法承担赔偿责任。"

1. 管理人的勤勉和忠实义务

我国《破产法》第27条规定："管理人应当勤勉尽责，忠实执行职务。"

2. 责任主体和违法行为

责任主体为破产程序中的管理人。

3. 责任形式

① 罚款。② 赔偿。有前款规定的行为，构成犯罪的，依法追究刑事责任。

复习思考题

1. 简述破产法的概念。
2. 简答破产申请的条件和程序。
3. 重整计划的通过和批准需要经过哪些程序？
4. 简答和解协议的法律效力。
5. 出卖人取回权的行使条件有哪些？
6. 简答别除权、取回权的概念和法律特征。
7. 试述我国《破产法》中引起破产程序终结的原因。

综合案例

案例一：M贸易有限公司（以下简称贸易公司）因经营管理不善，长期亏损，不能清偿到期债务，该贸易公司于2007年7月16日向人民法院提出破产申请。人民法院2007年7月20日裁定受理此案并宣告贸易公司破产，同时指定甲会计师事务所为管理人，管理人接管该企业后，发现以下情况：

（1）2007年7月1日与乙企业签订一份买卖合同，按照合同约定，乙企业应先向贸易公司发出100万元的货物，发货后10日内由贸易公司付款，管理人决定继续履行该合同，介于贸易公司临近破产的事实，乙企业要求管理人提供一定的担保后才予以发货，管理人向其出具了某担保公司的担保函件，保证到期支付款项后合同遂继续履行。该货物收回后，变现价款为150万元。

（2）2007年7月5日与丙服装厂签订了一份加工承揽合同，按照合同约定，贸易公司向丙厂提供一批牛仔布，由丙厂为其加工牛仔裤，约定的违约金为10万元，管理人决定解除该合同，解除该合同给丙厂造成了5万元的损失，该批牛仔布由管理人组织全部运回后变现，变现价值为132万元。

（3）2007年6月，贸易公司因有逃避纳税的行为，其库房的一批价值为120万元的货物被当地主管税务机关依法采取了税收保全措施，予以扣押。

（4）人民法院于2007年8月1日通知了所有已知债权人，并进行了公告，确定的债权申报期限为2007年8月1日—9月15日。

（5）贸易公司为购置办公楼于2006年5月向工商银行信用贷款1 200万元，借款期限为1年，由丁公司为其借款提供连带责任保证。2007年5月，贸易公司不能清偿工商银行的贷款，人民法院受理了贸易公司的破产案件后，工商银行向管理人申报了全部债权，同时，丁公司也以自己将来的求偿权申报了债权。

（6）管理人发现贸易公司于2006年11月1日无偿转让150万元的财产，遂向人民法院申请予以撤销、追回财产，并于2007年10月1日将该财产全部追回。

除以上事项外，管理人清查的其他财产和负债情况如下：

1. 财产变价

（1）贸易公司以上用工商银行贷款购置的办公楼变现价值为1 500万元，其中用于对所欠招商银行1 000万元贷款的抵押担保，已经办理了抵押登记，该贷款尚未清偿。

（2）库存商品变现价值 500 万元。
（3）租用某公司复印机一台，价值 5 000 元。
2. 负债
（1）欠供应商货款共计 1 530 万元，其中欠 A 企业 525 万元。
（2）欠发职工工资、社会保险费用 200 万元，欠交税款 100 万元。
（3）破产案件的受理费、文件送达费、律师费等费用 15 万元；需要支付甲会计师事务所报酬 30 万元；受无因管理而需支付的费用 12 万元。
（4）管理人执行职务时，贸易公司的库房货物堆积不合理而倒塌，砸中其中一位工作人员造成其人身伤害，需要支付的医药费等相关费用为 20 万元。
要求：根据以上情况，结合《破产法》的相关规定回答下列问题：
（1）乙企业是否有权要求管理人提供担保？并说明理由。
（2）管理人决定解除与丙服装厂的合同后，对于造成的违约金和损失应如何处理？并说明理由。
（3）人民法院受理了贸易公司的破产案件后，税务机关扣押的该批货物应如何处理？并说明理由。
（4）该人民法院确定的债权申报期限是否符合规定？并说明理由。
（5）工商银行和丁公司共同申报债权的方式是否符合规定？并说明理由。
（6）对于甲公司无偿转让的 150 万元财产，管理人的做法是否符合规定？并说明理由。
（7）破产企业的破产费用的数额为多少？共益债务的数额为多少？
（8）请说明贸易公司财产的清偿顺序。
（9）A 企业可以获得的清偿额为多少？

案例二：甲企业因不能清偿到期债务，向法院申请破产，法院受理了该破产案件。甲企业是乙企业向银行借款的保证人，银行在得知甲企业破产情况后，决定将其债权作为破产债权申报受偿。丙企业是甲企业的债权人，丙企业由于担心自己的债权得不到全额清偿，一再要求甲企业以部分财产偿还所欠丙企业的未到期债务，甲企业同意了丙企业的要求，并进行了清偿。
要求：根据有关法律规定，回答以下问题：
（1）银行能否将其担保债权作为破产债权申请受偿？为什么？
（2）甲企业提前偿还丙企业未到期债务的行为是否符合法律规定？为什么？

项目七

民法典·合同

导入案例

【案情简介】

天诚有限责任公司（简称天诚公司）需要××型号水泥50吨，遂分别向安华水泥厂、清风水泥厂、建设水泥厂发函称："我公司需要××型号水泥50吨，如有货请速回复。"三家水泥厂收到后都分别回复称有货并做了报价，天诚公司经比较后认为建设水泥厂的货物美价廉，所以向建设水泥厂发函称："我公司需要××型号水泥50吨，同意你公司报价，货到后付款。"

安华水泥厂在回复并做了报价后立即装载了该型号水泥50吨发往天诚公司，天诚公司以双方并未达成合同为由拒绝收货，安华水泥厂起诉至人民法院，要求天诚公司承担违约责任。

建设水泥厂准备发货前，有证据表明天诚公司已宣告破产，进入破产清算程序，建设水泥厂便拒绝发货。

建设水泥厂发运至天诚公司的水泥，在途中遭遇泥石流、山体滑坡，导致建设水泥厂无法按照约定履行合同。

【问题】

1. 天诚公司第一次分别向三家水泥厂发函的行为属于什么性质？为什么？
2. 三家水泥厂回函的行为属于什么性质？为什么？
3. 安华水泥厂的诉讼请求能否得到法院的支持？为什么？
4. 建设水泥厂发现天诚公司破产，拒绝发货的行为属于什么性质？
5. 建设水泥厂因遭遇泥石流、山体滑坡而无法送货是否对天诚公司承担违约责任？为什么？

教学目标

- 掌握合同法的基本概念、原则和适用范围
- 熟悉合同订立的环节，区分合同的变更和转让
- 掌握合同履行中的规则、变更、终止及违约责任

实训目标

- 学写合同的基本条款，辨析合同的效力
- 对合同履行中产生的抗辩权会区分使用
- 掌握免责事由并会灵活运用违约责任

任务一 合同概述

一、合同概述

(一) 合同的概念

依据《民法典》第464条第一款规定：合同是民事主体之间设立、变更、终止民事法律关系的协议。

(二) 合同的特征

(1) 合同是依照当事人的意愿而发生预期的法律效果。
(2) 合同双方当事人意思表示一致的法律行为。
(3) 合同是以设立、变更、终止民事权利义务关系为目的的协议。

> **知识链接**
>
> 意思表示是行为主体将能够发生民事法律效果的意思表现于外部的发表行为。意思仅仅存于内心，无法产生法律效果，当事人必须将内心的意思借助于语言、文字或肢体语言表现于外部，才会发生法律效果。

(三) 合同的适用范围

(1) 与身份有关的协议。婚姻、收养、监护等有关身份关系的协议，适用有关该身份关系的法律规定；没有规定的，可以根据其性质参照适用本编规定（依据《民法典》第464条第二款）。

(2) 非因合同之债。非因合同产生的债权债务关系，适用有关该债权债务关系的法律规定；没有规定的，适用本编通则的有关规定，但是根据其性质不能适用的除外（依据《民法典》第468条）。

(3) 法律地位不平等的主体订立的合同。行政合同、执行企业内部生产责任制的协议不适用民法典合同编（《民法典》第2条：民法调整平等主体之间的自然人、法人和非法人组织之间的人身关系和财产关系）。

(4) 中国境内的涉外合同。在中华人民共和国境内履行的中外合资经营企业合同、中外合作经营企业合同、中外合作勘探开发自然资源合同，适用中华人民共和国法律（依据《民法典》第467条第二款）。

二、合同的分类

依据不同的标准可以将合同分为不同种类：

(一) 典型合同与非典型合同

典型合同：法律专门设立规范并赋予了名称的合同。例如：买卖合同、赠与合同等。非典型合同：法律尚未特别规定，亦未赋予一定名称的合同。例如：家教合同。

典型合同之所以"典型"，是由于在现实生活复杂多样的交易方式中，其规定的各类合同比较具有普遍性、代表性，各类典型合同在市场经济活动和社会生活中应用普遍，需要明确的法律规范对相关合同的签订、生效、履行、解除、违约责任等内容进行指引和规范。各类典型合同有可直接适用的法律规定，非典型合同则只能依照合同性质及经济目的等其他因素，选择适用与其相关的其他法律法规。

（二）诺成合同与实践合同

诺成合同是指只要双方意思表示一致合同即成立。实践合同是指除意思表示一致外，还需交付标的物或完成现实的给付才成立的合同。

（三）双务合同与单务合同

以双方是否互负义务为标准，将合同分为双务合同与单务合同。双务合同是指双方当事人互负义务的合同。单务合同是指仅一方当事人负担义务，双方不具有对等给付关系的合同。

（四）有偿合同与无偿合同

以当事人的权利获得是否支付代价为标准，可分为有偿合同与无偿合同。有偿合同是指一方当事人须向对方支付相应对价的合同。无偿合同是指一方当事人享有合同权益，但不必向对方支付相应对价的合同。

（五）预约合同与本约合同

预约合同是指当事人约定在将来一定期限内订立合同的认购书、订购书、预订书等，构成预约合同。本约合同是指为履行预约而订立的本约合同。

依照《民法典》第495条第二款规定：当事人一方不履行预约合同约定的订立合同义务的，对方可以请求其承担预约合同的违约责任。

无效合同

课堂实训任务

- 任务 7-1 房东张女士与大学生李某签订合同，要求李某为自己女儿做一年的英语家教。试讨论此合同是有名合同还是无名合同？
- 任务 7-2 自然人张某借给李某10万元，约定年利息为5%，借款期为3年。试讨论该合同为诺成合同还是实践合同？无偿合同还是有偿合同？
- 任务 7-3 大学生张某放暑假回家，将价值1万余元的电脑交给同宿舍的李某保管。后来张某的电脑因小偷入室盗窃被偷，请解析本案中李某是否该承担责任？

三、合同的相对性规则

（一）合同的相对性

《民法典》第465条第二款规定："依法成立的合同，仅对当事人具有法律约束力，但是法律另有规定的除外。"即合同的效力仅及于签订合同的双方当事人，仅对合同当事人之间有约束力。

1. 向第三人履行的合同

《民法典》第522条第一款规定：当事人约定由债务人向第三人履行债务，债务人未向第三人履行债务或者履行债务不符合约定的，应当向债权人承担违约责任。

合同的债权人与债务人约定，由债务人向第三人履行债务，若债务人未向第三人履行债务，债权人有权向债务人请求承担违约责任，但第三人无权请求债务人承担违约责任。

2. 由第三人履行的合同

《民法典》第523条规定：当事人约定由第三人向债权人履行债务，第三人不履行债务或者履行债务不符合约定的，债务人应当向债权人承担违约责任。

合同的债权人与债务人约定，由第三人向债权人履行债务，若第三人未向债权人履行债务，债权人有权向债务人请求承担违约责任，但债权人无权请求第三人承担违约责任。

（二）合同相对性规则的例外

《民法典》第522条第二款规定：法律规定或者当事人约定第三人可以直接请求债务人向其履行债务，第三人未在合理期限内明确拒绝，债务人未向第三人履行债务或者履行债务不符合约定的，第三人可以请求债务人承担违约责任；债务人对债权人的抗辩，可以向第三人主张。

在向第三人履行合同中，基于法律规定或当事人约定，第三人取得了对合同债务人的履行义务的请求权。当债务人未向第三人履行义务时，第三人可以请求合同债务人履行义务，也可以请求债务人承担违约责任。合同债务人对债权人的抗辩也可以向第三人主张。

课堂实训任务

● 任务7-4　张某为自己的小轿车在××保险公司投保了2020年度的交强险。2020年9月，张某驾驶自己的小轿车撞伤行人赵某，经认定驾驶员张某负主要责任。试分析本案中保险合同的当事人和第三人分别是谁？第三人是否对债务人享有履行请求权？

任务二　合同的成立

一、合同的订立

《民法典》第471条规定：当事人订立合同，可以采取要约、承诺方式或者其他方式。

由此可见，订立合同要经历要约、承诺、其他方式（例如"悬赏广告"的方式）。

（一）要约

1. 要约的概念

《民法典》第472条规定，要约是希望与他人订立合同的意思表示，该意思表示应当符合下列条件：① 内容具体确定；② 表明经受要约人承诺，要约人即受该意思表示约束。

要约

2. 要约的特征

（1）要约人做出的希望与他人订立合同的意思表示，要约的目的是希望与相对人订立合同。发出要约的人称为要约人，要约所指向的对方当事人则称为受要约人。

（2）要约以订立合同为目的，受要约人承诺便受其约束。要约以追求合同的成立为直接目的，要约是为了唤起承诺，并接受承诺的约束。要约在获得承诺后，当事人双方之间成立合同，合同有法律约束力。

（3）要约的内容应当具体且确定。《合同法解释（二）》第一条第一款规定：当事人对合同是否成立存在争议，人民法院能够确定当事人名称或者姓名、标的和数量的，一般应当认定合同成立。但法律另有规定或者当事人另有约定的除外。

（4）要约是有相对人的意思表示，依据相对人是否为特定的可以分为对特定人的要约和对不特定人的要约。例如：自动售货机属于对不特定的人的要约。

（二）要约邀请

《民法典》第473条规定：要约邀请是希望他人向自己发出要约的表示。拍卖公告、招标公告、招股说明书、债券募集办法、基金招募说明书、商业广告和宣传、寄送的价目表等为要约邀请。

商业广告和宣传的内容符合要约条件的，构成要约。

一般情况下，商业广告和宣传属于要约邀请，但商业广告和商业宣传的内容符合要约的条件则为要约。

课堂实训任务

任务7-5 张三为了孩子上学而购买某小区商品房一套，购买时宣传广告和售楼部模型中均展示小区内的小学和初中校区的规划，并承诺业主的子女优先入学。但张三入住该小区5年后小区内迟迟没有建设广告和模型中展示的小学和初中校区。试讨论该宣传广告中的内容是否为合同内容？关于宣传广告中学区房的内容属于要约还是要约邀请？

《商品房司法解释》第3条规定：商品房的销售广告和宣传资料为要约邀请，但是出卖人就商品房开发规划范围内的房屋及相关设施所作的说明和允诺具体确定，并对商品房买卖合同的订立以及房屋价格的确定有重大影响的，应当视为要约。

（三）要约的生效、撤回、撤销、失效

1. 要约的生效

要约对特定的相对人做出，分为以对话方式做出和以非对话的形式做出。

以对话方式做出的意思表示，相对人知道其内容时生效。

以非对话方式做出的意思表示，到达相对人时生效。以非对话方式做出的采用数据电文形式的意思表示，相对人指定特定系统接收数据电文的，该数据电文进入该特定系统时生效；未指定特定系统的，相对人知道或者应当知道该数据电文进入其系统时生效。当事人对采用数据电文形式的意思表示的生效时间另有约定的，按照其约定《民法典》第474条和第137条规定）。

2. 要约的撤回

行为人可以撤回意思表示。撤回意思表示的通知应当在意思表示到达相对人前或者与意思表示同时到达相对人。要约的撤回对要约人做出（《民法典》第475条和第141条规定）。

被撤回的要约并不生效，撤回要约的通知须先于要约或与要约同时到达。

3. 要约的撤销

要约可以撤销，但是有下列情形之一的除外：

（1）要约人以确定承诺期限或者其他形式明示要约不可撤销的；

（2）受要约人有理由认为要约是不可撤销的，并已经为履行合同做了合理准备工作。

撤销要约的意思表示以对话方式做出的，该意思表示的内容应当在受要约人做出承诺之前为受要约人所知道；撤销要约的意思表示以非对话方式做出的，应当在受要约人做出承诺之前到达受要约人（《民法典》第477条）。

4. 要约的失效

《民法典》第478条规定，有下列情形之一的，要约失效：

（1）要约被拒绝；

（2）要约被依法撤销；

（3）承诺期限届满，受要约人未做出承诺；

（4）受要约人对要约的内容做出实质性变更。

要约失效，受要约人就丧失了承诺的机会。

课堂实训任务

任务7-6　试讨论，在拍卖会上不断竞价的过程中，若有人出了更高的价格，之前的竞买人要约的效力如何？

（四）承诺

《民法典》第484条规定：以通知方式做出的承诺，生效的时间适用本法第137条的规定。

承诺不需要通知的，根据交易习惯或者要约的要求做出承诺的行为时生效（《民法典》第137条见要约的生效）。

承诺的生效分以下几种情况：

（1）以对话方式做出，自要约人了解时承诺生效。

（2）以非对话方式做出，到达要约人时生效。

（3）以数据电文形式做出，数据电文到达时生效，有指定特定的接收系统，数据电文进入特定系统时生效；未指定特定系统，当要约人知道或应当知道数据电文进入系统时生效。

知识点

承诺只能撤回不能撤销。承诺做出后，到达前，受要约人可以撤回承诺。撤回的承诺，承诺不生效，合同未成立。

受要约人做出"承诺行为"时承诺生效，例如履行合同的行为，买方将买方的货物邮寄，支付货款等。

以"沉默的方式"做出承诺。双方约定了承诺的期限，承诺期届满，受要约人未做任何表示，视为承诺，承诺期届满之日为承诺生效之日。

课堂实训任务

任务 7-7 甲于 3 月 1 日以寄出普通信函的方式向乙发出一商业要约，称愿意以优惠价购买乙的某种商品。恰逢市场行情突变，甲立刻发出撤回原要约的信函，以特快专递寄出，3 月 4 日到达乙处。请问：3 月 5 日到达乙处的要约有无效力？

二、合同的成立

（一）合同成立的时间

（1）当事人采用合同书形式订立合同的，自当事人均签名、盖章或者按指印时合同成立。

（2）在签名、盖章或者按指印之前，当事人一方已经履行主要义务，对方接受时，该合同成立。

（3）法律、行政法规规定或者当事人约定合同应当采用书面形式订立，当事人未采用书面形式但是一方已经履行主要义务，对方接受时，该合同成立。

（4）当事人采用信件、数据电文等形式订立合同要求签订确认书的，签订确认书时合同成立。

（5）当事人一方通过互联网等信息网络发布的商品或者服务信息符合要约条件的，对方选择该商品或者服务并提交订单成功时合同成立，但是当事人另有约定的除外。

（二）合同成立的地点（《民法典》第 492、493 条）

（1）一般情况下，承诺生效的地点为合同成立的地点。

（2）采用数据电文形式订立合同的，收件人的主营业地为合同成立的地点；没有主营业地的，其住所地为合同成立的地点。当事人另有约定的，按照其约定。

（3）当事人采用合同书形式订立合同的，最后签名、盖章或者按指印的地点为合同成立的地点，但是当事人另有约定的除外。

三、合同的主要条款

当事人对合同是否成立存在争议，人民法院能够确定当事人名称或者姓名、标的和数量的，一般应当认定合同成立。但法律另有规定或者当事人另有约定的除外（《合同法解释（二）》）。由此可见，合同的主要条款有三：当事人姓名或名称、标的、数量。

双方当事人就主要条款意思表示一致，合同成立。非主要条款意思表示不相一致，不影响合同成立。可以依照《民法典》第 466、510、511 条予以确定。

四、格式条款

（一）格式条款的概念

格式条款是当事人为了重复使用而预先拟定，并在订立合同时未与对方协商的条款。例如：保险公司为了重复使用，并未与投保人协商而预先拟定了格式条款。

（二）提供格式条款一方的提示和说明义务

采用格式条款订立合同的，提供格式条款的一方应当遵循公平原则确定当事人之间的权利和义务，并采取合理的方式提示对方注意免除或者减轻其责任等与对方有重大利害关系的条款，按照对方的要求，对该条款予以说明。提供格式条款的一方未履行提示或者说明义务，致使对方没有注意或者理解与其有重大利害关系的条款的，对方可以主张该条款不成为合同的内容。

知识链接

提示义务分为一般提示义务和特殊提示义务。所谓一般提示义务，就是以社会一般人的认识水平为判断标准。如免责条款用黑体字、大号字，或者在免责条款下面用横线标注等。特殊提示义务是指对因老、弱、病、残而认知事物受到影响的人士要尽特殊提示义务。特殊提示义务，要求格式合同提供人明确向对方指出免责条款，必要的时候还应加以解释。违反特殊提示义务，导致免责条款对相对人不发生效力。

（三）格式条款无效的情形（《民法典》第497条）

有下列情形之一的，该格式条款无效：
（1）具有本法第一编第六章第三节和本法第506条规定的无效情形，包括双方虚假行为；违反法律、行政法规效力性强制性规范；违背公序良俗；恶意串通损害他人合法权益的行为。
（2）提供格式条款一方不合理地免除或者减轻其责任、加重对方责任、限制对方主要权利。
（3）提供格式条款一方排除对方主要权利。

知识链接

《电子商务法》第49条规定：电子商务经营者发布的商品或者服务信息符合要约条件的，用户选择该商品或者服务并提交订单成功，合同成立。当事人另有约定的，从其约定。
电子商务经营者不得以格式条款等方式约定消费者支付价款后合同不成立；格式条款等含有该内容的，其内容无效款，必要的时候还应加以解释。违反特殊提示义务，导致免责条款对相对人不发生效力。

（四）对理解有歧义的格式条款的解释

对格式条款的理解发生争议的，应当按照通常理解予以解释。对格式条款有两种以上解释的，应当做出不利于提供格式条款一方的解释。格式条款和非格式条款不一致的，应当采用非格式条款。

课堂实训任务

任务7-8　四方有限责任公司欲向汉江边的轻风河沙有限责任公司购买10车河沙。但因合同约定不明，双方就是农用四轮车还是大卡车发生纠纷。请拟订一份买卖合同。

五、缔约过失责任（《民法典》第500、501条）

缔约过失责任是指当事人在订立合同过程中，因违反诚实信用原则负有的先合同义务，导致合同不成立，或者合同虽然成立，但不符合法定的生效条件而被确认无效、被变更或被撤销，给对方造成损失时所应承担的民事责任。

所谓先合同义务，又称先契约义务或缔约过程中的附随义务，是指自缔约当事人因签订合同而相互接触磋商，至合同有效成立之前，双方当事人依诚实信用原则负有协助、通知、告知、保护、照管、保密、忠实等义务。

当事人在订立合同过程中有下列情形之一，造成对方损失的，应当承担赔偿责任：

（1）假借订立合同，恶意进行磋商；

（2）故意隐瞒与订立合同有关的重要事实或者提供虚假情况；

（3）有其他违背诚信原则的行为。

当事人在订立合同过程中知悉的商业秘密或者其他应当保密的信息，无论合同是否成立，不得泄露或者不正当地使用；泄露、不正当地使用该商业秘密或者信息，造成对方损失的，应当承担赔偿责任。

课堂实训任务

任务 7-9： 甲乙两人各开一酒店，两酒店相邻，生意都很兴隆。后甲因周转困难准备将酒店转手给丙，丙出价 80 万元。乙知道后担心财力雄厚的丙购买后对自己不利，于是乙积极与甲磋商，并提出要以 100 万的价格购买该酒店。甲见乙出价高，遂终止与丙的磋商。乙见丙退出，即对甲提出自己无意买下该酒店。问：甲应当如何维权？

任务三　合同的履行

一、合同履行的原则

1. 全面履行原则

当事人应当按照约定全面履行自己的义务（《民法典》第 509 条第 1 款）。即指合同的债务人应当按照法律的规定和合同的约定，全面、适当地履行合同义务。债务人不履行或者不适当履行主给付义务、从给付义务、附随义务的，构成不完全履行，应当承担违约责任。

2. 诚实信用原则

当事人应当遵循诚信原则，根据合同的性质、目的和交易习惯履行通知、协助、保密等义务（《民法典》第 509 条第 2 款）。双方当事人应遵循诚实信用原则为合同履行过程中提供方便；尽管一方不履行义务或者履行不当，对方也应当采取措施避免或者减少损失，否则无权就扩大的损失要求赔偿。

3. 绿色原则（可持续发展原则）

当事人在履行合同过程中，应当避免浪费资源、污染环境和破坏生态（《民法典》第 509 条第 3 款）。依照法律、行政法规的规定或者按照当事人的约定，标的物在有效使用年限届满后应予回收的，出卖人负有自行或者委托第三人对标的物予以回收的义务（《民法典》第 625 条）。

二、合同履行的内容

（一）给付义务

主给付义务又称合同的要素，指合同必备的且决定合同类型的基本义务。从给付义务不决定合同的类型，具有辅助主给付义务的功能，确保债权人的利益能够获得最大限度满足的义务。例如：包装义务。

违反从给付义务的合同解除。依据《买卖合同司法解释》第25条，出卖人没有履行或者不当履行从给付义务，致使买受人不能实现合同目的，买受人主张解除合同的，人民法院应当依法解除合同。

（二）附随义务

附随义务是指依据诚实信用的原则，债务人负担的通知，协助保密、忠诚保护等义务。

附随义务还包括先合同义务、在合同履行过程中产生的附随义务以及后合同义务。第一，违反先合同义务，应当成立缔约过失责任或侵权责任。第二，在合同履行过程中违反附随义务的成立违约责任或侵权责任。第三，依据《民法典》第558条规定，债权债务终止以后，当事人应当遵循诚实信用原则，根据交易习惯履行通知、协助保密、旧物回收等义务。

（三）其他义务（不真正义务）

（1）当事人一方违约后，对方应当采取适当措施防止损失的扩大；没有采取适当措施致使损失扩大的，不得就扩大的损失请求赔偿。当事人因防止损失扩大而支出的合理费用，由违约方负担（《民法典》第591条）。

（2）寄存人交付的保管物有瑕疵，或者根据保管物的性质需要采取特殊保管措施的，寄存人应当将有关情况告知保管人，寄存人未告知，致使保管物受损失的保管人不承担赔偿责任（《民法典》第893条）。

（3）货物运输合同中，收货人在约定的期限或者合理期限内对货物的数量毁损等未提出异议的，视为承运人已经按照运输单证的记载交付的初步证据（《民法典》第831条）。

（4）依据买卖合同解释，规定出卖人交付标的物有瑕疵的，买受人未在约定或者法定期间内检验并提出异议的，视为出卖人交付的标的物无瑕疵，买受人丧失请求出卖人承担违约责任的权利说明买受人具有即时检验的通知义务。

三、合同履行的规则

（一）合同漏洞的补充

依据《民法典》第510条规定，合同生效后，当事人就质量价款或者报酬履行地点等内容没有约定或者约定不明确的，可以协议补充，不能达成补充协议的，按照合同相关条款或者交易习惯确定。

（二）合同内容约定不明的规则（《民法典》第511、512、514、603条）

（1）质量要求不明确的，按照强制性国家标准履行；没有强制性国家标准的，按照推荐性国家标准履行；没有推荐性国家标准的，按照行业标准履行；没有国家标准、行业标准的，按照通常标准或者符合合同目的的特定标准履行。

（2）价款或者报酬不明确的，按照订立合同时履行地的市场价格履行；依法应当执行政府定价或者政府指导价的，依照规定履行。

（3）履行地点不明确，给付货币的，在接受货币一方所在地履行；交付不动产的，在不动产所在地履行；其他标的，在履行义务一方所在地履行。

（4）履行期限不明确的，债务人可以随时履行，债权人也可以随时请求履行，但是应当给对方必要的准备时间。

（5）履行方式不明确的，按照有利于实现合同目的的方式履行。

（6）履行费用的负担不明确的，由履行义务一方负担；因债权人原因增加的履行费用，由债权人负担。

（7）电子合同约定不明的履行规则。

通过互联网等信息网络订立的电子合同的标的为交付商品并采用快递物流方式交付的，收货人的签收时间为交付时间。电子合同的标的为提供服务的，生成的电子凭证或者实物凭证中载明的时间为提供服务时间；前述凭证没有载明时间或者载明时间与实际提供服务时间不一致的，以实际提供服务的时间为准。

电子合同的标的物为采用在线传输方式交付的，合同标的物进入对方当事人指定的特定系统且能够检索识别的时间为交付时间。

电子合同当事人对交付商品或者提供服务的方式、时间另有约定的，按照其约定。

（8）以支付金钱为内容的债，除法律另有规定或者当事人另有约定外，债权人可以请求债务人以实际履行地的法定货币履行。

（9）出卖人应当按照约定的地点交付标的物。

当事人没有约定交付地点或者约定不明确，依据《民法典》第510条的规定仍不能确定的，适用下列规定：标的物需要运输的，出卖人应当将标的物交付给第一承运人以运交给买受人；标的物不需要运输，出卖人和买受人订立合同时知道标的物在某一地点的，出卖人应当在该地点交付标的物；不知道标的物在某一地点的，应当在出卖人订立合同时的营业地交付标的物。

（三）政府定价和政府指导价

执行政府定价或者政府指导价的，在合同约定的交付期限内政府价格调整时，按照交付时的价格计价。逾期交付标的物的，遇价格上涨时，按照原价格执行；价格下降时，按照新价格执行。逾期提取标的物或者逾期付款的，遇价格上涨时，按照新价格执行；价格下降时，按照原价格执行。该条有一点规律，是要执行对违约者不利的价格。

四、双务合同中的抗辩权

抗辩权是指债权人行使债权时，债务人根据法定事由对抗债权人行使请求权的权利。可分为同时履行抗辩权、不安抗辩权和先履行抗辩权。

（一）同时履行抗辩权

同时履行抗辩权是指当事人互负债务，没有先后履行顺序的，应当同时履行，一方在对方履行前有权拒绝其履行要求。一方在对方履行债务不符合约定时，有权拒绝其相应的履行要求。

（二）不安抗辩权

不安抗辩权是指当事人互负债务，有先后履行顺序的，先履行的一方有确切证据表明另一方丧失履行债务能力时，在对方没有履行或者没有提供担保之前，有权中止合同履行的权利。可以中止履行的情形包括：其经营状况严重恶化；转移财产、抽逃资金，以逃避债务；

谎称有履行能力的欺诈行为；其他丧失或者可能丧失履行能力的情况。

（三）先履行抗辩权

先履行抗辩权是指在双务合同中应当先履行的一方当事人未履行或者不适当履行，到了履行期限对方当事人具有的不履行、部分履行的权利。

知识小结

三种抗辩权构成要件的区分

同时履行抗辩权	不安履行抗辩权	先履行抗辩权
双方无先后履行顺序，一方未履行或未按约定履行	履行义务在先的一方有证据证明另一方不能履行	履行顺序在先的一方当事人未履行合同或未按约定履行
双方债务履行期限均已届至	先履行一方有确切证据证明对方不能或不会履行义务	先履行一方未履行，后履行一方有权拒绝其履行要求

课堂实训任务

任务 7-10：甲商场在乙处定制了 100 套服装，每套 1 000 元，未约定履行先后顺序。若乙未向甲商场交付服装即请求其支付价款，甲商场应如何应对？

任务 7-11：若上例中乙仅向甲商场交付 90 套服装但请求其支付 10 万元，甲商场应如何应对？

任务四　合同的保全

一、代位权（《民法典》第 536、537 条）

（一）代位权的概念

因债务人怠于行使其债权或者与该债权有关的从权利，影响债权人的到期债权实现的，债权人可以向人民法院请求以自己的名义代位行使债务人对相对人的权利，但是该权利专属于债务人自身的除外。

代位权的行使范围以债权人的到期债权为限。债权人行使代位权的必要费用，由债务人负担。相对人对债务人的抗辩，可以向债权人主张。

代位权

（二）代位权的特征

（1）债权人对债务人的债权到期且合法、有效。但也有例外，债权人的债权到期前，债务人的债权或者与该债权有关的从权利存在诉讼时效期间即将届满或者未及时申报破产债权等情形，影响债权人的债权实现的，债权人可以代位向债务人的相对人请求其向债务人履行、向破产管理人申报或者做出其他必要的行为。

（2）债务人对相对人的债权或从权利是合法有效并且到期的。代位权的客体不仅包括债务人对相对人的金钱类的债权，还包括债务人对相对人的债权、从债权以及与该债权有关的从权利。例：如抵押权、质权等。

（3）债务人怠于行使对相对人的债权或者从权利，并因此会影响到债权人的债权的实现。"怠于"行使对相对人的债权或者从权利是指，债务人未以起诉或者申请仲裁的方式，对相对人行使到期的权利。即使债务人与相对人之间签订了仲裁协议，债权人仍然可以以起诉的方式行使代位权。"影响到债权人的到期债权"是指，债务人除了对相对人的债权或者与该债权有关的从权利以外，债务人的其他财产不足以清偿其对债权人的到期债务。

（4）债务人对相对人的债权或从权利不具有专属性。"不具有专属性"是指，依据《合同法解释（一）》第12条、《民法典》第975条规定，基于人身伤害、身份关系、劳动关系以及债权人不得代位行使合伙人，但是合伙人享有的利益分配请求权除外。

二、债权人的撤销权（《民法典》第538～541条）

债务人以放弃其债权、放弃债权担保、无偿转让财产等方式无偿处分财产权益，或者恶意延长其到期债权的履行期限，影响债权人的债权实现的，债权人可以请求人民法院撤销债务人的行为。

债务人以明显不合理的低价转让财产、以明显不合理的高价受让他人财产或者为他人的债务提供担保，影响债权人的债权实现，债务人的相对人知道或者应当知道该情形的，债权人可以请求人民法院撤销债务人的行为。

撤销权的行使范围以债权人的债权为限。债权人行使撤销权的必要费用，由债务人负担。

撤销权自债权人知道或者应当知道撤销事由之日起1年内行使。自债务人的行为发生之日起5年内没有行使撤销权的，该撤销权消灭。

撤销权

任务五　合同的变更、转让和终止

一、合同的变更

（一）合同变更的概念（《民法典》第543、544条）

变更是指合同内容的变化，是在主体不变、标的不变、法律性质不变的条件下，在合同没有履行或没有完全履行之前，由于一定的原因，由当事人对合同约定的权利义务进行局部调整。

合同的变更，通常表现为对合同某些条款的修改或补充。如买卖合同标的物数量的增加或减少，交货时间的提前、延期，运输方式和交货地点改变等都可视为合同的变更。当事人对合同变更的内容约定不明确的，推定为未变更。

（二）合同变更的效力

合同变更的实质在于使变更后的合同条款代替原合同条款。因此，合同变更后，当事人应按变更后的合同内容履行。

合同变更原则上是针对将来发生的效力，未变更的权利义务继续有效，已经履行的债务不因合同的变更而失去合法性。

二、合同的转让（《民法典》第543～556条）

合同的转让，是指在合同依法成立后，改变合同主体的法律行为。即合同当事人一方依法将其合同债权和债务全部或部分转让给第三方的行为。

(一) 债权的转让

债权人转让债权，需要通知债务人，未通知债务人的，该转让对债务人不发生效力。且该债权转让的通知不得撤销，但是经受让人同意的除外。因债权转让增加的履行费用，由让与人负担。

债权人转让债权的，受让人取得与债权有关的从权利，但是该从权利专属于债权人自身的除外。受让人取得从权利不因该从权利未办理转移登记手续或者未转移占有而受到影响。债务人接到债权转让通知后，债务人对让与人的抗辩，可以向受让人主张。

债权人可以将债权的全部或者部分转让给第三人，但是有下列情形之一的除外：
(1) 根据债权性质不得转让；
(2) 按照当事人约定不得转让；
(3) 依照法律规定不得转让。

当事人约定非金钱债权不得转让的，不得对抗善意第三人。当事人约定金钱债权不得转让的，不得对抗第三人。

(二) 债务的转移

债务人将债务的全部或者部分转移给第三人的，应当经债权人同意。因债权转让增加的履行费用，由让与人负担。债务人或者第三人可以催告债权人在合理期限内予以同意，债权人未做表示的，视为不同意。

第三人与债务人约定加入债务并通知债权人，或者第三人向债权人表示愿意加入债务，债权人未在合理期限内明确拒绝的，债权人可以请求第三人在其愿意承担的债务范围内和债务人承担连带责任。

债务人转移债务的，新债务人可以主张原债务人对债权人的抗辩；原债务人对债权人享有债权的，新债务人不得向债权人主张抵销。债务人转移债务的，新债务人应当承担与主债务有关的从债务，但是该从债务专属于原债务人自身的除外。

(三) 权利义务一并转让

当事人一方经对方同意，可以将自己在合同中的权利和义务一并转让给第三人。合同的权利和义务一并转让的，适用债权转让、债务转移的有关规定。

三、合同债权债务的终止

有下列情形之一的，债权债务终止：
(1) 债务已经履行；
(2) 债务相互抵销；
(3) 债务人依法将标的物提存；
(4) 债权人免除债务；
(5) 债权债务同归于一人；
(6) 法律规定或者当事人约定终止的其他情形。

合同解除的，该合同的权利义务关系终止。

债权债务终止后，当事人应当遵循诚信等原则，根据交易习惯履行通知、协助、保密、旧物回收等义务。债权债务终止时，债权的从权利同时消灭，但是法律另有规定或者当事人另有约定的除外。

债务人对同一债权人负担的数项债务种类相同，债务人的给付不足以清偿全部债务的，除当事人另有约定外，由债务人在清偿时指定其履行的债务。债务人未做指定的，应当优先履行已经到期的债务；数项债务均到期的，优先履行对债权人缺乏担保或者担保最少的债务；均无担保或者担保相等的，优先履行债务人负担较重的债务；负担相同的，按照债务到期的先后顺序履行；到期时间相同的，按照债务比例履行。

协商解除。当事人协商一致，可以解除合同。当事人可以约定一方解除合同的事由。解除合同的事由发生时，解除权人可以解除合同。有下列情形之一的，当事人可以解除合同：

（1）因不可抗力致使不能实现合同目的；

（2）在履行期限届满前，当事人一方明确表示或者以自己的行为表明不履行主要债务；

（3）当事人一方迟延履行主要债务，经催告后在合理期限内仍未履行；

（4）当事人一方迟延履行债务或者有其他违约行为致使不能实现合同目的；

（5）法律规定的其他情形。

以持续履行的债务为内容的不定期合同，当事人可以随时解除合同，但是应当在合理期限之前通知对方。

约定解除。法律规定或者当事人约定解除权行使期限，期限届满当事人不行使的，该权利消灭。法律没有规定或者当事人没有约定解除权行使期限，自解除权人知道或者应当知道解除事由之日起1年内不行使，或者经对方催告后在合理期限内不行使的，该权利消灭。当事人一方依法主张解除合同的，应当通知对方。合同自通知到达对方时解除；通知载明债务人在一定期限内不履行债务则合同自动解除，债务人在该期限内未履行债务的，合同自通知载明的期限届满时解除。对方对解除合同有异议的，任何一方当事人均可以请求人民法院或者仲裁机构确认解除行为的效力。

当事人一方未通知对方，直接以提起诉讼或者申请仲裁的方式依法主张解除合同，人民法院或者仲裁机构确认该主张的，合同自起诉状副本或者仲裁申请书副本送达对方时解除。

合同解除后，尚未履行的，终止履行；已经履行的，根据履行情况和合同性质，当事人可以请求恢复原状或者采取其他补救措施，并有权请求赔偿损失。合同因违约解除的，解除权人可以请求违约方承担违约责任，但是当事人另有约定的除外。

主合同解除后，担保人对债务人应当承担的民事责任仍应当承担担保责任，但是担保合同另有约定的除外。合同的权利义务关系终止，不影响合同中结算和清理条款的效力。

因抵消解除。当事人互负债务，该债务的标的物种类、品质相同的，任何一方可以将自己的债务与对方的到期债务抵消；但是，根据债务性质、按照当事人约定或者依照法律规定不得抵消的除外。当事人主张抵消的，应当通知对方。通知自到达对方时生效。抵消不得附条件或者附期限。当事人互负债务，标的物种类、品质不相同的，经协商一致，也可以抵消。

因提存而解除。有下列情形之一，难以履行债务的，债务人可以将标的物提存：

（1）债权人无正当理由拒绝受领；

（2）债权人下落不明；

（3）债权人死亡未确定继承人、遗产管理人，或者丧失民事行为能力未确定监护人；

(4) 法律规定的其他情形。

标的物不适于提存或者提存费用过高的，债务人依法可以拍卖或者变卖标的物，提存所得的价款。债务人将标的物或者将标的物依法拍卖、变卖所得价款交付提存部门时，提存成立。提存成立的，视为债务人在其提存范围内已经交付标的物。

标的物提存后，债务人应当及时通知债权人或者债权人的继承人、遗产管理人、监护人、财产代管人。标的物提存后，毁损、灭失的风险由债权人承担。提存期间，标的物的孳息归债权人所有。提存费用由债权人负担。债权人可以随时领取提存物。但是，债权人对债务人负有到期债务的，在债权人未履行债务或者提供担保之前，提存部门根据债务人的要求应当拒绝其领取提存物。

债权人领取提存物的权利，自提存之日起5年内不行使而消灭，提存物扣除提存费用后归国家所有。但是，债权人未履行对债务人的到期债务，或者债权人向提存部门书面表示放弃领取提存物权利的，债务人负担提存费用后有权取回提存物。

债权人免除债务人部分或者全部债务的，债权债务部分或者全部终止，但是债务人在合理期限内拒绝的除外。债权和债务同归于一人的，债权债务终止，但是损害第三人利益的除外。

提存

任务六 违约责任

一、违约责任的类型（《民法典》第557～589条）

当事人一方不履行合同义务或者履行合同义务不符合约定的，应当承担继续履行、采取补救措施或者赔偿损失等违约责任。当事人一方明确表示或者以自己的行为表明不履行合同义务的，对方可以在履行期限届满前请求其承担违约责任。

（一）继续履行

当事人一方未支付价款、报酬、租金、利息，或者不履行其他金钱债务的，对方可以请求其支付。当事人一方不履行非金钱债务或者履行非金钱债务不符合约定的，对方可以请求履行，但是有下列情形之一的除外：

（1）法律上或者事实上不能履行；

（2）债务的标的不适于强制履行或者履行费用过高；

（3）债权人在合理期限内未请求履行。

有前款规定的除外情形之一，致使不能实现合同目的的，人民法院或者仲裁机构可以根据当事人的请求终止合同权利义务关系，但是不影响违约责任的承担。

当事人一方不履行债务或者履行债务不符合约定，根据债务的性质不得强制履行的，对方可以请求其负担由第三人替代履行的费用。履行不符合约定的，应当按照当事人的约定承担违约责任。

（二）采取补救措施

对违约责任没有约定或者约定不明确，依据本法第510条的规定仍不能确定的，受损害方根据标的的性质以及损失的大小，可以合理选择请求对方承担修理、重作、更换、退货、减少价款或者报酬等违约责任。

当事人一方不履行合同义务或者履行合同义务不符合约定的，在履行义务或者采取补救措施后，对方还有其他损失的，应当赔偿损失。当事人一方不履行合同义务或者履行合同义务不符合约定，造成对方损失的，损失赔偿额应当相当于因违约所造成的损失，包括合同履行后可以获得的利益；但是，不得超过违约一方订立合同时预见到或者应当预见到的因违约可能造成的损失。

当事人一方违约后，对方应当采取适当措施防止损失的扩大；没有采取适当措施致使损失扩大的，不得就扩大的损失请求赔偿。

当事人因防止损失扩大而支出的合理费用，由违约方负担。

（三）违约金

当事人可以约定一方违约时应当根据违约情况向对方支付一定数额的违约金，也可以约定因违约产生的损失赔偿额的计算方法。

约定的违约金低于造成的损失的，人民法院或者仲裁机构可以根据当事人的请求予以增加；约定的违约金过分高于造成的损失的，人民法院或者仲裁机构可以根据当事人的请求予以适当减少。

当事人就迟延履行约定违约金的，违约方支付违约金后，还应当履行债务。

（四）定金

当事人可以约定一方向对方给付定金作为债权的担保。定金合同自实际交付定金时成立。

定金的数额由当事人约定；但是，不得超过主合同标的额的 20%，超过部分不产生定金的效力。实际交付的定金数额多于或者少于约定数额的，视为变更约定的定金数额。

债务人履行债务的，定金应当抵作价款或者收回。给付定金的一方不履行债务或者履行债务不符合约定，致使不能实现合同目的的，无权请求返还定金；收受定金的一方不履行债务或者履行债务不符合约定，致使不能实现合同目的的，应当双倍返还定金。

当事人既约定违约金，又约定定金的，一方违约时，对方可以选择适用违约金或者定金条款。定金不足以弥补一方违约造成的损失的，对方可以请求赔偿超过定金数额的损失。

二、违约责任的免除（《民法典》第 590～593 条）

不可抗力。当事人一方因不可抗力不能履行合同的，根据不可抗力的影响，部分或者全部免除责任，但是法律另有规定的除外。因不可抗力不能履行合同的，应当及时通知对方，以减轻可能给对方造成的损失，并应当在合理期限内提供证明。

当事人迟延履行后发生不可抗力的，不免除其违约责任。债务人按照约定履行债务，债权人无正当理由拒绝受领的，债务人可以请求债权人赔偿增加的费用。在债权人受领迟延期间，债务人无须支付利息。

当事人都违反合同的，应当各自承担相应的责任。当事人一方违约造成对方损失，对方对损失的发生有过错的，可以减少相应的损失赔偿额。当事人一方因第三人的原因造成违约的，应当依法向对方承担违约责任。当事人一方和第三人之间的纠纷，依照法律规定或者按照约定处理。

> **课堂实训任务**

任务 7-12：某农场与某土产公司签订了一项香蕉买卖合同，并约定在买方所在地交货，但在运输途中由于天气原因耽搁，致使到货时已腐烂过半，请问损失由谁承担？

复习思考题

1. 简述合同的概念和适用范围。
2. 简述要约和要约邀请的区别。
3. 简述合同终止的情形。

专项实训项目

活动目标和要求

授课完毕，利用两个课时组织模拟法庭，介绍简易法庭程序，提前分组并分配扮演角色。使学生能够掌握草拟合同的写作技巧；能够辨析合同的效力；区分不同的担保形式；掌握合同约定不明时履行的基本规则；正确判断并利用违约责任和免责条款以保障自己的合法权益。

实训组织

将教室中的课桌椅摆放成法庭的形式，利用多媒体的资源投射国徽的标志。检查学生的准备情况。

实训内容及成果

由学生扮演法官、书记员、当事人、鉴定人和代理人等。当堂进行法庭辩论，由学生分组进行讨论并最终形成判决书。教师参照学生表现情况评分。

实训材料一

李林决定购买汽车一辆，与 2020 年 7 月 5 日向盛达汽车销售公司发函，称以 20 万元的价格订购东风汽车一辆，货到后于 10 日内验货付款。7 月 10 日盛达公司回复称接受李林来函的内容，但另行要求李林支付定金 2 万元，违约金为货款的 30%，这份合同由盛达公司单方面签章后于当日寄出。7 月 13 日李林收到合同后签字并寄出，4 月 16 日盛达公司收到该合同。

李林为了筹集 20 万元资金，向张扬借款 5 万元，并将自己的一幅名家书法抵押给张扬，双方签订了抵押合同但是未对抵押物作登记。由于张扬担心李林无法到期还款，于是李林的父亲以其所居住的学校校舍作抵押，并办理了抵押登记。李林又像周杰借款 5 万元，将该名家书法又质押给周杰，双方签订了质押合同，李林像周杰交付了该书法作品。

李林得款后，购买了该汽车，但仍前盛达公司 10 万元。后该汽车发生了交通事故，产生纠纷。李林无力还款。

张扬在保管过程中不慎将名家书法损坏，送到专业装裱处修理，修理费用 5 000 元，因张扬无力支付修理费，装裱处对该画行使了留置权，后以 5 000 元卖出。

庭审辩论和组织讨论的焦点问题

- 李林与盛达公司的买卖合同成立的时间和地点。

- 李林无法支付 10 万元货款，盛达公司如何维护自己的权益。
- 抵押和质押的效力问题
- 这幅名画的所有权归属问题

实训材料二

世纪商贸有限责任公司在经营过程中发生如下业务：

1. 2020 年 4 月 2 日，世纪商贸公司书面授权，委托本公司员工张三去 M 公司购买空调 100 台，声明每台定价不得超过 4 000 元，并将空白合同书和定金 10 万元交付于张三。

2. 同年 4 月 5 日，张三来到 M 公司，向其出具了盖有公司印章的委托授权书和合同书，欲向 M 公司购买 100 台空调。

3. 4 月 10 日，经双方磋商，M 公司坚持空调最低价为每台 4 200 元，张三便和 M 商场签订了合同。合同约定：由世纪商贸公司向 M 商场购买空调 100 台，每台单价 4 200 元，并当日向 M 公司支付定金 10 万元，M 商场与 4 月 18 日交货，货到后验货付款。如果合同任何一方违约都要向对方支付 7 万元的违约金。

4. 双方签订合同后，M 商场 4 月 11 日将货物交由顺通运输公司承运，运送途中，顺通运输公司司机李某私自拿走一台空调，以 4 200 元的价格卖给搭顺车同往的张某。其余货物按期交付至世纪公司。

5. 4 月 18 日，司机李某将 4 200 元交付给世纪商贸公司，世纪商贸公司收下货款，并未表示异议。但是，以张三签订合同的价款与最初所授权价款不符为由拒绝支付多出的货款。

6. M 商场得知，世纪商贸公司对 A 农贸市场有一笔 50 万元的到期货款未收回。M 商场遂起诉至人民法院，要求行使代位权。并要求世纪商贸公司偿还货款，并支付逾期付款的违约金。

庭审辩论和组织讨论的焦点问题：

- 世纪商贸公司能否主张与 M 商场签订的合同无效。
- 司机李某将一台空调卖给张某的行为效力问题。
- M 商场能否要求世纪商贸公司承担违约责任，世纪商贸公司怎样承担责任？
- M 商场能否行使代位权。

项目八

商标法和专利法

导入案例

【案情简介】

中国纺织品公司某省纺织分公司在其经销的丝绸衬衣绣有一朵荷花,并用"荷花"作为其商标名称,2014年2月向商标局提出注册申请并公告。2014年4月28日,中国丝绸公司某省公司向商标局提出异议,认为公告的纺织分公司的"荷花"商标与其在丝绸内衣上使用的莲花牌注册商标极为相似,图形均为一朵花,看起来一模一样。商标局经过审查后,裁定异议成立,驳回了纺织分公司的申请,该分公司不服,打算请求复审。

【问题】

根据上述材料,结合商标法的有关内容,回答下列问题:

1. 向商标局申请商标注册一般应提交哪些文件?
2. 假设纺织分公司与某省丝绸公司在同一天提出了商标注册申请,请问商标局应如何受理?
3. 假设你是省纺织分公司的法律顾问,对于该公司要求复审的建议应在何时怎样提出?简要回答。
4. 何为近似商标?你认为争议双方的商标是近似商标吗?

教学目标

- 掌握商标的概念、分类和专利的主体、客体和内容
- 熟悉商标注册的原则、条件和程序
- 掌握专利权授予的原则、条件和程序

实训目标

- 学会依法向商标局申请商标和向专利局申请专利
- 掌握商标专用权的法律保护和商标侵权行为
- 掌握专利实施的强制许可和专利权保护的相关规定

任务一　商　标　法

一、商标法的概述

（一）商标的概念

商标，是指商品的生产经营者或者服务提供者为了将自己的商品或者服务与他人的商品或者服务区别开来而使用的一种标记，此种标记的要素可以是文字、图形、字母、数字、三维标志、颜色组合和声音等，以及上述要素的组合。

（二）商标的特征

（1）商标是具有显著性的标志，既区别于具有叙述性、公知公用性质的标志，又区别于他人商品或服务的标志，从而便于消费者识别。

（2）商标具有独占性。使用商标的目的是为了区别与他人的商品来源或服务项目，便于消费者识别。所以，注册商标所有人对其商标具有专用权、独占权，未经注册商标所有人许可，他人不得擅自使用，否则，即构成侵犯注册商标所有人的商标权，违反我国商标法律规定。

（3）商标具有价值。商标代表着商标所有人生产或经营的质量信誉和企业信誉、形象，商标所有人通过商标的创意、设计、申请注册、广告宣传及使用，使商标具有了价值，也增加了商品的附加值。商标的价值可以通过评估确定。商标可以有偿转让；经商标所有权人同意，许可他人使用。

（4）商标具有竞争性，是参与市场竞争的工具。生产经营者的竞争就是商品或服务质量与信誉的竞争，其表现形式就是商标知名度的竞争，商标知名度越高，其商品或服务的竞争力就越强。

（三）商标的分类

按照不同的标准，商标可以分为不同的种类。

1. 按照商标的构成要素划分

根据商标不同的构成要素，商标可以分为文字商标、图形商标、组合商标、颜色商标、非形象商标等。

文字商标，是指仅由文字组成的商标，文字既可以是汉字、少数民族文字，也可以是外文字、数字。

图形商标，是指仅由图形组成的商标。优点是不受语言限制且形象生动，给人印象深刻，故特征显著，易于识别。缺点是不便呼叫，交易中心不便相互交流。

组合商标，是指由文字、图形组合而成的商标。注册后作为一个完整的整体对待，不可随意变更其组合或排列。

非形象商标，是指以音响、气味等通过听觉、嗅觉才能感知的商标，对于非形象商标，仅声音商标依法受我国商标法保护。

2. 按照商标的结构形态划分

以商标的结构形态为标准，商标可以分为平面商标和立体商标。

平面商标，是由两维要素组成的视觉商标。平面商标由文字、平面图形、字母、数字、颜色组合，或者上述要素的组合而成的商标，平面商标的构成是一种艺术创造。

立体商标，是指由三维标志构成的商标，如麦当劳的金色拱门标志。

3. 按照商标适用对象划分

以商标使用对象为标准，商标划分为商品商标和服务商标。

商品商标，指适用于有形商品上的商标。

服务商标，指服务行业使用的商标，如金融、运输、广播、建筑等服务行业上使用的商标。

4. 按照商标的使用目的划分

以商标的使用目的为标准，商标分为联合商标、防御商标和证明商标。

联合商标是指同商标所有人在同一种或者类似商品上注册若干个近似商标。联合商标的注册不是为了每一个商标都使用，而是为了保护正商标，防止他人使用影射、近似或者雷同的商标。

防御商标，是指驰名商标或者已为公众熟知的商标所有人在不同类别的商品或者服务项目上注册若干个相同商标，其目的在于扩大商标专用权的范围，保护驰名商标。

证明商标是指由对某种商品或者服务具有监督能力的组织所控制，而由该组织以外的单位或者个人使用其商品或者服务，用以证明该商品或者服务的原产地、原料、制造方法、质量或者其他特定品质的标志。

课堂实训任务

任务 8-1　某公司有一注册商标"苹果"被核定适用于洗衣机上。为了有效保护该商标，该公司在洗衣机上有申请注册了"红苹果""青苹果""黄苹果"三件商标。分析这三件商标属于联合商标还是防御商标？

5. 按是否注册划分

以是否注册为标准，商标分为注册商标和非注册商标。

注册商标，是指经商标局依法核准注册的商标，包括商品商标、服务商标、集体商标和证明商标。注册商标的商标注册人依法享有商标的专用权。

非注册商标，是指未经商标局核准注册的商标。对于有些商品，非注册商标虽然可以使用。但商标使用人不享有商标专用权。

（四）商标法的概念

商标法是确认商标专用权，规定商标注册、使用、转让、保护和管理的过程中发生的各种社会关系的法律规范的总称。我国商标法主要包括《中华人民共和国商标法》和《中华人民共和国商标法实施条例》。

二、商标注册制度

商标注册是指商标申请人为了取得商标专用权，将其使用或者准备使用的商标，依照法律规定的条件、原则和程序，向商标局提出注册申请，经商标局审核予以注册的各项法律行为的总称。在我国，商标只有经过注册才能受到商标法的保护，商标所有人才能享有商标专用权。

（一）商标注册原则

（1）诚实信用原则。申请注册和使用商标，应当遵循诚实信用原则。商标使用人应当对其使用商标的商品质量负责。

（2）一件商标一份申请原则。

一件商标一份申请原则，即一份申请只能请求注册一件商标，不能在一份申请中提出注册两件或者两件以上的商标，但允许申请注册的同一商标适用于不同类别的商品上。

（3）自愿注册为主、强制注册为辅的原则。

我国对大部分商品或者服务项目使用的商标，采用自愿注册原则，即商标所有人根据其意愿，自主决定是否申请商标注册。未注册商标虽然可以在市场上使用，但并不受商标法保护，其所有人不享有该商标的专用权。与此同时，对部分商品实行强制注册原则。根据《商标法》的规定，国家规定必须使用注册商标的商品，必须申请商标注册，未经核准注册的，不得在市场上销售。根据相关法律的规定，烟草制品必须使用注册商标。

（4）申请在先为主、使用在先为辅的原则。

两个或者两个以上的商标注册申请人，在同一种商品或者类似商品上，以相同或者近似的商标申请注册的，初步审定并公告申请在先的商标；同一天申请的，初步审定并公告使用在先的商标驳回其他人的申请，不予公告。

（5）优先权原则。在实行申请在先原则的情形下，申请日期的确定具有很重要的意义。申请日期一般以商标局收到申请文件的日期为准。申请人享有优先权的，优先权日为申请日。商标法规定了两种可以享有优先权的情况：其一，商标注册申请人自其商标在外国第一次提出申请之日起 6 个月内，又在中国就相同商品以同一商标提出商标注册申请的，依照该国同中国签订的协议或者共同参加的国际条约，或者按照相互承认优先权的原则，可以享有优先权；其二，商标在中国政府主办的或者承认的国际展览会展出的商品上首次使用的，自该商品展出之日起 6 个月内，该商标的注册申请人可以享有优先权。

课堂实训任务

任务 8-2　甲厂自 1995 年起在其生产的炊具上使用"红灯笼"商标，并于 1997 年 8 月向商标局提出该商标的注册申请。乙厂早在 1997 年 6 月向商标局申请为炊具产品注册"红灯笼"商标。分析该"红灯笼"商标授予给谁？

（二）商标注册的实体条件

1. 申请注册的商标应当具备法定的构成要素

任何能够将自然人、法人或者其他组织的商品与他人的商品区别开来的标志，包括文字、图形、字母、数字、三维标志、颜色组合和声音等，以及上述要素的组合，均可以作为商标申请注册。视觉不能感知的声音可以申请商标注册，但气味等其他不具有可视性的标志不能在我国申请商标注册。

2. 申请注册的商标应当具有显著特征

商标的显著特征可以通过两种途径获得：一是标志本身固有的显著特征，如立意新颖、设计独特的商标；二是通过使用获得显著特征，如直接叙述商品质量等特点的叙述性标志经过使用取得显著特征，并便于识别的商标。

3. 申请注册的商标不得侵犯他人的在先权利或合法利益

4. 申请注册的商标不得使用法律禁止使用的标志

下列标志不得作为商标使用：

（1）同中华人民共和国的国家名称、国旗、国徽、军旗、军徽、军歌、勋章等相同或者近似的，以及同中央国家机关名称、标志、所在地特定地点的名称或者标志性建筑物的名称、图形相同的；

（2）同外国的国家名称、国旗、国徽、军旗等相同或者近似的，但经该国政府同意的除外；

（3）同政府间国际组织的名称、旗帜、徽记等相同或者近似的，但经该组织同意或者不易误导公众的除外；

（4）与表明实施控制、予以保证的官方标志、检验印记相同或者近似的，但经授权的除外；

（5）同"红十字""红新月"的名称、标志相同或者近似的；

（6）带有民族歧视性的；

（7）带有欺骗性，容易使公众对商品的质量等特点或者产地产生误认的；

（8）有害于社会主义道德风尚或者有其他不良影响的。

县级以上行政区划的地名或者公众知晓的外国地名，不得作为商标。但是，地名具有其他含义或者作为集体商标、证明商标组成部分的除外；已经注册的使用地名的商标继续有效。

商标中有商品的地理标志，而该商品并非来源于该标志所标示的地区，误导公众的，不予注册并禁止使用；但是，已经善意取得注册的继续有效。

禁止作为商标注册但可以作为未注册商标或其他标志使用的标志包括：

（1）仅有本商品的通用名称、图形、型号的；仅直接表示商品的质量、主要原料、功能、用途、重量、数量及其他特点的；其他缺乏显著特征的。前款所列标志经过使用取得显著特征，并便于识别的，可以作为商标注册。

（2）以三维标志申请注册商标的，仅由商品自身的性质产生的形状、为获得技术效果而需有的商品形状或者使商品具有实质性价值的形状，不得注册。

课堂实训任务

任务 8-3　2010年3月，佛山酒厂生产出一种新型优质白酒，在没有申请商标注册之前，使用"粮食牌"商标在市场上销售白酒。试分析：该商标的使用违法吗？

任务 8-4　长寿县灯具厂于2004年4月向商标局申请为其产品注册"长寿"商标。4月10日，商标局审查后认为"长寿"系县级以上行政区划名称而驳回申请。试分析：该酒厂能否注册"长寿"商标。

任务 8-5　某厂去年以来生产土豆片、锅巴等小食品，使用"香脆"二字但未注册商标。现某厂决定提出"香脆"商标注册申请，使用商品仍为土豆片、锅巴。试分析：该厂提出"香脆"商标注册申请能否被批准?

(三) 商标注册的程序条件

1. 申请人提交申请文件

商标注册的申请是取得商标专用权的前提。需要取得商标专用权的自然人、法人或者其他组织应提交规定的申请文件。国内申请人申请商标注册，可以委托国家工商管理局认可的商标代理机构代办商标注册申请，也可以直接向国家商标局申请商标注册。外国人或者外国企业也可以在中国申请商标注册，但应当按照所属国同中国签订的协议或者共同参加的国际条约办理。或者按对等原则办理，并且应当委托国家认可的组织代理。这些申请文件包括申请书、商标图样和其他有关文件。

2. 对申请注册的商标进行审查

商标局在收到商标注册申请人的申请文件后，依法对申请注册的商标先后进行形式审查和实质审查。形式审查的主要内容包括商标申请人的申请资格和申请程序；商标的申请日期；是否符合一件商标一份申请原则；商标申请的有关文件、商标图样是否送齐以及申请注册费用是否缴纳等。经形式审查，申请手续齐备且按规定填写的，编定申请号发给受理通知书。形式审查后，商标局进行实质审查。实质审查的内容是：申请注册的商标是否符合法律规定的实体条件，如是否具备法定要素、是否具备显著性、是否违反商标禁用条款、是否与其他商标混同等。

3. 初步审定并公告

对申请注册的商标经过审查，凡符合《商标法》有关规定的，由商标局初步审定，予以公告。凡不符合《商标法》有关规定的，商标局驳回其申请，不予以公告。

4. 异议

对初步审定公告的商标，自公告之日起3个月内，在先权利人、利害关系人可以向商标局提出异议。异议的理由是该初步审定的商标违反商标法的规定。如果异议经商标局调查核实并裁定成立，则该初步审定的商标不予以注册。

5. 驳回商标注册申请的复审

对驳回申请、不予公告的商标，商标局应当书面通知商标注册申请人。商标注册申请人不服的，可以自收到通知之日起十五日内向商标评审委员会申请复审。商标评审委员会应当自收到申请之日起九个月内做出决定，并书面通知申请人。有特殊情况需要延长的，经国务院工商行政管理部门批准，可以延长三个月。当事人对商标评审委员会的决定不服的，可以自收到通知之日起三十日内向人民法院起诉。

6. 核准注册

初步审定并公告的商标在异议期内没有人提出异议或者经裁定异议不成立的，商标局予以核准注册，发给商标注册证，并予以公告。自此，商标所有人开始享有商标专用权。

三、商标权人的权利和义务

(一) 商标权人的权利

(1) 商标专用权。商标专用权是指商标权人对其注册商标享有的专有使用的权利。其具体内容包括两个方面的内容：① 商标使用权，是指商标权人有权在其核准注册的商品上使用其注册商标的权利；② 禁止权，是指商标权人有权禁止任何人未经其许可而使用与其注册商标相混同的商标。

（2）商标转让权。商标转让权，是指商标权人根据《商标法》规定的程序将商标所有权转让给他人的法律行为。转让注册商标的，转让人和受让人应当签订转让协议，并共同向商标局提出申请。转让注册商标的，商标注册人对其在同一种商品上注册的近似的商标，或者在类似商品上注册的相同或者近似的商标，应当一并转让。对容易导致混淆或者有其他不良影响的转让，商标局不予核准，书面通知申请人并说明理由。受让人应当保证使用该注册商标的商品质量。

（3）商标权的使用许可。商标注册人可以通过签订商标使用许可合同，许可他人使用其注册商标。许可人应当监督被许可人使用其注册商标的商品质量。被许可人应当保证使用该注册商标的商品质量。经许可使用他人注册商标的，必须在使用该注册商标的商品上标明被许可人的名称和商品产地。许可他人使用其注册商标的，许可人应当将其商标使用许可报商标局备案，由商标局公告。商标使用许可未经备案不得对抗善意第三人。

（4）标记权。商标注册人使用注册商标，有权标明"注册商标"字样或者注册标记。在商品上不便表明的，可以在商品包装或者说明书以及其他附着物上标明。

（5）商标权的变更。注册商标所有人需要改变注册商标的文字、图形从而导致商标权客体变更的，应当重新提出注册申请。但是变更有关注册人的名称、地址或者其他注册事项，不属于商标权的变更，因此应办理变更申请。

（6）请求保护权。当商标权人的商标权受到侵害时，商标权人可以向人民法院起诉，也可以请求工商行政管理部门处理。

（二）商标权人的义务

（1）按照规定正确使用注册商标。

商标权人应当在核准的范围内使用其注册商标，不得将注册商标用在未经核准使用的商品或者服务项目上，不得自行改变注册商标的文字、图形或者其组合，不得自行改变注册人的名义、地址或者其他注册事项，不得连续 3 年停止使用注册商标，不得自行转让注册商标。

（2）对使用注册商标的商品质量或者服务质量负责的义务。

（3）依法缴纳有关费用的义务。

商标权人应依法缴纳商标权的有关费用，如授权注册费、续展注册费、转让注册费等。

四、注册商标的期限和续展

（一）注册商标的期限

注册商标的期限是指注册商标具有法律效力的期限，也叫注册商标的有效期。注册商标的有效期为 10 年，自核准注册之日起计算。

（二）注册商标的续展

注册商标的续展，是指延长注册商标有效期的法律程序。注册商标的期限届满，注册商标可以续展。注册商标有效期满，需要继续使用的，商标注册人应当在期满前 12 个月内按照规定办理续展手续；在此期间未能办理的，可以给予 6 个月的宽展期。每次续展注册的有效期为 10 年，自该商标上一届有效期满次日起计算，续展的次数不受限制。商标局应当对续展注册的商标予以公告。期满未办理续展手续的，注销其注册商标。

五、商标权的无效和终止

（一）商标权无效

1. 商标权的无效

商标权的无效是指已经注册的商标因不符合商标法规定的条件，而由商标局或者商标评审委员会宣告商标权无效的法律制度。

2. 商标权无效的原因

商标权无效的原因包括：① 已经注册的商标违反商标注册的实体条件和以欺骗手段取得商标注册的；② 已经注册的商标违反在先权利的。

3. 商标权无效的程序

对于存在商标权无效情形的，由商标局依职权主动宣告该注册商标无效；其他单位或者个人可以请求商标评审委员会宣告该注册商标无效。对于不当注册的商标，自商标注册之日起五年内，在先权利人或者利害关系人可以请求商标评审委员会宣告该注册商标无效。对恶意注册的，驰名商标所有人不受五年的时间限制。

4. 商标权无效的法律后果

商标权被宣告无效的，由商标局予以公告，该注册商标专用权视为自始即不存在。宣告注册商标无效的决定或者裁定，对宣告无效前人民法院做出并已执行的商标侵权案件的判决、裁定，调解书和工商行政管理部门做出并已执行的商标侵权案件的处理决定，以及已经履行的商标转让或者使用许可合同，不具有追溯力；但是，因商标注册人恶意给他人造成的损失，应当给予赔偿。

（二）商标权的终止

1. 商标权的终止

商标权终止是指由于法定事由的发生，注册商标权人丧失其商标专用权，不再受法律保护的制度。

2. 商标权终止的原因

注册商标可因注销或撤销而导致商标专用权终止。

（1）注销，是指商标局因商标权人自行放弃或保护期限届满而商标权人未为续展等事由而将注册商标从《商标注册簿》中予以涂销的法律制度。商标局对注册商标予以注销，并进行公告。

注销的事由主要有以下几个方面：

① 注册商标有效期届满，而且宽展期已过，商标申请人仍未能提出续展申请的，或者提出续展申请而未获批准的，该商标权自保护期限届满之日起即行终止。

② 主动放弃，即商标权人通过办理注销注册商标的登记手续，放弃商标权。商标注册人申请注销其注册商标或者注销其商标在部分指定商品上的注册的，应当向商标局提交商标注销申请书，并交回原《商标注册证》。商标注册人申请注销其注册商标或者注销其商标在部分

指定商品上的注册的,该注册商标专用权或者该注册商标专用权在该部分指定商品上的效力自商标局收到其注销申请之日起终止。

③ 其他事由,主要指原商标权主体消灭的情形。一种情形是商标权人主体消灭且无继受人的。当商标权人为自然人死亡且无继承人,或商标权人为企业或其他组织终止且无继受主体时,商标权随之消灭。另一种情形是原商标权人有继受主体,但继受主体未在原主体死亡或终止后一年内办理注册商标的移转手续的,任何人均可提出注销该注册商标。一旦主体消灭或继受主体未在规定时间内提出移转手续的,该商标专用权自主体消灭之日起终止。

（2）撤销是指商标权人未按法律规定的要求使用注册商标,商标局依职权撤销该注册商标的制度。

撤销的事由包括以下几个方面：
① 自行改变注册商标的；
② 自行改变注册商标的注册人名义、地址或者其他注册事项的；
③ 自行转让注册商标的；
④ 连续三年停止使用的；
⑤ 使用注册商标,其商品粗制滥造,以次充好,欺骗消费者的。

依《商标法》及其实施条例的规定,有上述第1项、第2项、第3项、第5项行为之一的,由工商行政管理部门责令商标注册人限期改正；拒不改正的,报请商标局撤销其注册商标。有上述第4项行为的,任何人都可以向商标局申请撤销该注册商标。

商标局因上述情形撤销注册商标的,由商标局予以公告；该注册商标专用权自商标局的撤销决定做出之日起终止。当事人对商标局撤销注册商标的决定不服的,可以自收到通知之日起15日内向商标评审委员会申请复审,由商标评审委员会作出决定,并书面通知申请人。当事人对商标评审委员会的决定不服的,可以自收到通知之日起30日内向人民法院起诉。

《商标法》第46条还规定,对于被撤销的或者期满不再续展的商标,自撤销或者注销之日起一年内,商标局对与该商标相同或者近似的商标注册申请,不予核准。这样规定的目的主要是维持商标的功能与保护消费者的利益,防止商品（服务）出处的混淆。但如果商标连续三年停止使用的,则不在禁止之列。

3. 商标权终止的法律后果

商标权终止后,该商标不再受到《商标法》的保护。但是,自注册商标终止之日起1年内,商标局对该商标相同或者近似的商标,不予以注册,以避免市场上的商品混淆。因连续3年停止使用而被撤销的商品除外。

六、商标使用的管理

商标使用的管理,是指商标行政管理部门为维护社会经济秩序,保护商标权人的合法权益和消费者的利益,依法对商标注册、使用、印制等行为进行的监督、检查、控制、协调、服务等管理活动的总称。

（一）商标使用的管理机关

国务院工商行政管理部门商标局主管全国商标注册和管理的工作。地方各级工商行政管理部门负责本行政区域内的商标管理工作。

（二）注册商标的使用管理

商标管理机关有权对注册商标的适用予以管理，主要包括以下几个方面：商标使用的范围是否属于商标局核定的商品范围的管理；商标标记的使用是否为规范的管理；商标注册人是否及时变更商标注册事项的管理；商标注册人是否自行转让注册商标的管理；商标注册人是否存在连续3年停止使用的情况的管理；国家规定必须使用注册商标的商品是否使用注册商标的管理；已被撤销或者注销的注册商标的管理；对使用注册商标的商品质量的管理。

（三）未注册商标的使用管理

我国实行自愿注册原则，商标所有人欲取得商标专用权的应申请注册。商标所有人如不申请注册，即不能获得商标专用权，但其商标仍然可以使用。但使用未注册商标应遵守如下规定：① 不得违反《商标法》禁用条款的规定；② 不得冒充注册商标；③ 使用未注册商标的商品不得粗制滥造，以次充好欺骗消费者。

对于违反《商标法》关于未注册商标使用禁止性规定的上述三种行为，由地方工商行政管理部门予以制止，限期改正，并可以予以通报或者处以罚款。

七、注册商标专用权的保护

（一）注册商标专用权的保护范围

根据《商标法》的规定，注册商标的专用权，以核准注册的商标和核定使用的商品为限。

（1）核准注册的商标。未注册的商标一般情况下是不受法律保护的，未注册商标的使用人不享有该商标的专用权，无权依照《商标法》的规定禁止他人使用，而只有有限的不受他人不正当干扰的使用权。

（2）核定使用的商品或服务。在核定使用的商品或服务上使用注册商标是法律保护的基本条件，他人未经许可不得在相同或类似商品或服务上使用相同或近似的商标。

（3）注册商标在有效期限内。注册商标的有效期限为10年，可无限续展。注册商标超过有效期限没有续展的，即不再受法律保护。

（二）商标侵权行为

商标侵权行为是指未经商标注册人的许可，在同一种商品或者类似商品上使用与其注册商标相同或者近似的商标。

有下列行为之一的，均属侵犯注册商标专用权：

（1）未经商标注册人的许可，在同一种商品上使用与其注册商标相同的商标的；

（2）未经商标注册人的许可，在同一种商品上使用与其注册商标近似的商标，或者在类似商品上使用与其注册商标相同或者近似的商标，容易导致混淆的；

（3）销售侵犯注册商标专用权的商品的；

（4）伪造、擅自制造他人注册商标标识或者销售伪造、擅自制造的注册商标标识的；

（5）未经商标注册人同意，更换其注册商标并将该更换商标的商品又投入市场的；

（6）故意为侵犯他人商标专用权行为提供便利条件，帮助他人实施侵犯商标专用权行为的；

（7）给他人的注册商标专用权造成其他损害的。

课堂实训任务

任务 8-6　A 公司从 2008 年起在其生产经营的运动裤上使用蓝天商标，2006 年 B 服装公司也开始使用蓝天商标，2012 年 3 月，B 服装公司的蓝天商标经国家商标局核准注册，其核定商品为服装。2013 年 1 月，B 服装公司发现 A 公司在运动服上使用蓝天商标，认为 A 公司侵权。试分析：A 公司侵权了吗？

（三）商标侵权行为的法律责任

（1）民事责任。商标侵权人承担的民事责任主要是停止侵害和赔偿损失。赔偿额为侵权人在侵权期间因侵权行为所获得的利益或者被侵权人在被侵权期间所受到的损失。侵权人所得利益或被侵权人所受损失难以确定的，应当参照该商标许可使用费的倍数合理确定。对恶意侵犯商标专用权，情节严重的，可以在按照上述方法确定数额的 1 倍以上 3 倍以下确定赔偿数额。赔偿数额应当包括权利人为制止侵权行为所支付的合理开支。如果被侵权人因被侵权所受到的实际损失、侵权人因侵权所获得利益、注册商标许可使用费难以确定的，有人民法院根据侵权行为的情节判决给予 300 万元以下的赔偿。但对于销售不知道是侵犯注册商标专用权的商品，能证明该商品是自己合法取得并说明提供者的，不承担赔偿责任。

（2）行政责任。对于商标侵权行为，工商行政管理机关可以根据具体情况进行处罚，追究侵权人的行政责任。这些处罚措施包括：责令立即停止销售；收缴并销毁侵权商标标识；消除现存商品上的侵权商标；收缴专门用于商标侵权的模具、印版和其他作案工具；采取上述措施不足以制止侵权行为或者侵权商标与商品难以跟力的，责令并监督立即销毁侵权物品。工商行政管理机关认定侵权行为成立，违法经营额 5 万元以上的，可以处违法经营额 5 倍以下的罚款，没有违法经营额或者违法经营额不足 5 万元的，可以处 25 万元以下的罚款。对 5 年内实施两次以上商标侵权行为或者有其他严重情节的，应当从重处罚。销售不知道是侵犯注册商标专用权的商品，能证明该商品是自己合法取得并说明提供者的，由工商行政管理部门责令停止销售。

（3）刑事责任。未经商标注册人许可，在同一种商品上使用与其注册商标相同的商标，伪造、擅自制造他人注册商标标识或者销售伪造、擅自制造的注册商标标识，销售明知是假冒注册商标的商品，构成犯罪的，依照刑法的规定追究刑事责任。

（四）驰名商标

1. 驰名商标的概念和特征

驰名商标是指在中国为相关公众广为知晓并享有较高声誉的商标。

驰名商标具有以下的特征：

（1）产生的地域效力——中国。驰名商标的地域范围是在中国境内，至于在国外是否驰名，是否为他人所知，不影响驰名商标的判断。

（2）知晓程度——为相关公众广为知晓。

相关公众是指包括与使用商标所标示的某类商品或者服务有关的消费者，生产前述商品或者提供服务的其他经营者以及经销道中所涉及的销售者和相关人员等。相关公众是量的规定，广为知晓是度的要求。

（3）品质要求——应享有较高声誉。"享有较高声誉"表明了公众对其的积极评价和质量上的高要求。

（4）形式要求——是否注册商标皆可。可以是注册商标，也可以是非注册商标，这一认定标准与国际公约和国际惯例相一致了。这体现了对驰名商标的保护条件的降低，弥补了驰名商标保护中商标注册制度的固有缺陷，向完善驰名商标的保护迈出了积极的一步。

2. 驰名商标的认定

根据《商标法》的有关规定，认定驰名商标应当考虑下列因素：① 相关公众对该商标的知晓程度；② 该商标使用的持续时间；③ 该商标的任何宣传工作的持续时间、程度和地理范围；④ 该商标作为驰名商标受保护的记录；⑤ 该商标驰名的其他因素。

3. 驰名商标的保护

（1）扩大驰名商标的保护范围。就不相同或者不相类似商品申请注册的商标是复制、摹仿或者翻译他人已经在中国注册的驰名商标，误导公众，致使该驰名商标注册人的利益可能受到损害的，不予注册并禁止使用。

（2）对未注册的驰名商标予以保护。就相同或者类似商品申请注册的商标是复制、摹仿或者翻译他人未在中国注册的驰名商标，容易导致混淆的，不予注册并禁止使用。

（3）放宽驰名商标注册的显著性条件。显著性是商标申请的必备要件，不具备显著性不能成为注册商标。但是由于驰名商标为公众所熟知，即使设计简单，不具备显著性，也具有可识别性。因此，法律放宽对于驰名商标注册的显著性条件。

（4）驰名商标所有人享有特别期限的排他权。对于已经注册的与驰名商标相冲突的商标，自商标注册之日起 5 年内，驰名商标所有人或者利害关系人可以请求商标评审委员会裁定撤销该注册商标。对恶意注册的，驰名商标所有人不受 5 年的时间限制。

（5）注册的驰名商标与他人在先的注册商标发生冲突时，驰名商标所有人有权继续使用其商标。一般情况下，当两个商标发生冲突时，在后注册的商标无效。但是，如果该商标为驰名商标，驰名商标所有人有权继续使用其商标。

任务二 专 利 法

一、专利法概述

（一）专利的概念

专利一词是由英语 Patent 翻译而来的。一般来说，专利是指专利权，它是国家专利主管机关按照法律规定，授予专利申请人或者专利申请人的继受人在一定期限内对其发明创造所享有的专有权。

（二）专利法的概念

专利法是确认发明人（其权利继受人）对其发明享有专有权，规定专利权的取得与消灭、专利权的实施与保护，以及其他专利权人的权利和义务的法律规范的总称。我国现行的专利法包括《中华人民共和国专利法》《中华人民共和国专利法实施细则》和《最高人民法院审理专利纠纷案件适用法律问题的若干规定》等规范性法律和文件。

二、专利权的主体、客体

(一) 专利权的主体

专利权的主体是指可以申请并取得专利权的单位和个人。根据《专利法》的规定，可以申请并获得专利权的单位和个人包括以下几类：

(1) 非职务发明人。发明人、设立人既非执行本单位的任务，也非主要利用本单位的物质条件所完成的发明创造，为非职务发明创造。该发明人、设立人为非职务发明人。在非职务发明创造的情形下，发明创造的专利申请权归发明人或设计人享有，在该申请被批准后，专利权也由其享有。

(2) 职务发明人。在职务发明创造的情形下，发明创造的专利申请权属于发明人或设计人的所属单位，在申请被批准后，专利权也归该单位所有。所谓职务发明创造，是指执行本单位的任务或者主要利用本单位的物质技术条件完成的发明创造。具体来说，包括以下几种情况：在本职工作中做出的发明创造；履行本单位交付的本职工作之外的任务所做出的发明创造；退职、退休或者调动工作后1年内做出的、与其在原单位承担的本职工作或者原单位分配的任务有关的发明创造；主要利用本单位的资金、设备、零部件、原材料或者不对外公开的技术资料等完成的发明创造。

(3) 共同发明创造中的专利权主体。两个以上的人共同完成发明创造的，其专利申请权的归属依据其协议约定，如协议未约定的，则归各方共有。当该专利申请被批准后，专利权归申请人享有。

(4) 合法的权利受让人。专利申请权可以转让。因此，在获得专利权之前，申请人可以将其专利申请权转让给他人，则该受让人将依法取得专利申请权，从而在申请被批准后成为专利权人。

(5) 外国人。在中国境内没有经常居所或者营业所的外国人可以在我国申请专利成为专利权的主体，但必须符合一定的条件，即其所属国与中国签订了有关申请专利的双边协议或者共同参加了有关国际条约或者符合互惠原则。

课堂实训任务

任务 8-7　甲公司职工乙退休一年后做出了一项与其在原单位承担的本职工作有关的发明。分析该发明是职务发明吗？

任务 8-8　甲公司指派其研究人员乙和丙共同研究开发一项技术，该技术开发完成后，甲公司决定就该项技术申请专利。试分析：若该技术被授予专利权，则该专利权的主体是谁？

(二) 专利权的客体

专利权的客体，是指根据《专利法》的规定能够授予专利权的各种对象具体来说，是符合下列各项要求的发明创造。

(1) 发明创造。能成为专利权客体的首先必须是发明创造，包括发明、实用新型和外观设计。

发明，是指对产品、方法或者其改进所做出的新的技术方案。发明包括产品发明、方法发明和对已有产品和方法进行改进而做出的发明。实用新型，是指对产品的形状、构造或者其结合所提出的适于实用的新的技术方案。外观设计，是指对产品的形状、图案或其结合以及色彩与形状、图案的结合所做出的富有美感并适于工业上应用的新设计。

（2）合法的发明创造。发明创造只有合法，才能被授予专利权并给予专利保护。根据《专利法》的规定，对违反国家法律、社会公德或者妨害公共利益的发明创造不授予专利权。

（3）属于专利授权的范围。下列七项内容不属于专利授权的范围：① 科学发现；② 智力活动的规则和方法；③ 疾病的诊断和治疗方法；④ 动物和植物品种；⑤ 用原子核变换方法获得的物质；⑥ 对平面印刷品的图案、色彩或者两者的结合做出的主要起表示作用的设计；⑦ 对违反法律、行政法规的规定获取或者利用遗传资源，并依赖该遗传资源完成的发明创造。但是动物和植物品种的生产方法，可以获得专利。

> **课堂实训任务**
>
> 任务8-9 王某经营私营点，该店处于繁华街段，顾客很多。经过长期观察，王某发现，各种商品的排放位置不同，就会引起销售额的变化。于是，经过研究，王某发明了一种最大限度地增加营业额的商品排放方法，并就此方法申请专利。请问：王某的申请可否得到商标局的批准？

三、专利权的取得

（一）专利权申请的原则

1. 一项发明一项专利原则

一项发明一项专利原则，是指一项发明创造只能申请一项专利，但属于一个总的发明构思的两项以上的发明或者实用新型，用于同一类别并且成套出售或者使用的产品的两项以上的外观设计，可以作为一件申请提出。

2. 申请在先原则

申请在先原则，是指两个以上的申请人分别就同样的发明创造申请专利的，专利权授予最先申请的人。国务院专利行政部门收到专利申请文件之日起为申请日，如果申请文件是邮寄的，则以寄出的邮戳日为申请日。

3. 优先权原则

申请人自发明或者实用新型在外国第一次提出专利申请之日起12个月内，或者自外观设计在外国第一次提出专利申请之日起6个月内，又在中国就相同主题提出专利申请的，依照该外国同中国签订的协议或者共同参加的国际条约，或者依照相互承认优先权的原则，可以享有优先权。这就是外国优先权制度。申请人自发明或者实用新型在中国第一次提出专利申请之日起12个月内，又向国务院专利行政部门就相同主题提出专利申请的，可以享有优先权。这就是本国的优先权制度。

（二）专利权取得的实体条件

1. 发明和实用新型专利授权的条件

根据《专利法》的规定，授予专利权的发明和实用新型必须具备新颖性、创造性和实用性。

（1）新颖性。新颖性，是指在申请日以前没有同样的发明或者实用新型在国内外出版物上公开发表过、在国内公开使用过或者以其他方式为公众所知，也没有同样的发明或者实用新型在申请日以前向国务院专利行政部门提出过申请并且记载在申请日以后公布的专利申请文件或者公告的专利文件中。

但是根据《专利法》的规定，申请专利的发明创造在申请日以前 6 个月内，有下列情形之一的，不丧失新颖性：① 在中国政府主办或者承认的国际展览会上首次展出的；② 在规定的学术会议或者技术会议上首次发表的；③ 他人未经申请人同意而泄露其内容的。

（2）创造性。创造性是指同申请日以前已有的技术相比，该发明有突出的实质性特点和显著的进步，该实用新型有实质性的特点和进步。具体来说，就是与现有技术相比，在技术上有不同程度的本质性区别特征并且有所改进。

（3）实用性。实用性，是指该发明或者实用新型能够制造或者使用，并且能够产生积极效果。实用性的条件要求该发明创造在工业上具有可重复性和批量生产的可能或者使用的可能，并且与现有技术相比能够对经济、技术或者社会的发展产生积极的效果。

根据《专利法》的规定，授予专利权的外观设计，应当具备新颖性，既不属于现有设计且没有抵触申请；富有美感、适于工业上的应用；不得与他人在申请日以前已经取得的合法权利相冲突；与现有设计或者现有设计特征的组合相比，具有明显区别。

课堂实训任务

任务 8-10 张某研究开发了一台无级变速设备，于 1994 年 9 月 5 日向中国专利局提出了发明专利申请。刘某也独立开发了与之大致相同的无级变速设备，于 1994 年 3 月 6 日在机械工业部举办的技术会议上首次展出了该设备，并与 1994 年 9 月 6 日向中国专利局提出了发明专利申请。试分析：张某的专利申请具有新颖性还是刘某的专利申请具有新颖性？

（三）专利权取得的程序

1. 专利权的申请

申请发明或者实用新型专利的，应当提交请求书、说明书及其摘要和权利要求书等文件。

（1）请求书。请求书是申请人请求国务院专利行政部门对发明或者实用新型授予专利权的一种书面文件。请求书应当写明发明或者实用新型的名称，发明或者设计人的姓名，申请人姓名或者名称、地址，以及其他事项。

（2）说明书。说明书是对发明创造内容的具体说明。说明书应当对发明或者实用新型做出清楚、完整的说明，以所属技术领域的技术人员能够实现为准，必要时应当有附图。

（3）摘要。摘要是说明书的摘要，简要说明发明创造的要点，以利于技术信息的查阅和传播。

（4）权利要求书。权利要求书是申请人请求确定其专利保护范围的重要法律文件。权利要求书应当以说明书为依据，清楚、简要地限定要求专利保护的范围。

申请外观设计专利的，其申请文件为请求书以及该外观设计的图片或者照片等文件。

（1）请求书。请求书内容大体上与发明、实用新型专利的请求书相通，只是应专门说明外观设计所使用的产品和所属类别。

(2) 图片或者照片。它能清楚地表达外观设计申请人的要求和申请专利的外观设计的特征，必要时应当写明对外观设计的简要说明，以利于对外观设计进行解释。

2. 专利权的审查

(1) 发明专利申请的审查。我国《专利法》对于发明专利申请，采用"早期公开、延迟审查"的审批制度，具体要经过以下几个阶段：

① 初步审查。初步审查又称形式审查。国务院专利收到发明专利申请后，对申请文件是否齐全、填写是否符合规定、各种证件 是否完备、书写是否规范，以及是否属于授予专利权的范围等进行形式审查。

② 早期公开。国务院专利行政部门收到发明专利申请后，经初步审查认为符合专利法规定的，自申请日起满18个月，即行公布。

③ 实质审查。实质审查，主要是对申请专利发明的新颖性、创造性、实用性等实质性条件进行的审查。发明专利申请自申请日起三年内，国务院专利行政部门可以根据申请人随时提出的请求，对其申请进行实质审查，申请人无正当理由逾期不请求实质审查的，该申请即被视为撤回。国务院专利行政部门认为必要的时候，可以自行对发明专利申请进行实质审查。发明专利的申请人请求实质审查时，应当提交在申请日前与其发明有关的参考资料。

④ 驳回。国务院专利行政部门对发明专利申请进行实质审查后，认为不符合专利法规定的，应当通知申请人，要求其在指定的期限内陈述意见，或者对其申请进行修改；无正当理由逾期不答复的，该申请即被视为撤回，发明专利申请经申请人陈述意见或者进行修改后，国务院专利行政部门仍然认为不符合专利法规定的，应当予以驳回。

(2) 实用新型和外观设计专利申请的审查。我国对实用新型和外观设计专利申请采用初审登记制，即只要经过初步审查，未发现驳回理由的，国务院专利行政部门就授予其专利权。国务院专利行政部门经过初步审查，如果发现不符合《专利法》规定的，应将审查意见通知申请人，要求其在指定期限内陈述意见或者补正。申请人期满未答复的，其申请被视为撤回。申请人陈述意见或者补正后，国务院专利行政部门仍然认为不符合《专利法》规定的，应当予以驳回。

(3) 专利权的复审。申请人对国务院专利行政部门驳回其专利申请的决定不服的，可以自收到通知之日起3个月内向专利复审委员会请求复审。专利复审委员会复审后，做出决定，并通知专利申请人。

专利申请人对专利复审委员会的复审决定不服的，可以自收到通知之日起3个月内向人民法院起诉。

3. 专利权的授予

对于经过实质审查的没有发现驳回理由的发明专利申请，以及经过初步审查没有发现驳回理由的实用新型和外观设计专利申请，国务院专利行政部门做出授予专利权的决定，发给相应的专利证书，并予以登记和公告。

四、专利权人的权利和义务

在国务院专利行政部门授予专利权后，专利申请人在法律上成为专利权人，享有《专利法》所规定的各项权利，承担《专利法》规定的相关义务。

(一)专利权人的权利

(1)独占实施权。独占实施权是指专利权人有权独占实施其享有专利的发明创造,并获得利益。具体的实施方式包括制造、使用、销售和进口专利产品,使用专利方法。

(2)禁止权。专利权人有权禁止任何其他人实施其专利技术。

(3)许可权。专利权人有权许可他人实施其专利,并收取实施许可费。在专利实施许可中,双方当事人应订立合同,并在合同生效之日起3个月内向国务院专利行政部门备案。

(4)转让权。转让权是指专利权人将其专利申请权和专利权转让给他人的行为。根据《专利法》第10条的规定,专利申请权和专利权可以转让。转让专利申请权和专利权的,当事人应当订立书面合同,并经国务院专利行政部门登记后生效。中国单位或者个人向外国人转让专利权的,必须经过国务院有关主管部门批准。

(5)标记权。专利权人有权在其专利产品或者该产品包装上标明专利标记和专利号。

(6)请求保护权。在发生专利侵权的情况下,专利权人有权请求专利管理机关进行处理,也可以直接向人民法院起诉。

(二)专利权人的义务

1. 按规定缴纳专利年费

专利年费,是专利权人自获得专利授权的年度起,直到专利保护期限届满为止,每年都要缴纳的一定费用。根据《专利法》第43条的规定,专利权人应当自被授予专利权的当年开始缴纳年费。专利权人未按规定缴纳年费的,可能导致专利权终止。

2. 不得滥用专利权

滥用专利权,是指专利权人行使其权利的方式超出法律许可的范围,从而损害他人的知识产权和其他合法权益的行为。专利权人应当在法律允许的范围内选择其利用专利权的方式,并适度地行使自己的权利。

五、专利权的期限、无效和终止

(一)专利权的期限

专利权的期限,是指专利权受到法律保护的时间。根据《专利法》的规定,发明专利的期限为20年,实用新型和外观设计的专利权的期限为10年,均自申请日起计算。

(二)专利权的无效

专利权的无效是指已经取得的专利权因不符合《专利法》的规定,根据有关单位或者个人的请求,经专利复审委员会审核后被宣告无效。

根据《专利法》的规定,自国务院专利行政部门公告授予专利权之日起,任何单位或者个人认为该专利权的授予不符合《专利法》有关规定的,都可以请求专利复审委员会宣告该专利无效。专利复审委员会对宣告专利权无效的请求应当及时审查和做出决定,并通知申请人和专利权人。宣告专利权无效的决定,由国务院专利行政部门登记和公告。

有关当事人对专利复审委员会宣告专利权无效或者维持专利权的决定不服的,可以在收到通知之日起3个月内向人民法院起诉。宣告无效的专利权视为自始即不存在。宣告专利权无效的决定,对在宣告专利权无效之前人民法院做出并已执行的专利侵权的判决、裁定,已经履行或者强制执行的专利侵权纠纷处理决定,以及已经履行的专利实施许可合同和专利权转让合同,不具有追溯力。但是,因专利权人的恶意给他人造成的损失,应当给予赔偿。

(三) 专利权的终止

专利权的终止是指专利权自行失去法律效力。一旦专利权终止,该项发明创造即进入了公有领域,成为社会的共同财富,而不为特定人所专有。

专利权因下列原因而终止:① 专利期限届满;② 没有按照规定缴纳专利年费;③ 专利权人以书面声明放弃其专利权;④ 专利权人死亡而又无继承人;⑤ 专利权被专利复审委员会宣告无效。专利权终止后,由国务院专利行政部门登记并公告。

六、专利权实施的强制许可

专利权的强制许可是指国家专利行政部门依照法定条件和法定程序,不经专利权人同意而准许其他单位和个人实施其专利的行政强制措施。

根据我国《专利法》的规定,专利权强制许可分为三类:

1. 为防止专利权滥用和垄断行为的专利权强制许可

根据《专利法》的规定,此种强制许可主要有两种情形:专利权人自专利权被授予之日起满3年,且自提出专利申请之日起满4年,无正当理由未实施或者未充分实施其专利的;专利权人行使专利权的行为被依法认定为垄断行为,未消除或者减少该行为对竞争产生的不利影响的。

2. 为保护公共利益的专利权强制许可

在国家出现紧急状态或者非常情况时,或者为了公共利益的目的,国务院专利行政部门可以给予实施发明专利或者实用新型专利的强制许可。另外,为了公共健康,对取得专利权的药品,国务院专利行政部门可以给予制造并将其出口到符合中华人民共和国参加的有关国际条约的规定的国家或地区的强制许可。

3. 从属专利的强制许可

《专利法》第51条规定,一项取得专利权的发明或者实用新型比前面已经取得专利权的发明或者实用新型具有显著经济意义的重大技术进步,其实施又有赖于前一发明或者实用新型的实施的,国务院专利行政部门根据后一专利权人的申请,可以给予实施前一发明或者实用新型的强制许可。

国务院专利行政部门做出的给予实施强制许可的决定,应当及时通知专利权人,并予以登记和公告。给予实施强制许可的决定,应当根据强制许可的理由规定实施的范围和时间。强制许可的理由消除并不再发生时,国务院专利行政部门应当根据专利权人的请求,经审查后做出终止实施强制许可的决定,取得实施强制许可的单位或者个人不享有独占的实施权,并且无权允许他人实施。

七、专利权的保护

(一) 专利权的保护范围

专利权的保护范围是指专利权效力所及的发明创造范围。根据《专利法》的规定,发明或者实用新型专利权的保护范围以其权利要求的内容为准,说明书及附图可用于解释权利要求的内容。外观设计专利权的保护范围以表示在图片或者照片中的该外观设计专利产品为准。

（二）侵犯专利权的行为

专利侵权行为分为直接侵权行为和间接侵权行为两类。

（1）直接侵权行为，是指直接由行为人实施的侵犯他人专利权的行为。

其表现形式包括：① 制造发明、实用新型、外观设计专利产品的行为；② 使用发明、实用新型专利产品的行为；③ 许诺销售发明、实用新型、外观设计专利产品的行为；④ 销售发明、实用新型或者外观设计专利产品的行为；⑤ 进口发明、实用新型、外观设计专利产品的行为；⑥ 使用专利方法以及使用、许诺销售、销售、进口依照该专利方法直接获得产品的行为；⑦ 假冒他人专利的行为。为生产经营目的使用、许诺销售或者销售不知道是未经专利权人许可而制造并售出的专利产品或者依照专利方法直接获得的产品，能证明其产品合法来源的，仍然属于侵犯专利权的行为，需要停止侵害但不承担赔偿责任。

（2）间接侵权行为，是指行为人本身的行为并不直接构成对专利权的侵害。但实施了诱导、怂恿、教唆、帮助他人侵害专利权的行为。这种侵权行为通常是为直接侵权行为制造条件，常见的表现形式有：行为人销售专利产品的零部件、专门用于实施专利产品的磨具或者用于实施专利方法的机械设备；行为人未经专利权人授权或者委托，擅自转让其专利技术的行为等。实物中，通常根据《民法通则》第130条的规定，将间接侵权行为认定为共同侵权。

（三）不视为侵犯专利权的行为

不视为侵犯专利权实际上是法律规定的对专利权的限制。在法定情形下，行为人虽然未经专利权人许可而实施了权利人的专利，但不作为侵犯。

不视为侵犯专利权的行为，主要有以下五类：

（1）专利权人权利用尽后的使用。专利产品或者依照专利方法直接获得的产品，由专利权人或者经其许可的单位、个人售出后，使用、许诺销售、销售、进口该产品的，不视为侵犯专利权。

（2）先用权原则。行为人在专利申请日前已经制造相同产品、使用相同方法或者已经作好制造、使用的必要准备，并且仅在原有范围内继续制造、使用，不视为侵犯专利权。

（3）临时通过中国领陆、领水、领空的外国运输工具，依照其所属国同中国签订的协议或者共同参加的国际条约，或者依照互惠原则，为运输工具自身需要而在装置和设备中使用有关专利的，不视为侵犯专利权。

（4）专为科学研究核试验而使用有关专利的。

（5）为提供行政审批所需要的信息，制造、使用、进口专利药品或者专利医疗器械的，以及专门为其制造、进口专利药品或者专利医疗器械的，不视为侵犯专利权。

（四）侵犯专利权行为的法律责任

根据《专利法》的规定，侵权行为人应当承担的法律责任包括民事责任、行政责任与刑事责任。

1. 行政责任

对专利侵权行为，管理专利工作的部门有权责令侵权行为人停止侵权行为、责令改正、罚款等，管理专利工作的部门应当事人的请求，还可以就侵犯专利权的赔偿数额进行调解。

2. 民事责任

（1）停止侵权。停止侵权，是指专利侵权行为人应当根据管理专利工作的部门的处理决定或者人民法院的裁判，立即停止正在实施的专利侵权行为。

（2）赔偿损失。侵犯专利权的赔偿数额，按照专利权人因被侵权所受到的损失或者侵权人获得的利益确定；被侵权人所受到的损失或侵权人获得的利益难以确定的，可以参照该专利许可使用费的倍数合理确定。

（3）消除影响。在侵权行为人实施侵权行为给专利产品在市场上的商誉造成损害时，侵权行为人就应当采用适当的方式承担消除影响的法律责任，承认自己的侵权行为，以达到消除对专利产品造成的不良影响。

3. 刑事责任

依照专利法和刑法的规定，假冒他人专利，情节严重的，应对直接责任人员追究刑事责任。

复习思考题

1. 简述商标申请的条件和程序。
2. 侵犯注册商标专用权的行为有哪些？
3. 简述专利申请的条件和程序。
4. 简述商标权和专利权的内容。
5. 专利实施的强制许可的情形有哪几种？
6. 专利侵权行为的情形有哪些？

专项实训项目

活动目标和要求

授课完毕，利用两个课时组织模拟法庭，介绍简易法庭程序，提前分组并分配扮演角色。使学生掌握依法向商标局申请商标和向专利局申请专利环节，掌握商标专用权的法律保护和商标侵权行为，掌握专利实施的强制许可和专利权保护的相关规定。

实训组织

将教室课桌椅摆放成法庭的形式，利用多媒体的资源投射国徽的标志。检查学生的准备情况。

实训内容及成果

由学生扮演法官、书记员、当事人、鉴定人和代理人等。当堂进行法庭辩论，由学生分组进行讨论并最终形成判决书。教师参照学生表现情况评分。

实训材料一

甲公司与乙公司联合经营，生产新型建筑外墙漆项目，联营协议约定两公司共同投资共同经营共负盈亏。两公司于 2012 年 1 月投入生产并于 2015 年申请注册"大力"牌商标，作为其产品的注册商标。某丙在 2012 年 7 月至 11 月期间擅自委托丁公司与戊公司制作了 200 个印有"大力"牌的油漆桶，丙将其出卖获利 4 000 元。庚厂与辛厂联合以 20 元一个的价格从市场上购入印有"大力"牌注册商标的油漆桶,回厂后在桶内装入劣质油漆销售获利 20 万元。甲公司发现市场上有人制作销售假冒"大力"牌注册商标的油漆后立即要求工商行政部门进行调查。经工商行政管理部门调查市场上除有上述假冒油漆外还有辰厂生产的印有"大力"牌商标的油漆,但是辰厂与甲公司于 2013 年 6 月与人签订了注册商标使用许可合同。

庭审辩论和组织讨论的焦点问题
- "大力牌"注册商标专用权的归属问题。
- 某丙的行为性质。
- 丁公司、戊公司、庚厂与辛厂的行为分别属于什么性质的行为?
- 辰厂的行为性质。
- 对于商标侵权的第一审案件管辖法院的问题。

实训材料二

2012 年 1 月 21 日,甲研究所与乐嘉家用电器厂签订了一份关于开发节能燃气灶的技术合同。合同约定,甲研究所组织技术开发,开发时间是合同签订后 12 个月,开发费用总额为 10 万元,乐嘉家用电器厂在合同签订后 10 日内预付给甲研究所 6 万元,余额待乐嘉家用电器厂验收后 10 日内付清,乐嘉家用电器厂须有 3 名技术人员负责协助性工作。甲研究所没有按期完成开发工作每超过半个月按合同总额的 2%作为罚金支付给乐嘉家用电器厂。李明是甲研究所的工作人员,他参与了节能灶的开发工作。2012 年 3 月李明调至乙研究所,李明利用乙研究所的设备以及技术资料继续研制开发更为节能的节能灶,然后李明在某技术会议上介绍了该种节能灶的核心技术。同年 12 月,太太家用电器厂依据相关报道很快研制出样品,进行了批量生产并将李明绘制的产品设计图的主要部分用于推销。2013 年 2 月,乙研究所决定将节能灶向国家专利局申请发明专利。乙研究所通过邮寄向国家专利局寄出了附有李明绘制的产品设计图的专利申请文件,邮戳日期为 2013 年 2 月 10 日。2013 年 2 月 15 日国家专利局收到申请文件,2013 年 12 月 23 日国家专利局授予乙研究所专利。2014 年 1 月 13 日乙研究所将该专利转让给德日家用电器厂并约定德日家用电器厂不得对节能灶专利权的有效性提出异议。甲研究所得知后向国家专利局申请宣告该专利无效并将乙研究所和德日家用电器厂告上法庭。

庭审辩论和组织讨论的焦点问题
- 乙研究所是否有权就节能灶申请专利?
- 乙研究所取得专利权后能否要求太太家用电器厂停止侵害并赔偿损失?
- 假设太太家用电器厂并未改变产品设计图上的署名,李明能否要求太太家用电器厂停止侵害并赔偿损失?
- 假设乙研究所取得的专利权合法有效,那么乙研究所取得的专利权的保护期限问题?
- 乙研究所与德日家用电器厂的技术转让合同效力的效力问题?

项目九

反不正当竞争法与反垄断法

导入案例

【案情简介】

梅妹有限公司生产"晶歌太空水"。由于水质好、工艺高,所以梅妹有限公司的"晶歌太空水"在当地销路很好,颇有知名度。思兰公司是后起之秀,生产"思琪活性水"。为了扩大在当地的知名度,思兰公司在当地电台及媒体连续三个月发布广告。广告内容引自某业内专家于2015年发表的名为"健康工程引出饮水革命"一文,文章称:"纯净水"真的纯净吗?纯净水往往偏酸性,分子集团大,无氧,是不能产生生命活力的。尤其老人、小孩、孕妇长期饮用易患骨质疏松、神经麻痹等。我公司生产的太空水则有效克服了上述弊病等。

由于思兰公司的宣传,经营梅妹有限公司"晶歌太空水"的客户纷纷要求退货,解除订单,梅妹有限公司效益明显下滑。于是梅妹有限公司向工商行政管理机关反映要求处理。后经查,思兰公司所使用的广告宣传内容确实引自某业内专家发表的文章,但是该专家的观点仅为学术上的争议。同期,还有其他专家撰文批评该专家的观点,认为纯净水并无上述缺点。

教学目标

- 理解不正当竞争行为的概念及调整对象
- 掌握不正当竞争行为的构成要点
- 理解垄断的含义及特征

实训目标

- 能够准确判定不同的不正当竞争行为形式
- 能够对社会关系中的不同不正当竞争行为进行判断、比较和分析
- 能够对引起不正当竞争行为的法律事实进行解释

任务一 反不正当竞争法的概述

一、不正当竞争的概念

不正当竞争，是指经营者违反本法规定，损害其他经营者的合法权益，扰乱社会经济秩序的行为。即不正当竞争行为，是指经营者违反法律规定，损害其他经营者的合法权益，扰乱社会经济秩序的行为。

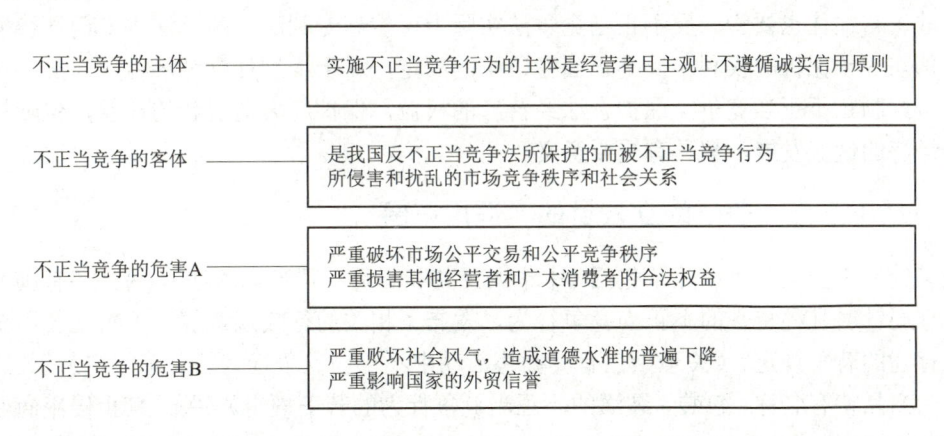

不正当竞争的主体	实施不正当竞争行为的主体是经营者且主观上不遵循诚实信用原则
不正当竞争的客体	是我国反不正当竞争法所保护的而被不正当竞争行为所侵害和扰乱的市场竞争秩序和社会关系
不正当竞争的危害A	严重破坏市场公平交易和公平竞争秩序 严重损害其他经营者和广大消费者的合法权益
不正当竞争的危害B	严重败坏社会风气，造成道德水准的普遍下降 严重影响国家的外贸信誉

二、反不正当竞争法的特征

知识链接

反不正当竞争法是调整在制止不正当竞争过程中发生的社会关系的法律规范的总称。我国于1993年9月2日通过了《中华人民共和国反不正当竞争法》共5章33条。我国反不正当竞争法的立法目的是保障社会主义市场经济健康发展，鼓励和保护正当竞争，制止不正当竞争，保护经营者和消费者的合法权益。反不正当竞争法的基本原则包括自愿、公平、平等、诚实信用、遵守公认商业道德以及不得滥用竞争权利等原则。

不正当竞争行为在现实生活中纷繁复杂、形式多样，纵观各类不正当竞争行为，一般都具有以下基本特征：

（一）反不正当竞争法在市场经济中具有崇高的法律地位

反不正当竞争法是规范市场经济运行的基本法律，素有"经济宪法"之称。竞争是市场经济的产物，竞争推动商品经济的发展。竞争又会导致优胜劣汰，对于经营者来说，乃是个利害攸关、生死存亡的问题。经营者为了使自己在市场风浪中不被淘汰，就会绞尽脑汁参与竞争，甚至不择手段，因此，有竞争存在，就不可避免发生不正当竞争行为。如果任其泛滥，市场运转就会失调，导致国民经济遭到破坏。反不正当竞争法是通过强制的手段，保护公平竞争，制止不正当竞争行为，维护社会经济秩序，保障市场经济的正常运行。

（二）反不正当竞争法是合法经营者的保护神

反不正当竞争法又被称为保护诚实商人的法律。经营者的合法经营受许多法律的调整，各个法律从不同角度保护合法的经营者，反不正当竞争法对合法经营的保护，不是建立在对实体权利保护的基础上，而是建立在法律原则予以承认的一种谅解的基础上，即凡与诚信营业惯例相悖的行为均予以禁止。

（三）反不正当竞争法被称为"兜底"的法律

反不正当竞争法涉猎面广，常常与物权法、知识产权法、债权法相交融。它涉及：别的法不管的，它往往也要管。反不正当竞争法实际上保护着专利法、商标法等专门法律所保护不到的那些应予保护的权利。反不正当竞争法的制定，对于维护社会经济秩序、鼓励和保护公平竞争，制止不正当竞争，保护合法经营者的权益，保护广大消费者的权益，保障社会主义市场经济的健康发展，都具有重要意义。

三、反不正当竞争法的立法目的、适用范围

我国的反不正当竞争法除了包括《中华人民共和国反不正当竞争法》，另外还有国家工商行政管理局针对几种特殊的不正当竞争行为，发布了相关的行政规章《关于禁止公用企业限制竞争行为的若干规定》《关于禁止有奖销售活动中不正当竞争行为的若干规定》《关于禁止仿冒知名商品特有名称、包装、装潢的不正当竞争行为的若干规定》《关于禁止侵犯商业秘密行为的若干规定》《关于禁止商业贿赂行为的暂行规定》。此外，在其他法规中，也有涉及竞争规范的内容，如商标法、专利法、著作权法、价格法、广告法、招标投标法等。

（一）反不正当竞争法的立法目的

反不正当竞争法第一条规定"为保障社会主义市场经济健康发展，鼓励和保护公平竞争，制止不正当竞争，保护经营者和消费者的合法权益，制定本法。"由此我国反不正当竞争法的立法目的可以分为三个层次：① 制止不正当竞争行为，这是该法的直接目的；② 保护经营者和消费者的合法权益，这是该法直接目的的必然延伸；③ 鼓励和保护公平竞争，保障社会主义市场经济的健康发展。

（二）反不正当竞争法的适用范围

反不正当竞争法适用于中国境内进行市场交易活动的一切经营者。就是说，凡在中华人民共和国领域内从事市场交易的经营，不论是中国经营者，还是外国经营者，都要遵守。这里的经营者，是指从事商品经营或者营利性服务的法人，其他经济组织和个人。

具体包括：① 向市场提供实体商品；② 劳务性活动或服务；③ 非专门从事商品或营利服务。以主体划分为：① 法人；② 不是法人的其他组织；③ 公民。

1896年，德国首先在其国内颁布了《反不正当竞争法》，该法在1909年修正案中把不正当竞争行为定义为"行为人在营业中为竞争的目的而违背善良风俗的行为"。主要针对在商标领域中仿冒行为以及产品名称、包装和装潢等方面的混淆行为。

任务二　不正当竞争行为的表现形式

不正当竞争行为，是指经营者在市场竞争中，采取非法的或者有悖于公认的商业道德的手段和方式，与其他经营者相竞争的行为。

一、混淆行为

混淆行为是指经营者在市场经营活动中，以种种不实手法对自己的商品或服务作虚假表示、说明或承诺，或不当利用他人的智力劳动成果推销自己的商品或服务，使用户或者消费者产生误解，扰乱市场秩序、损害同业竞争者的利益或者消费者利益的行为。

根据反不正当竞争法的规定，下列行为均属于混淆行为：

（1）假冒他人的注册商标。注册商标权是知识产权的重要权利之一。商标法对注册商标权的内容、行使方式、保护范围作了专门规定。反不正当竞争法将假冒他人的注册商标作为不正当竞争行为予以禁止，其立法意图是编织更严密的法网，使这种行为受到来自商标法和反不正当竞争法两方面的防范和制裁。因此，在法律责任上，反不正当竞争法规定对此种行为依据商标法加以处罚。若不能适用商标法制裁，而行为人确实对他人注册商标造成损害的，可依据反不正当竞争法追究法律责任。

（2）与知名商品相混淆。根据《反不正当竞争法》第5条规定，擅自使用知名商品特有的名称、包装、装潢，或者使用与知名商品近似的名称、包装、装潢，造成和他人的知名商品相混淆，使购买者误认为是该知名商品的，构成不正当竞争行为。所谓"知名商品"，是指在市场上具有一定知名度，为相关公众所知悉的商品。所谓知名商品特有的名称，是指知名商品独有的与通用名称有显著区别的商品名称。

法律、行政规章之所以对知名商品特有的名称、包装、装潢进行保护，是因为商品特有的名称、包装、装潢是权利人创造性劳动的成果，在使用过程中，权利人投入一定的人力财力进行宣传，才使其由普通商品成为知名商品。他人擅自制造、使用、销售知名商品特有的名称、包装、装潢，目的在于利用其良好的商品信誉和一定的知名度推销自己的商品或牟取其他非法利益，其不正当属性是显而易见的。知名商品特有的名称、包装、装潢的归属，在有多人主张权利时，应当依照使用在先的原则予以认定。

（3）擅自使用他人的企业名称或姓名，引人误认为是他人的商品。企业名称及自然人个人的姓名，是其拥有者最具特色的、最基本的识别性符号。企业名称权及姓名权是受法律保护的人格权中重要的组成部分。在市场经营活动中，企业名称和生产经营者的姓名是区分商品生产者、经营者或服务的提供者来源的重要标志，它能反映出该企业或该生产经营者的商品声誉及商业信誉。他人若要使用（无论出于什么目的）必须取得合法所有人的书面同意。擅自使用行为不仅侵犯他人的合法在先权利，也是对消费者的欺骗，对市场竞争规则的破坏。因此，反不正当竞争法予以明文禁止。

（4）伪造、冒用各种质量标志和产地的行为。根据有关法律和行政规章的规定，我国质量标志主要包括产品质量认证标志及名优标志。

产品质量认证标志，是指企业通过申请，经国际国内权威认证机构认可，颁发给企业的表示产品质量已达认证标准的一种标志。使用认证标志，可提高商品的竞争力，增强用户的信任度。未经认证而伪造、冒用认证标志不仅践踏国家商品质量认证制度、使其形同虚设，而且还可能使含有事故隐患的商品流入市场，危及用户和消费者的生命或财产安全。反不正当竞争法将此种行为作为严重违法行为予以禁止。

> **课堂实训任务**
>
> 任务 9-1　J 厂生产"回力牌"旅游鞋获国家优质产品奖。L 厂生产的"回力牌"旅游鞋外观与 J 厂相同，所使用外包装盒也相同，包装盒上也标有获国家优质产品奖和 J 厂厂址的文字。L 厂的行为属于什么性质的行为？

名优标志是一种荣誉性质量标志。目前国家给予产品的名优标志有金质奖章荣誉标志、银质奖章荣誉标志、"优"字标志三种。只有按照法定程序，经专门机构认定，方可获得并使用。伪造、冒用名优标志，有悖于诚实信用的商业道德，是十足的欺骗性行为，因而为反不正当竞争法所禁止。

产地名称是表示某项产品来源于某个国家或地区的说明性标志。当产品质量、特点与其产地存在某种固定联系时，产地名称所反映的不仅是产品与其产地之间的外部联系，同时还揭示出产品质量与产地之间的内在联系。

二、商业贿赂行为

商业贿赂是指经营者为争取交易机会，暗中给予交易对方有关人员或者其他能影响交易的相关人员以财物或其他好处的行为。商业贿赂的形式不胜枚举。在我国相当长一段时间内，以回扣、折扣、佣金、咨询费、介绍费等名义争取交易机会的现象非常普遍，如何判断其是否违法，我们必须以法律为标准，分析其实质特征，从而得出正确结论。

《反不正当竞争法》第 7 条规定，经营者不得采用财物或者其他手段贿赂下列单位或者个人，以谋取交易机会或者竞争优势：① 交易相对方的工作人员；② 受交易相对方委托办理相关事务的单位或者个人；③ 利用职权或者影响力影响交易的单位或者个人。经营者在交易活动中，可以以明示方式向交易相对方支付折扣，或者向中间人支付佣金。经营者向交易相对方支付折扣、向中间人支付佣金的，应当如实入账。接受折扣、佣金的经营者也应当如实入账。经营者的工作人员进行贿赂的，应当认定为经营者的行为；但是，经营者有证据证明该工作人员的行为与为经营者谋取交易机会或者竞争优势无关的除外。

其行为要点：① 行为的主体是经营者和受经营者指使的人（包括其职工）；其他主体可能构成贿赂行为，但不是商业贿赂。② 行为的目的是争取市场交易机会，而非其他目的（如政治目的、提职、获取职称等）。③ 有私下暗中给予他人财物和其他好处的行为，且达到一定数额。如若只是许诺给予财物，不构成该行为；给予的财物或好处数额过小，如为联络感情赠送小礼物，亦不构成该行为。④ 该行为由行贿与受贿两方面构成。一方行贿，另一方不接受，不构成商业贿赂；一方索贿，另一方不给付，也不构成商业贿赂。

三、虚假宣传行为

虚假宣传行为是指经营者利用广告和其他方法，对产品的质量、性能、成分、用途、产地等所作的引人误解的不实宣传。以广告或其他方式销售商品，是现代社会最常见的促销手段。但各类虚假广告和其他虚假宣传,或乱人视听,有害社会主义精神文明;或直接误导用户及消费者,使其做出错误的消费决策,引发了大量社会问题;或侵犯其他经营者,特别是同行业竞争对手的合法利益,造成公平竞争秩序的混乱。广告法、反不正当竞争法均将此类行为作为必须禁止的违法行为予以规范。

反不正当竞争法规定,经营者不得对其商品的性能、功能、质量、销售状况、用户评价、曾获荣誉等作虚假或者引人误解的商业宣传,欺骗、误导消费者。经营者不得通过组织虚假交易等方式,帮助其他经营者进行虚假或者引人误解的商业宣传。

《广告法》第3条规定,广告应当真实合法,符合社会主义精神文明建设的要求。第4条规定,广告不得含有虚假的内容,不得欺骗和误导消费者。

其行为要点:① 行为的主体是广告主、广告代理制作者和广告发布者。在某些情况下,三者身份可能重叠。② 上述主体实施了虚假宣传行为。③ 上述虚假广告或虚假宣传达到了引人误解的程度,因而具有社会危害性。④ 主观方面,广告商在明知或应知情况下,方对虚假广告负法律责任;对广告主,则不论其主观上处于何种状态,均必须对虚假广告承担法律责任。

四、侵犯商业秘密行为

1. 商业秘密的概念

商业秘密是指不为公众所知悉,能为权利人带来经济利益,具有实用性并经权利人采取保密措施的技术信息和经营信息。商业秘密权是权利人劳动成果的结晶,商业秘密权是权利人拥有的一种无形财产权,反不正当竞争法将侵犯商业秘密行为作为不正当竞争行为予以禁止是十分必要的。商业秘密不同于专利和注册商标,它可以为多个权利主体同时拥有和使用,只要获得及使用手段合法。如自主研究开发,或者通过反向工程破译他人商业秘密等。

2. 侵犯商业秘密行为

侵犯商业秘密行为是指以不正当手段获取、披露、使用他人商业秘密的行为。反不正当竞争法规定,经营者不得实施下列侵犯商业秘密的行为:① 以盗窃、贿赂、欺诈、胁迫、电子侵入或者其他不正当手段获取权利人的商业秘密;② 披露、使用或者允许他人使用以前项手段获取的权利人的商业秘密;③ 违反保密义务或者违反权利人有关保守商业秘密的要求,披露、使用或者允许他人使用其所掌握的商业秘密;④ 教唆、引诱、帮助他人违反保密义务或者违反权利人有关保守商业秘密的要求,获取、披露、使用或者允许他人使用权利人的商业秘密。经营者以外的其他自然人、法人和非法人组织实施前款所列违法行为的,视为侵犯商业秘密。第三人明知或者应知商业秘密权利人的员工、前员工或者其他单位、个人实施本条第一款所列违法行为,仍获取、披露、使用或者允许他人使用该商业秘密的,视为侵犯商业秘密。本法所称的商业秘密,是指不为公众所知悉、具有商业价值并经权利人采取相应保密措施的技术信息、经营信息等商业信息。

3. 行为要点

(1) 认定是否构成侵权,必须首先依法确认商业秘密确实存在。

(2) 行为主体可以是经营者,也可以是其他人。反不正当竞争法规范的各种不正当竞争行为的实施者,绝大多数要求其具有经营者的身份,而侵犯商业秘密的人则不受该限制。

(3) 客观上,行为主体实施了侵犯他人商业秘密的行为。实施的方式有盗窃、利诱、胁迫或不当披露、使用等。

（4）以非法手段获取、披露或者使用他人商业秘密的行为已经或可能给权利人带来损害后果。

五、不正当有奖销售行为

不正当有奖销售是指经营者在销售商品或提供服务时，以提供奖励（包括金钱、实物、附加服务等）为名，实际上采取欺骗或者其他不当手段损害用户、消费者的利益，或者损害其他经营者合法权益的行为。

有奖销售是一种有效的促销手段，其方式大致可分为两种：一种是奖励给所有购买者的附赠式有奖销售；另一种是奖励部分购买者的抽奖式有奖销售。法律并不禁止所有的有奖销售行为，而仅仅对可能造成不良后果、破坏竞争规则的有奖销售加以禁止。

反不正当竞争法规定，经营者进行有奖销售不得存在下列情形：① 所设奖的种类、兑奖条件、奖金金额或者奖品等有奖销售信息不明确，影响兑奖；② 采用谎称有奖或者故意让内定人员中奖的欺骗方式进行有奖销售；③ 抽奖式的有奖销售，最高奖的金额超过 5 万元。

不正当有奖销售的行为要点如下：① 不正当有奖销售的主体是经营者。② 经营者实施了法律禁止的不正当有奖销售行为。如欺骗性有奖销售或巨奖销售。③ 经营者实施不正当有奖销售，目的在于争夺顾客，扩大市场份额，排挤竞争对手。

六、诋毁商誉行为

诋毁商誉行为是指经营者捏造、散布虚假事实，损害竞争对手的商业信誉、商品声誉，从而削弱其竞争力的行为。

商誉是社会公众对市场经营主体名誉的综合性积极评价。它是经营者长期努力追求，刻意创造，并投入一定的金钱、时间及精力才取得的。良好的商誉本身就是一笔巨大的无形财富。在经济活动中，最终又通过有形的形式（如销售额、利润）回报它的主人。法律对通过积极劳动获得的商誉给予尊重和保护，对以不正当手段侵犯竞争者商誉的行为予以严厉制裁。反不正当竞争法规定，经营者不得捏造、散布虚伪事实，损害竞争对手的商业信誉、商品声誉。

诋毁商誉的行为要点如下：① 行为的主体是市场经营活动中的经营者，其他经营者如果受其指使从事诋毁商誉行为的，可构成共同侵权人。新闻单位被利用和被唆使的，仅构成一般的侵害他人名誉权行为，而非不正当竞争行为。② 经营者实施了诋毁商誉行为，如通过广告、新闻发布会等形式捏造、散布虚假事实，使用户、消费者不明真相产生怀疑心理，不敢或不再与受诋毁的经营者进行交易活动。若发布的消息是真实的，则不构成诋毁行为。③ 诋毁行为是针对一个或多个特定竞争对手的。如果捏造、散布的虚假事实不能与特定的经营者相联系，商誉主体的权利便不会受到侵害。应注意的是，对比性广告通常以同行业所有其他经营者为竞争对手而进行贬低宣传，此时应认定为商业诋毁行为。④ 经营者对其他竞争者进行诋毁，其目的是败坏对方的商誉，其主观心态出于故意是显而易见的。

> **课堂实训任务**
>
> **任务 9-2** "同仁验光配镜公司"是一家著名眼科医院开办的企业，已经营验光配镜业

务十多年,其公司名称经当地工商行政管理局批准,其配镜业务在消费者中享有盛誉。春雷电讯公司转产经营验光配镜业务,在公司门前设置广告标明其为"同仁眼镜配镜公司"。不少消费者误认为该公司是同仁眼镜公司的分店,使同仁验光眼镜公司的营业额受到影响。同仁验光眼镜公司向法院起诉要求春雷电讯公司承担民事责任。本案应如何处理?

任务三 反 垄 断 法

一、反垄断法的概述

(一)垄断的概念和特征

1. 垄断的概念

垄断是一种经济现象,是指在市场经济国家,少数大企业或若干企业的联合独占某些领域的生产或市场。它们控制一个甚至几个生产部门的生产和流通,操纵这些部门产品的销售价格和某些稀缺原料的购买价格,消除这些部门或领域里的竞争,以确保获取垄断利润。经济学家在使用"垄断"一词时,一般是指社会经济所处的一种状态或社会经济形成这种垄断状态的过程,着眼点是经济力量集中所造成的"垄断利润",而法学家使用"垄断利润"一词时,一般是指处于市场支配地位的企业或企业之间联合起来所进行的一种行为或市场结果状态,着眼点是这种行为或结构状态对竞争的限制与损害。

从法学角度看垄断指市场竞争主体为了排挤其他竞争对手,获取超额利润,以单独或联合的方式,以及有关行政部门为了本地区或本部门的利益而滥用行政权力,阻碍、限制或支配他人的生产经营活动,在一定范围内妨碍了正常的市场竞争,损害他人或社会利益的行为。垄断既包括经济性垄断也包含行政性垄断。

2. 垄断的特征

(1)垄断行为的实施主体不仅仅是市场竞争主体,它还包括有关行政部门。有关行政部门是指国家经济管理部门、地方政府及其职能部门。市场竞争主体是经济垄断的实施主体,而有关行政部门则是行政垄断的实施主体。

(2)垄断的目的是排除其他竞争对手,获取超额利润,或者是为了保护本部门或本地区的局部利益。行为人是否有实行垄断的目的是判断是否存在垄断的一个重要因素。

(3)实施垄断的方式,对于经济性垄断而言,是市场竞争主体凭借其市场竞争优势地位,阻碍、限制或支配他人的生产经营活动。对于行政垄断而言,它是有关行政部门滥用行政权力的行为。

(4)垄断的结果必须是妨碍了正常的市场竞争,损害了他人或社会公共利益。至于损害结果是否达到或超过了实施该垄断行为者的期望值,在所不问。关于妨碍正常市场竞争的范围,主要取决于相关市场范围的确定。

(二)反垄断法概述

1. 反垄断法的概念

反垄断法是通过规范垄断和限制竞争行为来调整企业和企业联合组织相互之间竞争关系的法律规范的总合。反垄断法的立法目的是预防和制止垄断行为,保护市场公平竞争,提高经济运行效率，维护消费者利益和社会公共利益，促进社会主义市场经济健康发展。

2. 反垄断法的调整对象

国家规制垄断过程中所发生的社会关系，又可以分为垄断行为规制关系和反垄断体制关系。① 中华人民共和国境内经济活动中的垄断行为。② 境外的垄断行为，对境内市场竞争产生排除、限制影响的。③ 经营者滥用知识产权，排除限制竞争行为。

3. 反垄断法的本质和作用

反垄断法的本质是：① 是国家干预经济，实现经济自由、民主地发展的法律。② 是以公法的方法调整原属私法的调整对象，并横跨公法和私法两大领域。

反垄断法的作用是：① 保障企业自由。② 打击行政性垄断。③ 消除企业差别待遇制。④ 维护竞争秩序和市场的自由、统一、公正。

二、关于垄断协议的规定

（一）垄断协议的概念、特征

垄断协议，也称限制竞争协议、联合限制竞争行为，是指两个或两个以上经营者排除、限制竞争的协议、决定或者其他协同行为。垄断协议为广义概念，泛指当事人之间通过意思联络并取得一致后而形成的协议、决定和其他协同行为。

垄断协议具有以下特征：

（1）垄断协议的主体是两个或两个以上的经营者。

（2）垄断协议的表现形式多样化。

（3）垄断协议排除、限制竞争。

（二）垄断协议的分类

1. 横向垄断协议与纵向垄断协议

（1）横向垄断协议是具有竞争关系的经营者达成的联合限制竞争行为的协议，如生产相同产品的经营者达成的固定产品价格的协议。

（2）纵向垄断协议是指同一产业中处于不同市场环节而具有买卖关系的企业通过共谋达成的联合限制竞争行为的协议，如产品生产商与销售商之间关于限制转售价格的协议。

2. 价格垄断协议与非价格垄断协议

（1）价格垄断协议即指在价格方面排除、限制竞争的协议、决定或者其他协同行为。

（2）除价格垄断协议以外的其他垄断协议为非价格垄断协议。

（三）反垄断法禁止的横向垄断协议

1. 固定或者变更商品价格的协议

固定或者变更商品价格的协议，也称价格卡特尔。实践中，固定或者变更商品价格的协议的表现形式多样。

（1）最简单、最基本的方式如经营者之间通过协议统一确定、维持商品的价格，或统一提高商品价格。

（2）也有的表现为非绝对地限制经营者的定价自由，而是对经营者定价过程设定统一的限制条件，从而实现固定价格、限制竞争的目的。根据《反价格垄断规定》，上述限制条件主要包括：固定或者变更价格变动幅度；固定或者变更对价格有影响的手续费、折扣或者其他费用；使用约定的价格作为与第三方交易的基础；约定采用据以计算价格的标准公式；约定未经参加协议的其他经营者同意不得变更价格等。

2. 限制商品的生产数量或者销售数量的协议

（1）限制商品的生产数量或者销售数量的协议，可统称为限制数量协议，是指参与垄断协议的经营者通过限制相关市场上商品的生产或销售数量，间接控制商品价格的垄断协议。

（2）具有竞争关系的经营者不得就限制商品的生产数量或者销售数量达成下列垄断协议：以限制产量、固定产量、停止生产等方式限制商品的生产数量或者限制商品特定品种、型号的生产数量；以拒绝供货、限制商品投放量等方式限制商品的销售数量或者限制商品特定品种、型号的销售数量。

3. 分割销售市场或者原材料采购市场的协议

分割销售市场或者原材料采购市场的垄断协议，也称划分市场协议。

划分地域即经营者约定各自在销售或采购市场上的地域范围，相互不跨区销售或采购。

划分客户是指经营者约定各自的采购或销售对象，互不向他方的客户销售或采购。

划分产品则是通过约定各自经营的产品类型来实现互不竞争。

禁止具有竞争关系的经营者就分割销售市场或者原材料采购市场达成下列垄断协议：划分商品销售地域、销售对象或者销售商品的种类、数量；划分原料、半成品、零部件、相关设备等原材料的采购区域、种类、数量；划分原料、半成品、零部件、相关设备等原材料的供应商。

4. 限制购买新技术、新设备或者限制开发新技术、新产品的协议

（1）限制购买新技术、新设备或者限制开发新技术、新产品的协议，限制了经营者通过创新，开展的竞争，保护了落后，严重伤害市场的创新能力，降低了效率，损害了消费者福利。

（2）禁止具有竞争关系的经营者就限制购买新技术、新设备或者限制开发新技术、新产品达成如下垄断协议：限制购买、使用新技术、新工艺；限制购买、租赁、使用新设备；限制投资、研发新技术、新工艺、新产品；拒绝使用新技术、新工艺、新设备；拒绝采用新的技术标准。

5. 联合抵制交易

（1）联合抵制交易是指具有竞争关系的经营者联合起来，共同拒绝与其他的特定经营者进行交易的行为。

（2）禁止具有竞争关系的经营者就联合抵制交易达成以下垄断协议：联合拒绝向特定经营者供货或者销售商品；联合拒绝采购或者销售特定经营者的商品；联合限定特定经营者不得与其具有竞争关系的经营者进行交易。

6. 国务院反垄断执法机构认定的其他垄断协议

（四）反垄断法禁止的纵向垄断协议

与横向垄断协议发生在处于生产或者销售链条中的同一环节的经营者之间不同，纵向垄断协议发生在处于不同的生产经营阶段或者环节的经营者之间，即上下游经营者之间。反垄断法将其表述为"经营者与交易相对人"达成的垄断协议。只有那些对竞争和效率的消极效果明确大于积极效果的纵向垄断协议才被法律认定为非法。

我国《反垄断法》列举了三种受到禁止的纵向垄断协议形式：

固定向第三人转售商品的价格；

限定向第三人转售商品的最低价格；

国务院反垄断执法机构认定的其他垄断协议。

（五）垄断协议的豁免

豁免是反垄断法上的一项重要制度，是指对违反反垄断法的行为，由于其满足一定的条件，而不受反垄断法禁止。豁免与适用除外是完全不同的两个制度。反垄断法上的适用除外是指将特定领域排除在反垄断法的适用范围，根本不予适用；而豁免则是在适用反垄断法过程中，发现某些违反反垄断法的行为符合法定条件而不予禁止。

可被反垄断法豁免的垄断协议类型有以下几种：

（1）为改进技术、研究开发新产品的这类垄断协议也称为技术性卡特尔。由于新技术和新产品开发耗资和风险巨大，个别企业难以承受，因此，企业间就此达成合作协议可以得到豁免。

（2）为提高产品质量、降低成本、增进效率，统一产品规格、标准或者实行专业化分工的这类垄断协议也称为标准化卡特尔和专业化卡特尔。

（3）为提高中小经营者经营效率，增强中小经营者竞争力的这类垄断协议也称中小企业合作卡特尔。为了提高中小企业的经营效率，增强它们的竞争力，中小企业之间在生产、融资、研发、采购等领域达成的合作协议，可豁免于反垄断法。

（4）为实现节约能源、保护环境、救灾救助等社会公共利益的此类协议因符合社会公共利益可以被豁免。

（5）因经济不景气，为缓解销售量严重下降或者生产明显过剩的此类协议也称为"不景气卡特尔"或"结构危机卡特尔"。

（6）为保障对外贸易和对外经济合作中的正当利益的此类协议主要表现为出口卡特尔。出口卡特尔是指国内经营者为了确保或促进产品出口，就出口商品价格和国际市场划分等达成的限制竞争协议。

（7）法律和国务院规定的其他情形。

三、关于滥用市场支配地位的行为

滥用市场支配地位是指具有市场支配地位的经营者利用其市场支配地位所实施的妨碍竞争的行为。

（一）滥用市场支配地位的表现形式

1. 不正当的价格行为

占有支配地位的企业以获得超额垄断利润或排挤竞争对手为目的，确定、维持和变更商品价格，以高于或低于在正常状态下可能实行的价格来销售其产品。

严重损害了消费者的权益，使得消费者应当享有的部分福利转移给垄断厂商；同时也妨碍了其他竞争者进入市场，对竞争构成实质性的限制。

2. 差别对待

（1）处于市场支配地位的企业没有正当理由，对条件相同的交易对象，就其所提供的商品的价格或其他交易条件给予明显区别对待的行为；最常见的形式是价格歧视。

（2）卖方对购买相同等级、相同质量货物的买方要求支付不同的价格，或买方对于提供相同等级、相同质量货物的卖方要求不同的价格，从而使相同产品的卖方因销售价格不同或买方因进货价格不同而获得不同的交易机会，直接影响到他们之间的公平竞争。

（3）同一产品的不同批发价会直接影响到零售价，不同的零售价则直接影响到消费者的利益。

3. 强制交易

处于市场支配地位的企业采取利诱、胁迫或其他不正当的方法，迫使其他企业违背其真实意愿与之交易或促使其他企业从事限制竞争的行为。

（1）强迫他人与自己进行交易；

（2）强迫他人不与自己的竞争对手进行交易；

（3）迫使竞争对手放弃或回避与自己竞争等。

4. 搭售和附加不合理交易条件

在商品交易过程中，拥有经济优势的一方利用自己的优势地位，在提供商品或服务时，强行搭配销售购买方不需要的另一种商品或服务，或附加其他不合理条件的行为。

（1）搭售的目的是将市场支配地位扩大到被搭售产品的市场上，或妨碍潜在的竞争者进入这个市场。

（2）搭售的好处：将关联商品一起销售能够节约成本和开支。在出售机器和设备的时候，特别是在出售高科技产品的时候，生产商或销售商要求购买者一并购买他们的零部件或辅助材料也常常是合理的，这有利于产品的安全使用，或提高产品的使用寿命，从而有利于提高企业的信誉和商品的声誉。

（3）判断一种搭售行为是否合理应当考虑的因素：搭售是否是出于该商品的交易习惯；被搭售的商品若分开销售，是否有损于商品的性能和使用价值；搭售企业的市场地位。在识别一种搭售行为是否具有反竞争性时，应当考虑搭售企业的搭售目的、市场地位、相关的市场结构、商品的特性等许多因素。

掠夺性定价：处于市场支配地位的企业以排挤竞争对手为目的，以低于成本的价格销售商品的行为。

独家交易，又称排他性交易：处于市场支配地位的企业一切经销商在特定市场内只经销自己的商品，不得经销其他企业的同种或同类商品，包括经销商只向制造商独买、制造商只向经销商独卖。

四、关于经营者集中

经营者集中是指经营者通过合并、收购、委托经营、联营或控制其他经营者业务或人事等方式，集中经营者经济力，提高市场地位的行为。经营者集中的类型：

1. 经营者合并行为

经营者合并行为是指两个或两个以上经营者合为一个经营者，从而导致经营者集中的行为。又包括：第一，根据主体资格存续与否，分为新设合并和吸收合并；第二，根据在产业链上的关系，分为横向合并、纵向合并和混合合并。

2. 经营者控制行为

经营者控制行为是指经营者通过收购、委托经营、联营和其他方式而控制其他经营者，从而导致经营者集中的行为。又包括：第一，依其获得控制权的途径可分为三类：一是经营者收购其他经营者的部分股份或资产享有股权或资产所有权而获得的对其他经营者的控制；二是经营者通过受托经营、联营等方式享有经营权而对其他经营者的控制；三是经营者通过享有债权而获得的对其他经营者的控制。第二，依其控制的内容还可分为财产型控制、业务型控制和人事型控制三类。第三，以控制与被控制的经营者所处的产业链关系又可分为横向控制、纵向控制和混合控制。

五、关于行政性垄断行为

（一）行政性垄断行为的概念和特征

行政性垄断行为，也称滥用行政权力排除、限制竞争行为，是指政府及其经法律、法规授权的组织滥用行政权力，排除、限制竞争或阻碍商品自由流通的行为。所谓滥用行政权力，是指它们既不属于政府为维护社会经济秩序而进行的正常经济管理活动，也不属于政府为实现对国民经济的宏观调控而采取的产业政策、财政政策等经济政策和社会政策。

行政性垄断行为的特征如下：

（1）实施行政性垄断行为的主体是除国务院以外的行政主体。
（2）行政性垄断行为是行政主体对行政权力的滥用。
（3）行政性垄断行为客观上可能或已经"实质性地"限制了其他市场主体的公平竞争。
（4）行政性垄断行为具有抽象性、强制性和隐蔽性的特点。

（二）行政性垄断行为的具体表现形式

1. 地区垄断

根据国务院《关于禁止在市场经济活动中实行地区封锁的规定》第3条的规定，任何单位和个人违反法律、行政法规和国务院的规定，以任何方式阻挠、干预外地产品或者工程建设类服务进入本地市场，或者对阻挠、干预外地产品或者服务进入本地市场的行为纵容、包庇，限制公平竞争，构成地区封锁。

2. 部门垄断

部门垄断是指政府或政府的行业主管部门为保护某特定行业的企业及其经济利益而实施的排除、限制或阻碍其他行业参与竞争的行为。

3. 强制联合限制竞争

强制联合限制竞争是指政府或政府部门强制本地区或本部门的企业联合行动以排除、限制或阻碍其他经营者参与竞争的行为。强制联合限制竞争行为的主要特征是：其一，强制联合的实施主体是政府或政府主管部门；其二，强制联合通常违背了联合各方的意志；其三，强制联合往往以行政命令、决议等为基础；其四，强制联合以维护地方、部门利益为目的；其五，强制联合不仅包括强制企业达成某种协议，而且也包括强制企业进行合并、兼并。

4. 行政强制交易行为

行政强制交易行为是指政府或政府部门滥用行政权力限定他人购买其指定的经营者的商品，从而排挤其他经营者公平竞争的行为。如有些行政部门利用职权，以符合安全标准为名，要求他人购买其指定企业的产品，如消防器材、汽车安全带、防盗门、环保设备等。

我国行政强制交易行为的主要表现形式为明确规定在行政辖区内某些指令性计划产品只

能销售给指定的企业；明确规定在行政辖区内购买某些商品必须以指定企业的商品为限；行政部门在为市场主体服务时，强制搭售某种商品；行政部门利用职权，强制一些企业订购其指定企业的产品，或者强制一些企业只能将其产品出售给指定企业；为推销指定企业的产品而阻挠、破坏他人达成交易等。

任务四　法律责任

一、监督检查部门调查措施

监督检查部门调查涉嫌不正当竞争行为，可以采取下列措施：① 进入涉嫌不正当竞争行为的经营场所进行检查；② 询问被调查的经营者、利害关系人及其他有关单位、个人，要求其说明有关情况或者提供与被调查行为有关的其他资料；③ 查询、复制与涉嫌不正当竞争行为有关的协议、账簿、单据、文件、记录、业务函电和其他资料；④ 查封、扣押与涉嫌不正当竞争行为有关的财物；⑤ 查询涉嫌不正当竞争行为的经营者的银行账户。采取前款规定的措施，应当向监督检查部门主要负责人书面报告，并经批准。采取前款第四项、第五项规定的措施，应当向设区的市级以上人民政府监督检查部门主要负责人书面报告，并经批准。监督检查部门调查涉嫌不正当竞争行为，应当遵守《中华人民共和国行政强制法》和其他有关法律、行政法规的规定，并应当将查处结果及时向社会公开。

二、反不正当竞争法规定的法律责任

反不正当竞争法第四章专章规定了违反该法的法律责任，包括民事责任、行政责任、刑事责任三种。

（一）民事责任

《反不正当竞争法》第17条：经营者违反本法规定，给他人造成损害的，应当依法承担民事责任。经营者的合法权益受到不正当竞争行为损害的，可以向人民法院提起诉讼。因不正当竞争行为受到损害的经营者的赔偿数额，按照其因被侵权所受到的实际损失确定；实际损失难以计算，按照侵权人因侵权所获得的利益确定。经营者恶意实施侵犯商业秘密行为，情节严重的，可以在按照上述方法确定数额的1倍以上5倍以下确定赔偿数额。赔偿数额还应当包括经营者为制止侵权行为所支付的合理开支。经营者违反本法第6条、第9条规定，权利人因被侵权所受到的实际损失、侵权人因侵权所获得的利益难以确定的，由人民法院根据侵权行为的情节判决给予权利人500万元以下的赔偿。

（二）行政责任

各级工商行政管理部门是反不正当竞争法规定的监督检查部门，具有行政执法职能。反不正当竞争法几乎对每一种不正当竞争行为都规定了制裁措施。这些行政制裁措施归纳起来有：① 责令停止违法行为，消除影响；② 没收违法所得；③ 罚款；④ 吊销营业执照；⑤ 责令改正；⑥ 给予行政处分。

具体来说，反不正当竞争法针对不同的不正当竞争行为分别作了明确的规定：

《反不正当竞争法》第19条：经营者违反本法第7条规定贿赂他人的，由监督检查部门

没收违法所得，处 10 万元以上 300 万元以下的罚款。情节严重的，吊销营业执照。

《反不正当竞争法》第 20 条：经营者违反本法第 8 条规定对其商品作虚假或者引人误解的商业宣传，或者通过组织虚假交易等方式帮助其他经营者进行虚假或者引人误解的商业宣传的，由监督检查部门责令停止违法行为，处 20 万元以上 100 万元以下的罚款；情节严重的，处 100 万元以上 200 万元以下的罚款，可以吊销营业执照。经营者违反本法第 8 条规定，属于发布虚假广告的，依照《中华人民共和国广告法》的规定处罚。

《反不正当竞争法》第 21 条：经营者以及其他自然人、法人和非法人组织违反本法第 9 条规定侵犯商业秘密的，由监督检查部门责令停止违法行为，没收违法所得，处 10 万元以上 100 万元以下的罚款；情节严重的，处 50 万元以上 500 万元以下的罚款。

《反不正当竞争法》第 22 条：经营者违反本法第 10 条规定进行有奖销售的，由监督检查部门责令停止违法行为，处 5 万元以上 50 万元以下的罚款。

《反不正当竞争法》第 23 条：经营者违反本法第 11 条规定损害竞争对手商业信誉、商品声誉的，由监督检查部门责令停止违法行为、消除影响，处 10 万元以上 50 万元以下的罚款；情节严重的，处 50 万元以上 300 万元以下的罚款。

《反不正当竞争法》第 24 条：经营者违反本法第 12 条规定妨碍、破坏其他经营者合法提供的网络产品或者服务正常运行的，由监督检查部门责令停止违法行为，处 10 万元以上 50 万元以下的罚款；情节严重的，处 50 万元以上 300 万元以下的罚款。

《反不正当竞争法》第 28 条：妨害监督检查部门依照本法履行职责，拒绝、阻碍调查的，由监督检查部门责令改正，对个人可以处 5 000 元以下的罚款，对单位可以处 5 万元以下的罚款，并可以由公安机关依法给予治安管理处罚。

（三）刑事责任

对情节严重的不正当竞争行为给予刑事处罚，是各国竞争法的通行做法。我国反不正当竞争法对下列三种行为，即商标侵权行为，销售伪劣商品的行为，商业贿赂行为可以追究刑事责任。此外，广告法、价格法、招标投标法中也有刑事制裁的规定。刑法也将侵犯商业秘密犯罪作为罪行之一予以制裁。在学习中应注意各种法律之间的衔接。

（四）追究违法者的主要途径

（1）受害人通过司法途径追究违法者的民事责任，包括向法院提起民事诉讼、刑事附带民事诉讼；

（2）受害当事人向监督检察机关投诉，要求制止违法行为，并追究有关单位或个人的行政责任；

（3）监督检查部门根据任何人的举报和指控，或依职权主动查处不正当竞争行为，制止违法行为，追究有关单位或个人的行政责任；

（4）司法机关依据刑事诉讼的程序，追究违法者的刑事责任。

项目小结

本项目的内容主要有：反不正当竞争法的概念和特征、不正当竞争行为的种类、不正当竞争行为的监督检查和法律责任、垄断的概念和特征、对垄断协议的法律规制、滥用市场支配地位的行为、经营者集中控制制度和行政性垄断行为。

复习思考题

1. 请举实例说明身边发生的不正当有奖销售行为。
2. 请举实例说明商业贿赂行为的构成要点。
3. 请举实例说明诋毁商誉行为。
4. 简述垄断的概念和形式。
5. 简述滥用市场支配地位垄断行为的种类。

专项实训项目

一、寻找自己身边及社会现实中的不正当竞争行为，并加以分析研究。
  ◆ 活动一　到当地的具有影响的超市调查是否存在搭售的不正当竞争行为。
  ◆ 活动二　注意当地报纸杂志及城市户外广告，分析是否存在虚假宣传行为。
  ◆ 活动三　通过父母了解，自来水公司、天然气公司等公用企业是否存在限制竞争的行为。

二、了解对不正当竞争行为的监管部门及其职权，及时寻求相关行政保护。
  ◆ 活动一　到当地工商行政管理部门了解本地不正当竞争的实际查处情况，注意对企业商业秘密的保护。
  ◆ 活动二　从行政公开的各项不正当竞争案件中对比本地不正当竞争案件的案发率。
  ◆ 活动三　针对调研情况展开讨论，探讨我国现行监管制度的得失。

三、掌握针对社会现实中的不正当竞争行为的法律救济手段，维护市场主体的合法权益。
  ◆ 活动一　根据上节活动中搜集的实例，分析并试指明监管部门处罚措施的法律依据。
  ◆ 活动二　从法律的经济分析角度分析各个从事不正当行为的市场主体的利益得失。
  ◆ 活动三　围绕以上讨论市场主体防范及应对不正当竞争的法律对策。

四、综合实训
1. 在老师的指导下，根据有关不正当竞争案例材料，指出其具体属于哪一种不正当竞争行为，并说明其危害。
2. 组织学生到法院参加反不正当竞争案件的旁听。

案例分析

1. 案情描述

2016年1月，甲厂在国家商标局注册了圆形商标"喜凰"牌，用于白酒产品。2016年3月，乙厂注册了圆形图案"天福山"，其中有"喜凤"字样，整个商标图形图案和文字除"天福山"和"凤"字外，所有的文字、图案都与"喜凰"商标一样，并且都用隶书书写，字形相仿。从2016年3月到2018年5月，乙厂用"天福山"的商标共生产白酒470万瓶，销售了340余万瓶。销售额达244余万元。正因为甲、乙厂的商标相似，又加之乙厂采用了与甲厂白酒相似的装潢，致使广大消费者误认为"喜凰"就是"喜凤"，也既"喜凰"，造成了消费者误购。同时也因此造成了甲厂产品滞销，给甲厂造成了巨大的经济损失。因此，2019年1月，甲厂状告了乙厂。

分析：
(1) 何谓假冒或仿冒行为，如何认定？
(2) 乙厂的行为违背了我国哪些法律法规的规定？

2. 案情描述

某市某贸易公司在 2018 年夏购进了 1 万套男式衬衫，由于质量差、款式旧、销量少，影响了公司的资金周转。贸易公司经理在业务会上宣布：不论是公司的内部职员，还是外部人员，只要能帮助公司推销 100 套以上的，都可以给予 20% 的回扣，回扣可一律不记账。消息传出，一些小商贩竞相来批发购买，很快该公司积压的近 1 万套衬衫销售一空。该市的工商行政局注意到了这个情况，就前来这家查账，告诉该公司管理人员，账外回扣是违法的。但该贸易公司经理辩称，搞市场经济，有经营自主权，入账与不入账是企业的自由。

分析：
(1) 回扣、折扣、佣金有什么区别？
(2) 该贸易公司的账外回扣行为是商业贿赂行为吗？

项目十

产品质量法

导入案例

【案情简介】

2006年2月4日,王某在某百货公司买到一台冰箱,冰箱附有产品合格证。王某买回冰箱后6天,发现冰箱噪音太大,就去找百货公司交涉,百货公司说冰箱一开始使用时有些噪音是正常的,过一段时间就会好。没过多长时间,冰箱的制冷器又出了问题,到后来完全丧失了冷冻食品的功能,成了一个食品储藏柜。王某再去找百货公司,百货公司说冰箱不是他们生产的,冰箱不制冷属冰箱的技术问题,此事只有生产厂家才能解决,因此让王某去找生产厂家。王某觉得生产厂家离本市有上千公里,况且冰箱又不像小件物品,可以来回搬运,只有先找百货公司,让百货公司找生产厂家。王某遭到百货公司拒绝,于是王某于6月15日向人民法院起诉,要求百货公司对冰箱进行维修,如修理不好,应负责退货。

【问题】

1. 什么是产品的瑕疵担保责任?
2. 某百货公司对售出的有瑕疵的产品是否负责任?

教学目标

- 了解产品与产品质量的概念、产品质量立法概况
- 理解掌握生产者、销售者的法律义务、产品质量监督管理制度和产品质量责任制度

实训目标

- 能处理实践中与产品质量责任有关的实际行为

任务一 产品质量法概述

一、产品与产品质量

中国《产品质量法》的规定:产品是经过加工、制作,用于销售的产品。根据这一规定,《产品质量法》调整的产品包括以下几个方面:

(1)以销售为目的,通过工业加工、手工制作等生产方式获得的具有特定使用性能的物

品。所谓加工、制作是指改变原材料、毛坯或半成品的形状、性质或表面状态，使之达到规定要求的各种工作的统称。

（2）初级农产品（指种植业、畜牧业、渔业产品等，例如小麦、鱼等）及未经加工的天然形成的产品（如石油、原煤、天然气等）不适用该法的规定。但不包括经过加工的这类产品。

（3）虽然经过加工、制作，但不用于销售的产品，纯为科学研究或为自己使用而加工、制作的产品，不属于该法调整的范围。

（4）建设工程不适用该法规定。但建设工程使用的建筑材料、建筑构配件和设备，适用该法的规定。

（5）军工产品不适用该法的规定。

产品质量是指产品在正常的使用条件下，为满足合理的使用要求所必须具备的物质、技术、心理和社会特征的总和。产品质量一般应包括以下性能：功能性、安全性、可靠性、经济性、可维修性。

二、产品质量法概述

产品质量法是调整因产品质量而产生的社会关系的法律规范的总称。主要调整两大类社会关系：

（1）在国家对企业的产品质量进行监督管理过程中产生的产品质量管理关系；

（2）产品的生产者、销售者与产品的用户和消费者之间因产品缺陷而产生的产品质量责任关系。

中国产品质量法体系由《中华人民共和国产品质量法》和有关产品质量的其他法律规范组成。

（1）《中华人民共和国产品质量法》是基本法；

（2）其他法律规范，如《计量法》《标准化法》《食品卫生法》《药品管理法》《工业产品质量责任条例》《产品质量认证管理条例》等专门法；

（3）其他法中的相关规定，如《民法典》《合同法》《消费者权益保护法》中的相关规定。

知识链接

本节所讲的产品质量法是指狭义上的产品质量法，即1993年2月22日第七届全国人民代表大会常务委员会第三十次会议通过，施行的《中华人民共和国产品质量法》根据2000年7月8日第九届全国人民代表大会常务委员会第十六次会议《关于修改〈中华人民共和国产品质量法〉的决定》第一次修正；根据2009年8月27日第十一届全国人民代表大会常务委员会第十次会议《关于修改部分法律的决定》第二次修正；根据2018年12月29日第十三届全国人民代表大会常务委员会第七次会议《关于修改〈中华人民共和国产品质量法〉等五部法律的决定》第三次修正。

> **课堂实训任务**

任务 10-1　A 建筑公司承建 B 公司的一幢办公楼，在验收时发现工程质量有问题，后查明工程质量问题是由于 C 水泥厂提供不合格的水泥所致。

请问，B 公司是否可依据产品质量法向 A 建筑公司主张权利？A 建筑公司是否可依据产品质量法向 C 水泥厂主张权利？

任务二　产品质量的监督

一、产品质量监督

产品质量监督是指各级人民政府市场监督管理部门依据法定权限对产品质量进行监督管理的活动。

二、我国产品质量监督体制

——国家产品质量监督：国家市场监督管理总局、国务院各有关部门。

——地方产品质量监督：县级以上市场监督管理部门、县级以上政府各有关部门、省级以下市场监督管理系统垂直领导。

（一）国家对产品质量的监督

（1）国家市场监督管理部门对产品质量的监督。
（2）国务院有关部门对产品质量的监督。

（二）地方产品质量监督

（1）县级以上地方市场监督管理部门主管本行政区域内的产品质量监督工作；
（2）县级以上地方政府有关部门在各自职责范围内负责产品质量监督工作；
（3）全国省级以下市场监督管理系统实行垂直领导。

三、产品质量监督管理制度

根据我国产品质量法的规定，我国实行产品质量标准制度。其主要内容是：① 产品质量应符合一定的标准；② 产品均应检验合格，不得以不合格产品冒充合格产品；③ 可能危及人体健康和人身、财产安全的工业产品，必须符合保障人体健康和人身财产安全的国家标准、行业标准。未制定国家标准或行业标准的，必须符合保障人体健康和人身、财产安全的要求。

> **知识链接**

《产品质量法》第 14 条规定："国家根据国际通用的质量管理标准，推行企业质量体系认证制度。企业根据自愿原则可以向国务院市场监督管理部门认可的或者国务院市场监督管理部门授权的部门认可的认证机构申请企业质量体系认证。经认证合格的，由认证机构颁发企业质量体系认证证书。

国家参照国际先进的产品标准和技术要求，推行产品质量认证制度。企业根据自愿原则可以向国务院市场监督管理部门认可的或者国务院市场监督管理部门授权的部门认可的认证机构申请产品质量认证。经认证合格的，由认证机构颁发产品质量认证证书，准许企业在产品或者其包装上使用产品质量认证标志。"

国家对产品质量实行以抽查为主要方式的监督检查制度。

任务三　生产者、销售者的产品质量责任和义务

一、生产者的产品质量责任和义务

知识链接

《产品质量法》第二十六条规定，生产者应当对其生产的产品质量负责。产品质量应当符合下列要求：

（1）不存在危及人身、财产安全的不合理的危险，有保障人体健康和人身、财产安全的国家标准、行业标准的，应当符合该标准；

（2）具备产品应当具备的使用性能，但是，对产品存在使用性能的瑕疵做出说明的除外；

（3）符合在产品或者其包装上注明采用的产品标准，符合以产品说明、实物样品等方式表明的质量状况。

生产者、销售者的产品质量责任

（一）产品质量符合法定要求

这里所规定的生产者对其生产的产品质量负责，包括两方面的含义：一是指生产者必须严格履行其保证产品质量的法定义务，二是指生产者不履行或不完全履行其法定义务时，必须依法承担相应的产品质量责任。所谓生产者的法定产品质量义务，是指生产者必须依照法律的规定，为保证其生产的产品的质量必须做出一定行为或者不得做出一定行为。生产者的产品质量责任，是指生产者违反国家有关产品质量的法律、法规的规定，不履行或者不完全履行法定的产品质量义务时所应依法承担的法律后果。产品质量责任是一种综合责任。包括承担相应的行政责任、民事责任和刑事责任。

生产者作为市场经济活动的主体，通过从事产品的生产活动以获取利润，谋求发展。生产者生产的产品最终总要进入消费领域，为消费者使用。生产者只有努力使自己生产的产品在适用性、安全性、可靠性、维修性、经济性等质量指标上，都符合相应的标准和要求，才能满足消费者的需要，实现产品的价值，生产者也才能取得相应的经济效益，在激烈的市场竞争中求得生存和发展。鉴于生产者是产品的直接创造者，其产品的开发、设计和制造决定了产品质量的全部特征和特性，产品的生产环节对其质量好坏具有根本的作用。因此，法律规定，生产者必须对其生产的产品质量负责。生产者应当将保证产品质量作为其首要义务，通过强化质量管理，增加技术投入，增加产品的花色、品种、性能，改进产品售后服务等措施，不断提高其产品质量水平。

生产者应当保证其生产的产品符合下列要求：

（1）不存在危及人身、财产安全的不合理的危险，有保障人体健康和人身、财产安全的国家标准、行业标准的，应当符合该标准。这是法律对生产者保证产品质量义务的强制性规

定，生产者不得以合同约定或者其他方式免除或减轻自己的此项法定义务。产品不得存在危及人身、财产安全的不合理的危险，是法律对产品质量最基本的要求，直接关系到产品使用者的人体健康和人身、财产安全。生产者违反这一质量保证义务的，将要受到严厉的法律制裁。生产者要保证其产品不存在危及人身、财产安全的不合理的危险，首先应当在产品设计上保证安全、可靠。产品设计是保证产品不存在危及人身、财产安全的不合理危险的基本环节。其次，在产品制造方面保证符合规定的要求。制造是实现设计的过程，在实际经济生活中，制造上的缺陷往往是导致产品存在危及人身、财产安全的不合理的危险的主要原因。另外，在产品标识方面还要保证清晰、完整。对涉及产品使用安全的事项，应当有完整的中文警示说明、警示标志，并且标注清晰、准确，以提醒人们注意。

生产者要保证其生产的产品不存在危及人身、财产安全的不合理危险，必须使其产品符合保障人体健康、人身财产安全的国家标准、行业标准。对尚未制定有关的国家标准、行业标准的新产品，生产者必须按照保证其产品不存在危及人身、财产安全的不合理的危险的法定要求，通过制定企业标准等措施，保证其产品具备应有的安全性能。

（2）具备产品应当具有的使用性能。所谓产品具有应当具有的使用性能，是指某一特定产品应当具有其基本的使用功能，比如电冰箱应当具备制冷性能，保温瓶应当具有保温性能等，并在正常使用条件下应有合理的使用寿命。产品应当具有使用性能主要体现在两方面：一方面是在产品标准、合同、规范、图样和技术要求以及其他文件中明确规定的使用性能。另一方面是隐含需要的使用性能。这里所讲的隐含需要是指消费者对产品使用性能的合理期望，通常是被人们公认的、不言而喻的、不必做出规定的使用性能方面的要求。具备产品应当具备的使用性能是本法对生产者保证产品质量所规定的又一法定义务。但是，当生产者对产品使用性能的瑕疵做出说明时，可以免除生产者的此项义务。这里所谓瑕疵，是指产品质量不符合应有的使用性能，或者不符合采取的产品标准、产品说明、实物样品等明示担保条件，但是产品不存在危及人身、财产安全的不合理的危险，未丧失产品原有的使用价值。依照本法规定，对产品使用性能的瑕疵，生产者应当予以说明后方可出厂销售，并可免除生产者对已经明示的产品使用性能的瑕疵承担责任。如果生产者不对产品的瑕疵做出说明而予以销售的，生产者应当承担相应的产品质量责任。当然，如果除说明的产品的瑕疵之外，产品还存在未明示的瑕疵的，生产者仍应对未明示部分的产品瑕疵承担相应的担保责任。

（3）产品质量应当符合明示的质量状况。即产品质量应当"符合在产品或者其包装上注明采用的产品标准，符合以产品说明、实物样品等方式表明的质量状况。"这是法律对生产者保证产品质量所规定的明示担保义务。所谓产品质量的明示担保，是指产品的生产者对产品质量性能的一种明示的自我声明或者陈述，由生产者根据事实自愿做出，多见于生产者证明产品符合某一标准、某些状态要求的产品说明、实物样品、广告宣传中。在产品或者包装上注明采用的产品标准，是表明产品质量符合自身标注的产品标准中规定的质量指标，判定产品是否合格，则以该项明示的产品标准作为依据。当然，生产者明示采用的产品标准不得与强制性的国家标准、行业标准相抵触。产品说明是生产者向消费者提供的文字说明性资料。告知消费者关于产品的有关性能指标、使用方法、安装、保养方法、注意事项，以及有着三包的事项等。所以，产品说明也是生产者向社会明确表示的保证和承诺。实物样品实际上是一种实物标准，实物样品清楚地表明了产品的质量状况。消费者根据实物样品购买的产品应当同样品的质量保证相符。

(二) 产品标识符合法定要求

产品标识是指用于识别产品或其特征、特性所做的各种表示的统称。产品标识可以用文字、符号、标记、数字、图案等表示。根据不同的产品的特点和使用要求,产品标识可以标注在产品上,也可以标注在产品包装上。

所谓产品包装,是指为在产品运输、储存、销售等流通过程中保护产品,促进销售,按照一定技术方法采用的容器、材料和附着物并在包装物上附加有关标识而进行的操作活动的总称。所谓产品标识,是指用于识别产品或其特征、特性所做的各种表示的统称。产品标识可以用文字、符号、标志、标记、数字、图案等表示。产品标识由生产者提供,其主要作用是表明产品的有关信息,帮助消费者了解产品的质量状况,说明产品的正确使用、保养方法,指导消费。随着市场经济的发展和扩大产品出口的需要,产品标识日益为人们所看重,认为其是产品的组成部分。如果产品标识指示不当或者存有欺骗性,则易引起消费者的误解,产生产品质量纠纷。这次修改本法,特别强调产品或者其包装上的标识必须真实。本条规定的生产者对产品标识应当标明的内容,这是生产者应当履行的义务。

产品质量法对产品或其包装上的标识的规定:

(1) 应有产品质量检验合格证明。

所谓产品质量检验合格证明,是指生产者出具的用于证明产品质量符合相应要求的证件。合格证明包括合格证、合格印章等各种形式。合格证的项目内容,由企业自行决定。合格证一般注明检验人员或者其代号,检验、出厂日期等事项。一些不便于附带合格证的产品,可用合格章。产品质量检验合格证明只能用于经过检验合格的产品上,未经检验的产品或者检验不合格的产品,不得使用产品质量检验合格证明。出厂产品的检验,一般由生产自身设置的检验部门进行检验。对不具备检测能力和条件的企业,可以委托社会产品质量检验机构进行检验。

(2) 应有中文标明的产品名称、生产厂家和厂址。

所谓用中文标明,是指用汉字标明。根据需要,也可以附以中国民族文字。产品名称是区别于此产品与他产品的文字语言标记。产品名称一般能反映出产品的用途、特色、所含主要成分等最突出的特点。生产厂厂名和厂址是生产产品的企业名称、称谓和企业的主要生产经营场所所在地的实际地址,是一个企业区别于其他企业的语言文字符号。企业的厂名和厂址在企业办理营业执照时便已经确定,标注产品的生产厂厂名和厂址时应当与企业营业执照上载明的厂名和厂址一致。企业这样做也是遵守了市场经济活动中诚实信用原则,有助于消费者选择和识别产品及来源,维护其合法权益。

(3) 根据产品的特点和使用要求,需要标明产品规格、等级、所含主要成分的名称和含量的,应用中文相应予以标明;需要事先让消费者知晓的,应当在外包装上标明,或者预先向消费者提供有关资料。

该规定是一项概括性的规定,是生产者应当履行的义务。产品的规格、等级、成分、含量等标识的标注,应当按照不同产品的不同特点以及不同的使用要求进行标注。法律、法规、规章或者其他规范性文件要求标明上述内容的,生产者就应当予以标明。需要事先让消费者知晓的,应当在外包装上标明,或者预先向消费者提供有关资料。对法律的上述规定必须遵守。例如食品,国家制定了食品标签强制性标准,生产者应当履行法律规定的产品标识义务。对于一些可以分类规范的产品的标识,国家可以制定相应的法规,分别明确规定每类产品的标识要求。如对于彩电、空调机、电冰箱等耐用消费品,一般价格高，使用、操作复杂，这些产品应标明产品的维修保养方法，并附有中文使用说明书。

（4）限期使用的产品，应当在显著位置清晰地标明生产日期和安全使用期或失效日期。

即限期使用的产品，应当在显著位置清晰地标明生产日期和安全使用期或者失效日期。所谓限期使用的产品，是指具备一定使用期限，并且能够在此期限内能够保证产品质量的产品。例如食品、药品、农药、化肥、水泥、化妆品、饮料等产品，都应当具有一定的使用期限。所谓安全使用期，一般是泛指保证产品质量的期限。安全使用期包括保质期、保存期、有效期、保鲜期等。保质期是每时保持产品质量符合规定要求的有效期限。保存期是指产品最长的存放期限，在此期限内，保证产品不失效、不变质。需要说明的是，产品的保存期不同于保质期。在保存期的期末，产品的内在质量不一定能够保持原来的质量。产品超过保存期，一般不宜再使用了。有效期是指产品保持原有效力、作用的期限。一般超过有效期限的产品，其效力、作用均有明显下降或者失去原有的效力、作用。保鲜期是指保持产品的期限。超过保鲜期的产品，一般仍然可以使用，但不如保鲜期内那么新鲜。对限期使用的产品，可以由两种标注方法：一种方法是标注生产日期和安全使用期，两者都不可缺少。另一种方法是可以仅标注失效日期，而可以不再标注生产日期、保存期、保质期等标识。需要强调的是，限期使用的产品，其生产日期和安全使用期或者失效日期应当在显著位置清晰地标明。所谓显著位置，是指易使人发现的明显位置。所谓清晰，是指达到一般人能够清楚地辨识的程度。在现实中，有的生产者故意将上述日期标在不容易使人发现的位置上，或者故意标得十分模糊，意图使过了期的产品继续销售。为了维护消费者的利益，这次本法修改特别强调这一要求。

（5）涉及使用安全的标识要求。即使用不当，容易造成产品本身损坏或者可能危及人身、财产安全的产品，要有警示标志或者中文警示说明。所谓警示标志，是指用以表示特定的含义，告诫、提示人们应当对于某些不安全因素引起高度注意和警惕的图形。例如，表示剧毒、危险、易燃、易爆等意思，均有专用的对应的图形标志。所谓中文警示说明，是指用来告诫、提示人们应当对不安全因素引起高度重视和警惕的中文文字说明。中文警示说明也可以理解为用中文标注的注意事项。一般标注在产品或者产品说明书、产品外包装上。例如在燃气热水器上注明"注意室内通风"字样。总之，对上述产品标注中文警示说明和警示标志是为了保护被使用的产品免遭损坏，保护使用者的安全、健康。

（三）生产者对某些特殊产品的包装应当履行的义务

易碎、易燃、易爆、有毒、有腐蚀性、有放射性等危险物品以及储运中不能倒置和其他有特殊要求的产品，其包装质量必须符合相应要求，依照国家有关规定作出警示标志或者中文警示说明，标明储运注意事项。

危险物品、储运中不能倒置和其他有特殊要求的产品属于特殊产品。包括易碎品，如玻璃及玻璃制品、陶瓷等；易燃、易爆品，如酒精、汽油、炸药、雷管、鞭炮等；剧毒品，如农药等；储运中不能倒置的产品，如电冰箱、装有液体的包装容器等；有其他特殊要求的产品，如古董、古玩、艺术品、工艺品等产品。众所周知，产品包装的好坏既直接关系到对被包装产品的保护，又能通过产品包装上的标识明确地告知仓储者、运输者、销售者以及用户和消费者许多有关该产品的信息。对特殊产品的包装需要有明确的要求。

所谓产品的"包装质量必须符合相应要求"，是指产品的包装必须符合国家法律、法规、规章、合同、标准以及规范性文件规定的包装要求,保证人身、财产安全,防止产品损坏并且应当在产品包装上标注相应的产品标识。依照本条规定,上述特殊产品包装质量必须符合相应要求,依照国家有关规定做出警示标志或者中文警示说明,标明储运注意事项。例如,毒品、限剧药物必须在产品包装的显著部位,用黑色标注"毒"或者用红色标注"限剧"字样,并附有剧毒品的相应警示标志。对于危险品,应当在显著部位用红色标注"爆炸品"或者"易爆品"等字样,并附有相应警示标志。对于有毒或者腐蚀性物品,必须用黑色加注"切勿入口"等字样。对于装卸、搬运操作或者存放保管条件有相应要求或者应提出注意事项的产品,应当醒目标明"向上""防潮""防雨""小心轻放""防晒""冷藏""怕压"等字样。对于农药等含有害、有毒物质的产品,包装容器必须密闭,不得有外溢、渗漏、脱盖、破损等问题,防止污染或者损害人体健康与安全。食品包装必须使用无毒、清洁、卫生的物料。直接接触食品的纸张、塑料、橡胶等制品和涂料,必须符合国家卫生标准。对于放射性物质、电磁波辐射等,其包装容器必须符合国家有关环境保护的规定,在储存、运输过程中严加防护和管理。

(四)法律禁止生产者从事的行为

生产者不得生产国家明令淘汰的产品。

所谓国家明令淘汰的产品,是指国家行政机关按照一定的程序,采用行政的措施,对涉及耗能高、技术落后、污染环境、危及人体健康等方面的因素,宣布不得继续生产、销售、使用的产品。如国务院办公厅1991年的67号文件宣布淘汰了六种农药;卫生部先后宣布淘汰了一百多种药品;等等。这是国家采取的宏观调控的行政手段,对社会具有普遍的约束力。生产者不得生产国家明令淘汰的产品。因为国家淘汰的产品多是产品性能落后,耗能高,效能小,环境污染较大,毒副反应大,对人体健康或者人身、财产安全和动植物安全危害较大,必须禁止生产者生产国家明令淘汰的产品。生产者违反这一规定的,将依法追究其法律责任。

生产者不得伪造产地,不得伪造或者冒用他人的厂名、厂址。

生产者不得伪造产地。产地是指产品生产的所在地。一些产品因产地不同,其性能和质量指标可能会有较大的差异。特别是一些土特产品,与产地的气候、地质条件、环境状况有着密切的联系。如我国的名酒"茅台",其质量就是与茅台酒厂所在地茅台镇的水质、气候条件密切相关,在其他地方,用同样的原料、同样的技术制造出来的酒与在茅台镇制造的茅台酒,口感、质量就有很大的差别。同时,有的产地在某一方面有独到的生产、制造与加工手段,拥有较好的技术优势。总之,产地这种标志,在一定程度上也表示产品的质量与信誉,对消费者起到了诱购的作用。生产者在甲地生产产品,却在产品标识上标注乙地的地名,以利用消费者对乙地产品的信赖,造成消费者的误解,是一种典型的欺骗行为,也是法律所不允许的。

生产者不得伪造或者冒用他人的厂名、厂址。伪造,是指生产者捏造、编造不真实的生产厂的厂名和厂址;冒用,是指生产者非法使用他人的厂名、厂址。厂名是指企业的名称,是一个企业区别于其他企业的重要标志;厂址是指企业进行生产、经营活动的固定场所。厂名、厂址被明确具体地标注在企业的营业执照上,自企业宣告成立时就已确定。伪造厂名、厂址,使得消费者在产品质量出现问题时,无法找到生产者,是一种对消费者的欺骗行为,应为法律所禁止。同时,我国《民法典》第1013条规定"法人、非法人组织享有名称权,有权依法决定、使用、变更、转让或者许可他人使用自己的名称。"企业对其厂名享有名称权,任何人未经其允许,使用其厂名,都是侵犯企业名称权的行为,应承担侵权责任。而企业的厂址往往是与厂名联系在一起的,特定厂名的企业有特定的厂址,冒用他人的厂址在实践中与冒用他人厂名的效果一样,都是利用消费者对被冒用企业的信赖,欺骗消费者,因此也是不允许的。

生产者不得伪造或者冒用认证标志等质量标志。

质量标志是指有关主管部门或者组织,按照规定的程序颁发给生产者,用以表明该企业生产的产品的质量达到相应水平的证明标志。质量标志具有以下特征:① 质量标志的作用是表明产品质量的水平,是产品的质量信誉标志,为消费者选购产品起到了信誉指南的作用。它与厂名、厂址、商标等有着显著的区别,后者具有专用性和专有性,必须依法注册登记。质量标志无此特征。企业获得质量标志后,可以标注使用,也可以不使用,由企业自己决定。② 质量标志必须由发证机关或组织颁发,并须经过一定的评审、考核程序,获准后方可使用。目前我国比较常见的质量标志是产品质量认证标志。主要有:由国务院产品质量监督部门认可的专门机构颁发的方圆认证标志、长城认证标志、PRC 认证标志和由国际羊毛局颁发的纯羊毛认证标志等。

质量认证标志等产品质量标志表明的是产品质量所达到的水平和质量状态,只有经具备认证资格的机构经过一定的程序对达到一定条件的企业授权后,企业才能使用质量标志。因此,任何以非法手段使用、冒充这些质量标志的行为,都是对产品质量事实真相的隐瞒,是对消费者的欺骗,应为法律所禁止。本条所禁止的行为包括两种,即伪造认证标志等质量标志和冒用认证标志等质量标志。伪造,是指非法制作、编造实际上并不存在的质量标志;冒用,是指未取得认证标志等质量标志,而谎称取得,并擅自使用相应质量标志。根据本条规定,这两种行为都是法律所禁止的。

生产者生产产品,不得掺杂、掺假,不得以假充真、以次充好,不得以不合格产品冒充合格产品。

生产者生产产品,不得掺杂、掺假。"掺杂、掺假"是指生产者在产品中掺入杂质或者造假,致使产品中有关物质的成分或者含量不符合国家有关法律、法规、标准规定的欺骗行为。这类行为有以下特征:行为人以牟取非法利润为目的,行为动机一般是故意的;该行为的结果是使产品的成分和含量不符合法律、法规、标准的要求,致使产品质量降低甚至失去应有的使用性能;该行为造成了对消费者的欺骗,严重扰乱了正常的社会经济秩序,造成消费者的财产损失,甚至会危及消费者的人身安全。

生产者生产产品,不得以假充真、以次充好。"以假充真"是指生产者以牟取非法利润为目的,用一种产品冒充另一种与其特征、特性不同的产品的欺骗行为;"以次充好"是指生产者以低等级、低档次的产品,冒充高等级、高档次的产品的欺骗行为,也包括用废、旧、弃产品冒充新产品的行为。这类行为的行为人的目的是为了牟取非法利润,一般为故意,结果是造成了对消费者的欺骗,损害消费者的合法权益。

生产者生产产品,不得以不合格产品冒充合格产品。所谓合格产品,对于有国家强制性标准的产品来说,是指符合国家的强制性标准;对于没有国家强制性标准的产品来说,是指符合生产者在产品上明确标注所采用的标准。以不合格产品冒充合格产品,是对消费者的欺骗行为,会造成消费者的财产损失,对于可能危及人体健康和人身财产安全的产品,甚至会造成消费者的人身伤害。

二、销售者的产品质量责任和义务

（一）销售者应当建立并执行进货检查验收制度，验明产品合格证明和其他标识

验明产品合格证明。按照本法第二十七条的规定，产品或者其包装上应当有产品质量检验合格证明。这里讲的"产品合格证明"，是产品合格证、合格印章等的统称。是生产者出具的用于证明出厂产品的质量经过检验，符合相应要求的标志。销售者在对进货产品进行检验时，首先应当检验产品的合格证明，如果产品没有合格证明，销售者可以拒收。

验明其他标识。产品标识，是指用于识别产品或者其特征、特性所做的各种表示的统称。验明标识，是指检查进货产品的标识，包括有中文说明的产品名称、生产厂名、厂址；根据产品的特点和使用要求，需要标明产品规格、等级、所含主要成分的名称和含量，需要事先让消费者知晓的，应当在外包装上予以标明，或者预先向消费者提供有关资料；限期使用的产品，在显著位置上应当清晰地标明生产日期和安全使用期或者失效日期；使用不当，容易造成产品本身损坏或者可能危及人身、财产安全的产品，要有警示标志或者中文警示说明。这些标识都必须符合本法第二十七条规定的要求。对于标识不符合法律规定的要求的产品，销售者可以要求供货者退货或者更换。

我国的其他有关法律也对进货检查验收作了规定，如食品卫生法第二十五条规定，食品生产经营者采购食品及其原料，应当按照国家有关规定索取检验合格证或者化验单，销售者应当保证提供。需要索证的范围和种类，由省、自治区、直辖市人民政府卫生行政部门规定。药品管理法第十二条规定，收购药品，必须进行质量验收；不合格的，不得收购。对进货产品的检查验收，一般是通过对产品的感观检查来实现的。所谓感观检查，是指销售者对进货产品通过运用看、摸、捻、品等方法，对进货产品的质量进行感观上的判定。这是产品内在质量检查的一种常用的方法。比如，对毛纺织品类产品，可以用摸一摸的方法，通过手感来判定是否为纯毛产品。感观检查的方法，对于销售者来说，是简便易行的方法，非常实用。

销售者除了验明产品合格证明和其他标识以外，如果对进货产品的内在质量发生怀疑或者为了确保大宗货物的质量可靠，也可以对内在质量进行检验，或者委托依法设立的产品质量检验机构进行检验。但是，对原装、原封的产品，不必对其内在质量进行检验。根据有关行政法规的规定，原装、原封、原标记无异状的产品内在质量，由生产者负责。

根据合同法的规定，买受人收到标的物时应当在约定的检验期间内检验。没有约定检验期间的，应当及时检验。当事人约定检验期间的，买受人应当在检验期间内将标的物的数量或者质量不符合约定的情形通知出卖人。买受人怠于通知的，视为标的物的数量或者质量符合约定。当事人没有约定检验期间的，买受人应当在发现或者应当发现标的物的数量或者质量不符合约定的合理期间内通知出卖人。买受人在合理期间内未通知或者自标的物收到之日起两年内未通知出卖人的，视为标的物的数量或者质量符合约定，但对标的物有质量保证期的，适用质量保证期，不适用该两年的规定。出卖人知道或者应当知道提供的标的物不符合约定的，买受人不受上述规定的通知时间的限制。

（二）销售者应当采取措施，保持销售产品的质量

销售者应当采取措施。是指销售者应当根据产品的不同特点，采取不同的措施，如采取

必要的防雨、通风、防晒、防霉变、分类等方式，对某些特殊产品的保管，应采取控制温度等措施，保持进货时的产品质量状况，尤其是药品和食品等。采取措施，还应包括配置必要的设备和设施。按照药品管理法第十四条的规定，药品仓库必须制定和执行药品保管制度，采取必要的冷藏、防潮、防虫、防鼠等措施。

本法关于销售者应当保持产品质量的义务规定，是为了促使销售者增强对产品质量负责的责任感，加强企业内部质量管理，增加对保证产品质量的技术投入，保证消费者购买产品的质量。

保持销售产品的质量，是指销售者通过采取一系列保管措施，使销售产品的质量基本保持着进货时的质量状况。当然，销售的产品由于其质量的特征和特点，经过一段时间，可能会发生一定的变化，但这种变化应限制在合理的范围内，比如，有些食品刚出厂时味道鲜美，存放一段时间后，由于食品内部的一些变化，使得该食品的味道不如刚出厂时的味道，但是并没有变质，这应当认为是一种合理的变化。

（三）销售者不得销售国家明令淘汰并停止销售的产品和失效、变质的产品

国家明令淘汰的产品，是指国务院及其有关部门通过颁发决定、命令的形式，公开淘汰某项产品或者产品的某个型号。国家明令淘汰的产品包括：① 产品性能落后、耗能高、污染环境严重的产品，如自1982年以来，机电部会同有关部委共淘汰了15批共601种机电产品。② 危及人体健康和人身、财产安全的产品，如1982年卫生部发文共淘汰了27种药品，1991年国务院办公厅发文淘汰了6种农药。③ 违反法律规定的产品，如非法定计量单位的计量器具。对于国家明令淘汰的产品，国家都要颁布具体的淘汰时间，在这个时间以后，禁止销售该淘汰产品。

国家明令淘汰并停止销售的产品，销售者不得继续销售，这是销售者必须履行的产品质量义务。销售者应当经常关注国家有关这方面的决定和命令，对自己的进货产品及时加以调整。对于国家明令淘汰的产品，销售者已经进货的，应当停止销售，并对淘汰的产品加以退货或销毁处理。如果销售者在国家规定的时间以后仍然继续销售淘汰产品的，有关执法部门则要对所销售的产品加以没收，并处违法销售产品货值金额等值以下的罚款，有违法所得的，还要没收违法所得。

销售者不得销售失效、变质的产品。这里讲的"失效"，是指产品失去了本来应当具有的效力、作用。这里讲的"变质"，是指产品内在质量发生了本质性的物理、化学变化，失去了产品应当具备的使用价值。这里需要注意的是失效、变质与超过安全使用期和失效日期的关系。即已经超过安全使用期和失效日期的产品，虽多数是失效、变质的产品，但并不一定全是失效、变质的产品；而尚未超过安全使用期和失效日期的产品，也可能会发生产品变质，应以实际检测结果为依据。

失效、变质的产品，由于其功能、效力、作用等皆已丧失或大部分已丧失，已经不具备应有的安全性、适用性等必要的性能，很容易对人体健康造成危害，因此，法律规定禁止销售失效、变质的产品。销售者违反了这一法定义务，要承担相应的法律责任；造成人身、财产损害的，要承担赔偿责任；构成犯罪的，要依法追究刑事责任。

（四）销售者销售的产品的标识应当符合法律对生产产品或其包装上的标识的规定

按照本法第二十七条的规定，产品或者其包装上的标识应当有产品质量检验合格证明，有中文标明的产品名称、生产厂厂名和厂址，根据产品的特点和使用要求，需要标明产品规

格、等级、所含成分的名称和含量的，用中文相应予以标明；需要事先让消费者知晓的，应当在外包装上标明，或者预先向消费者提供有关资料；限期使用的产品，应当在显著位置清晰地标明生产日期和安全使用期或者失效日期，使用不当，容易造成产品本身损坏或者可能危及人身、财产安全的产品，有警示标志或者中文警示说明。

产品标识，是用于识别产品或者其特征的重要标志，本法已对生产者规定了生产的产品应当符合本法规定的要求这一义务。销售者在进货时，应认真执行进货检查验收制度，特别是要检查产品的标识是否符合法律的规定，对于标识符合法律规定的要求的产品可以验收进货，对于标识不符合法律规定的要求的产品，则应拒收。销售者在把好进货关头的同时，也应采取措施保持产品的标识能够符合法律规定的要求，不得擅自将产品的标识加以涂改，特别是限期使用的产品，不能为了经济利益而改变产品的安全使用期或者失效日期。销售者由于对于所进的产品不能做到逐一检验，因而，在销售过程中，应当对所销售产品的标识经常进行检查，发现不符合法律规定的，要及时撤下柜台，以保证销售产品的标识符合法律的规定。

（五）销售者不得伪造产地，不得伪造或冒用他人的厂名、厂址

销售者不得伪造产地。产地是产品生产的所在地。由于各地地理条件不同，因而不同地方生产的产品都有其不同的特点，有些地方由于地理条件非常好，产出的产品已为大家所认可，产品有了一定的知名度。比如，贵州的茅台酒、杭州的龙井茶叶、上海产的服装等，产地已经与产品紧密结合在一起了。因而产地对于知名品牌产品来讲是很重要的。这里讲的伪造产地，是指销售者对产品原有的标识进行篡改或者变造，即在产品或者包装上标注假的产地。如销售者所进的皮鞋是某城市生产的，销售者为了便于销售，将该皮鞋产地改标为上海。这就是一种伪造产地的行为。伪造产品产地的行为，是一种欺骗消费者的行为，违反了诚实信用这一法律的基本原则，是法律禁止的行为之一。

销售者不得伪造厂名、厂址。伪造厂名、厂址，是指使用非法制作的，或者是编造的标有其他生产者厂名、厂址的标识。即在产品或其包装上标注虚假的厂名、厂址，即根本不存在的厂名、厂址。

销售者不得冒用他人的厂名、厂址。这里讲的冒用他人的厂名、厂址，是指未经他人许可而擅自使用他人的厂名和厂址的标识。

伪造或者冒用他人厂名、厂址的行为，都是一种欺骗消费者的行为。但是伪造或者冒用他人厂名、厂址的产品中可能会存在两种情况：一种是产品本身质量没有问题，只是销售者受经济利益的驱动，为了销出更多的产品而伪造了他人的厂名、厂址；另一种情况则是产品本身有质量问题，而伪造或者冒用他人的厂名、厂址，两种情况都是为法律所禁止的。这种伪造或者冒用行为既坑害了消费者，同时又侵害了他人的名誉权、名称权，构成侵权行为。因此，法律对销售者规定了严格的义务，销售者必须认真履行，违反了这一义务性规定，就要承担相应的法律责任。

（六）销售者不得伪造或冒用认证标志等质量标志

质量标志是指有关主管部门或者组织，按照规定的程序颁发给企业，用以表明该企业的产品的质量达到相应水平的证明标志。

本条所禁止的行为包括两种，即伪造认证标志等质量标志和冒用认证标志等质量标志。

伪造，是指非法制作、编造实际上并不存在的质量标志；冒用，是指未取得认证标志等质量标志，而谎称取得，并擅自使用相应质量标志。根据本条规定，这两种行为都是法律所禁止的。

（七）销售者销售产品不得掺杂、掺假，不得以假充真，以次充好，不得以不合格产品冒充合格产品

销售者销售产品，不得掺杂、掺假。"掺杂、掺假"是指销售者在产品中掺入杂质或者造假，致使产品中有关物质的成分或者含量不符合国家有关法律、法规、标准规定的欺骗行为。

销售者销售产品，不得以假充真、以次充好。"以假充真"是指销售者以牟取非法利润为目的，用一种产品冒充另一种与其特征、特性不同的产品的欺骗行为；"以次充好"是指销售者以低等级、低档次的产品，冒充高等级、高档次的产品的欺骗行为，也包括用废、旧、弃产品冒充新产品的行为。

销售者销售产品，不得以不合格产品冒充合格产品。所谓合格产品，对于有国家强制性标准的产品来说，是指符合国家的强制性标准；对于没有国家强制性标准的产品来说，是指符合产品或其包装上明确标注所采用的标准。以不合格产品冒充合格产品，是对消费者的欺骗行为，掺杂、掺假、以假充真、以次充好、以不合格产品冒充合格产品，这几种违法行为，是销售假冒伪劣产品违法行为的重要表现形式。其行为的目的，都是为了牟取非法利润，客观上造成对消费者的欺骗，严重扰乱了正常的市场经济秩序，造成了消费者的财产损失，甚至会危及消费者的人身安全。因此，这三种行为是法律所严格禁止的，违反者要承担相应的法律责任。

任务四　产品损害赔偿责任

一、产品损害赔偿责任概念

产品损害赔偿责任是指生产者和销售者因生产或销售的产品有缺陷，造成用户、消费者或第三者人身和财产损害而应承担的民事赔偿责任。

二、归责原则

1. 归责原则的概述

归责原则是指确定行为人承担民事责任的理由和依据。

2. 我国实行的归责原则

（1）对生产者实行严格责任原则，即无论生产者有无过错，只要因产品存在缺陷知识他人人身、财产发生损害，生产者就应当承担赔偿责任。

（2）对销售者实行过错责任原则，即销售者由于过错使产品存在缺陷，造成他人人身、财产损害的，才承担赔偿责任。销售者不能指明缺陷产品的生产者，也不能指明缺陷产品的供货者的，销售者应当承担赔偿责任。

三、损害赔偿责任的构成

（一）损害赔偿责任构成的法律依据

（1）《民法典》规定：因产品存在缺陷造成他人损害的，生产者应当承担侵权责任；

（2）产品质量法规定，因缺陷造成人身、财产损害的，受害人可以向产品的生产者要求赔偿，也可以向产品的销售者要求赔偿。

（二）损害赔偿责任的构成要件

（1）产品存在缺陷。产品缺陷包括产品存在危及人身、财产安全的不合理危险及不符合保障人体健康和人身、财产安全的国家标准、行业标准。

（2）存在人身伤害、财产损害的事实。即"无损害，无责任"。

（3）产品缺陷与损害事实之间有因果关系。第一，损害事实是由产品缺陷造成的，而不是由其他原因造成的，例如：外力的破坏、受害人的故意等；第二，损害赔偿责任不以生产者、销售者主观上是否有过错作为前提条件，只要生产、销售的产品有缺陷，并且因此造成了人身、财产损害的，就应承担损害赔偿责任。

四、损害赔偿范围及责任形式

（一）生产者、销售者的损害赔偿责任

1. 生产者损害赔偿的法定情形

因产品存在缺陷，造成人身、缺陷产品以外的其他财产损害的，生产者应承担赔偿责任。生产者能够证明有下列情形之一的，不承担赔偿责任：① 未将产品投入流通的；② 产品投入流通时，引起损害的缺陷尚不存在；③ 生产者将产品投入流通时的科学技术水平尚不能发现缺陷存在的。

课堂实训任务

任务 10-2　某厂 2003 年生产了一种治疗腰肌劳损的频谱治疗仪投放市场，消费者甲购买了一部，用后腰肌劳损大大减轻，但却患上了偏头疼症，甲询问了这种治疗仪的其他用户，很多人都有类似反应。甲向某厂要求索赔。某厂对此十分重视，专门找专家作了鉴定，结论是：目前科学技术无法断定治疗仪与偏头疼之间的关系。该厂对用户 A 的偏头疼症是否承担赔偿责任？

由于治疗仪投入流通时的科学技术水平不能发现缺陷的存在，某厂不能承担赔偿责任。

2. 销售者的损害赔偿责任

销售者承担损害赔偿的法定情形：

（1）售出的产品不具备产品应当具备的使用性能而事先未作说明的；不符合在产品或其包装上注明采用的产品标准的；不符合以产品说明书、实物样品等方式表明的质量状况的。

（2）销售者依法负责修理、更换、退货，赔偿损失后，属于生产者的责任或者属于向销售者提供产品的其他销售者的责任的，销售者有权向生产者、供货者追偿。

（3）销售者未按规定给予修理、更换、退货，或赔偿损失的，由市场监督管理部门责令改正。

（4）生产者之间，销售者之间，生产者与销售者之间订立的买卖合同、承揽合同有不同约定的，合同当事人按照合同约定执行。

（5）因产品存在缺陷造成人身、缺陷产品以外的其他财产（以下简称他人财产）损害的，

生产者应当承担赔偿责任。

由于销售者的过错使产品存在缺陷，造成人身、他人财产损害的，销售者应当承担赔偿责任。销售者不能指明缺陷产品的生产者也不能指明缺陷产品的供货者的，销售者应当承担赔偿责任。

3. 受害人的求偿权与先行赔偿人的追偿权

因产品存在缺陷造成人身、他人财产损害的，受害人可以向产品的生产者要求赔偿，也可以向产品的销售者要求赔偿。属于产品的生产者的责任，产品的销售者赔偿的，产品的销售者有权向产品的生产者追偿。属于产品的销售者的责任，产品的生产者赔偿的，产品的生产者有权向产品的销售者追偿。

（二）损害赔偿范围

1. 人身伤害赔偿范围

因产品存在缺陷造成受害人人身伤害的，侵害人应当赔偿医疗费、治疗期间的护理费、因误工减少的收入等费用；造成残疾的，还应当支付残疾者生活自助用具费、生活补助费、残疾赔偿金以及由其扶养的人所必需的生活费等费用；造成受害人死亡的，并应当支付丧葬费、死亡赔偿金以及由死者生前扶养的人所必需的生活费等费用。

因产品存在缺陷造成受害人财产损失的，侵害人应当恢复原状或者折价赔偿。受害人因此遭受其他重大损失的，侵害人应当赔偿损失。

2. 财产损害赔偿范围

恢复原状或折价赔偿；受害人遭受其他重大损失的，侵害人应当赔偿损失。

3. 时效和争议的解决

因产品存在缺陷造成损害要求赔偿的诉讼时效期间为 2 年，自当事人知道或者应当知道其权益受到损害时起计算。

因产品存在缺陷造成损害要求赔偿的请求权，在造成损害的缺陷产品交付最初消费者满十年丧失；但是，尚未超过明示的安全使用期的除外。

争议的解决，① 通过协商解决；② 调解解决；③ 当事人不愿通过协商、调解解决或者协商、调解不成的，可以根据当事人的协议向仲裁机构申请仲裁；④ 当事人没有仲裁协议或者仲裁协议无效的，可以直接向法院起诉。

任务五　行政和刑事责任

一、生产者、销售者的行政和刑事责任

（一）生产不合格产品的行政和刑事责任

（1）责令停止生产、销售，没收违法生产、销售的产品，并处违法生产、销售产品（包括已售或未售的产品）货值金额等值以上 3 倍以下的罚款；

（2）有违法所得的，并处没收违法所得；

（3）情节严重的，吊销营业执照；

（4）构成犯罪的，依法追究刑事责任。

(二)生产销售掺杂、掺假、以次充好或者以不合格产品冒充合格产品的行政和刑事责任

（1）责令停止生产、销售，没收违法生产、销售的产品，并处违法生产、销售产品（包括已售或未售的产品）货值金额50%以上3倍以下的罚款；

（2）有违法所得的，并处没收违法所得；

（3）情节严重的，吊销营业执照；

（4）构成犯罪的，依法追究刑事责任。

(三)生产国家明令淘汰的产品的或者销售国家明令淘汰并停止销售的产品的行政责任和刑事责任

（1）责令停止生产、销售，没收违法生产、销售的产品，并处违法生产、销售产品（包括已售或未售的产品）货值金额等值以下的罚款；

（2）有违法所得的，并处没收违法所得；

（3）情节严重的，吊销营业执照。

(四)销售失效、变质产品的行政责任和刑事责任

（1）责令停止生产、销售，没收违法生产、销售的产品，并处违法生产、销售产品（包括已售或未售的产品）货值金额等值2倍以下的罚款；

（2）有违法所得的，并处没收违法所得；

（3）情节严重的，吊销营业执照；

（4）构成犯罪的，依法追究刑事责任。

伪造产品产地的，伪造或者冒用他人厂名、厂址的，伪造或者冒用认证标志等质量标志的，责令改正，没收违法生产、销售的产品，并处违法生产、销售产品货值金额等值以下的罚款；有违法所得的，并处没收违法所得；情节严重的，吊销营业执照。

产品标识不符合对产品或其包装上的标识的要求的，应依法责令改正；有包装的产品标识，不符合有关警示标志或者中文警示说明规定的，情节严重的，责令停止生产、销售，并处以违法生产、销售产品货值金额30%以下的罚款；有违法所得的，并处没收违法所得。

二、国家机关及其工作人员违反质量法的行政和刑事法律责任

(一)政府及其他国家机关工作人员承担法律责任的法定情形及法律责任

各级人民政府工作人员和其他国家机关工作人员，违反产品质量法第9条的规定，有下列行为之一的，给予行政处分；构成犯罪的，依法追究刑事责任：① 包庇、放纵行为；② 通风报信、帮助违法当事人逃避查处的行为；③ 阻挠、干预查处行为。

(二)市场监督管理部门和其他有关部门违反质量法的法律责任

1. 市场监督管理部门有下列行为的，应承担相应的法律责任

① 监督抽查中超量索取样品或者向被检查人收取检验费用的，由其上级市场监督管理部门或者监察机关责令退还，情节严重的，对直接主管人员和责任人员依法给予行政处分。② 市场监督管理部门或者其他国家机关违反《产品质量法》第25条的规定，向社会推荐产品或者以某种方式参与产品经营活动的，由上级机关或者监察机关责令改正，消除影响，没收违

法收入；情节严重的，对直接主管人员和责任人员依法给予行政处分；产品质量检验机构有此行为的，市场监督管理部门可责令改正，消除影响，没收违法收入及罚款；情节严重的，可撤销其质量检验资格。③ 市场监督管理部门的工作人员滥用职权、玩忽职守、徇私舞弊，构成犯罪的，依法追究刑事责任；尚未构成犯罪的，依法给予行政处分。

2. 检验机构及认证机构的法律责任

（1）产品质量检验机构、认证机构伪造检验结果或者出具虚假证明的，应责令改正，对单位和直接主管人员及责任人员处以罚款，没收违法所得；情节严重的，取消其检验资格、认证资格。

（2）产品质量检验机构、认证机构出具的检验结果或者证明不实，造成损失的，应当承担相应的赔偿责任；造成重大损失的，撤销其检验资格、认证资格。

（3）产品质量认证机构违反产品质量法第21条的规定，不履行质量跟踪检验义务的，对因其产品不符合认证标准给消费者造成的损失，与产品的生产者、销售者承担连带责任；情节严重的，撤销其认证资格。

3. 社会团体、社会中介机构的承诺、保证责任

社会团体、社会中介机构对产品质量的承诺和保证，对消费者而言，通常比生产者、销售者自己的保证更加有效，如果不实，欺骗性、危害性也更大。为了约束他们的行为，产品质量法第58条规定，社会团体、社会中介机构对产品质量做出承诺和保证，而该产品又不符合其承诺、保证的质量要求，给消费者造成损失的，与生产者、销售者承担连带责任。

复习思考题

1. 简述产品质量法中产品的概念。
2. 简述生产者、销售者的产品质量责任和义务。
3. 简述产品损害赔偿责任。

专项实训项目

活动目标和要求

授课完毕，利用一个课时组织学生对案例进行分析。使学生能够掌握理解掌握生产者、销售者的法律义务、产品质量监督管理制度和产品质量责任制度，能处理实践中与产品质量责任有关的实际行为。

实训组织

将教室课桌椅摆放成"U"形，检查学生的准备情况。

实训内容及成果

由学生分组进行讨论并最终形成意见。教师参照学生表现情况评分。

实训材料

● 2004年，一户赵姓人家在为家中老人祝寿时，高压锅突然爆炸，儿媳妇被锅盖击中头部，抢救无效死亡。据负责高压锅质量检测的专家鉴定，高压锅爆炸的直接原因是高压锅的设计有问题，导致锅盖上的排气孔堵塞。由于高压锅的生产厂家距离遥远，赵家要求出售此

高压锅的商场承担损害民事赔偿责任。但商场声称缺陷不是由自己造成的，而且商场在出售这种高压锅（尚处于试销期）的时候已与买方签订有一份合同，约定如果产品存在质量问题，商场负责退货，并双倍返还货款，因而商场只承担双倍返还货款的违约责任。

↘ 庭审辩论和组织讨论的焦点问题
- 赵家可否向该商场请求承担责任？为什么？
- 赵家可以请求违约责任还是侵权赔偿责任？

项目十一

消费者权益保护法

导入案例

【案情简介】

两个月前，李先生在某商场以1 500元的价格买了一部品牌手机。使用过程中，李先生发现该手机待机时间短，而且经常无信号，于是将手机拿到指定的售后保修处进行维修。维修人员告诉他，该手机为水货。李先生遂以商场销售水货手机系欺诈行为为由向法院起诉，要求商场退货，并3倍赔偿货款。

【问题】

1. 请问李先生可以向商场要求赔偿吗？
2. 请问李先生可以要求商场退货，并3倍赔偿货款吗？

教学目标

- 理解消费者权益保护法的概念及调整对象
- 理解消费者权益保护法的基本原则
- 掌握消费者争议纠纷的解决途径
- 掌握违反消费者权益保护法应承担的法律责任
- 理解消费者的权利和经营者的义务

实训目标

- 能够准确判定消费者权益保护法的适用范围
- 能够对实际案例中的消费争议进行分析，并提出适当的解决办法
- 能够对生活中实际发生的侵害消费者权益的行为进行辨析
- 能够正确判定消费者所享有的权利和经营者所应承担的义务

任务一 消费者权益保护法概述

一、消费者权益保护法的概念和立法宗旨

（一）消费者权益保护法的概念

消费者权益保护法是调整国家机关、经营者、消费者相互之间因保护消费者利益而产生的社会关系的法律规范的总称。

（二）消费者权益保护法的立法宗旨

根据《消费者权益保护法》第一条的规定，该法的立法宗旨是：

（1）保护消费者的合法权益。这是消费者权益保护法立法的首要目的。近年来由于损害消费者权益的问题越来越严重，因此，加强对消费者权益的保护也是当务之急。

（2）维护社会经济秩序。消费者与经营者之间的关系从经济上讲是一种商品交换关系，它直接关系到市场经济秩序。因此，通过消费者权益立法，可以调节消费者与经营者之间的利益关系，规范经营者的市场经营行为，维护社会经济秩序。

（3）促进社会主义市场经济的健康发展。生产的目的就是消费，消费既是生产关系中的一个重要环节，又是构成市场的核心要素，最终制约着市场经济的发展状况与规模。消费政策和法律与一个国家的产业政策和经济规划又是密切相连的，所以消费者权益立法还具有保障和促进社会经济秩序健康发展的功能。

二、消费者权益保护法的调整对象和调整范围

（一）消费者权益保护法的调整对象

消费者权益保护法的调整对象是消费过程中所发生的社会关系，包括：

（1）国家机关与经营者之间的关系，主要是指国家有关管理部门在对经营者的生产、销售、服务活动进行监督管理、维护消费者合法利益中发生的关系。

（2）国家机关与消费者之间的关系，主要是指国家有关管理部门在为消费者提供指导、服务与保护过程中发生的关系。

（3）经营者和消费者之间的关系，主要是指经营者因进行违法经营给消费者造成损害，消费者为实现和保护自己权益所发生的关系。

（4）消费者组织及其他个人或组织与经营者之间的关系，主要是指消费者组织及其他个人或组织为维护消费者权益而对经营者进行监督过程中所发生的关系。

（二）消费者权益保护法的调整范围

消费者权益保护法的调整范围是指该法效力所及的时间、空间和主体范围。《消费者权益保护法》的调整范围为：

（1）消费者为生活需要购买、使用商品和接受服务，其权益受该法保护，即被保护的主体限定为生活消费者。《消费者权益保护法》第二条规定："消费者为生活消费需要购买、使用商品或者接受服务，其权益受本法保护；本法未作规定的，受其他有关法律、法规保护。"

（2）经营者为消费者提供其生产、销售的商品或提供服务，应当遵守该法。《消费者权益保护法》规定："经营者为消费者提供其生产、销售的商品或者提供服务，应当遵守本法；本法未做出限定的，应当遵守其他有关法律、法规。"消费者与经营者是两个相对的主体，消费者的权利就是经营者的义务，因此，对消费者权益保护就要同时规范与约束经营者的经营行为。《消费者权益保护法》以保护消费者利益为核心，在处理经营者为消费者提供其生产、销售的商品或提供服务过程中所发生的关系时，也适用《消费者权益保护法》的有关规定；《消费者权益保护法》未做规定的，适用其他有关法律和行政法规的规定。

（3）农民购买、使用直接用于农业生产的生产资料也参照该法执行。

知识链接

农民购买直接用于农业生产的生产资料，虽然不是为了个人生活消费，但我国《消费者权益保护法》将农民购买、使用直接用于农业生产的生产资料纳入了调整范围，其原因是：一方面，我国农业生产力不发达，农民的经济能力处于弱势；另一方面，伪劣农用生产资料如假农药、假化肥、假种子等严重侵害了农民的经济利益，且农民受侵害后缺乏适当的法律途径寻求保护，因而将该类社会关系也纳入我国消费者权益保护法的调整范围。

三、消费者的概念和特征

（一）消费者的概念

《消费者权益保护法》第二条的规定，消费者是指为满足生活消费的需要而购买、使用商品或者接受服务的个人。

（二）消费者的特征

1. 消费者是指购买商品或者接受服务的个人

消费者既可能是亲自购买商品的个人，也可能是使用和消费他人购买的商品的人；既可能是有关服务合同中接受服务的一方当事人，也可能是接受服务的非合同当事人。

2. 消费者购买商品或者接受服务时不得以营利为目的

消费者购买商品或接受服务，并不是为了将这些商品转让给他人从而营利，消费者购买、使用商品或接受服务的目的主要是用于个人与家庭的消费。这就是说，购买商品和接受服务的消费者是为了满足个人的消费。个人消费包括两部分：一部分是物质资料的消费，另一部分是劳务消费，即接受各种形式的服务。

3. 消费者是指购买商品或者接受服务的个人

消费者作为一个特定的法律用语，它是指个人而不是指单位（包括企事业单位和其他社会组织），也不包括政府。所谓消费行为，不是指单位的消费，而是指个人的消费。消费者权益保护法始终是与对消费者个人权益的保护联系在一起的。

任务二　消费者的权利和经营者的义务

消费者权利是指消费者根据《消费者权益保护法》的规定，在消费领域中所享有的各项权利，即消费者有权做出一定的行为或要求他人做出或不做出一定的行为。它是消费者利益在法律上的表现。

我国《消费者权益保护法》共规定了9项消费者权利，即安全保障权、知情权、自主选择权、公平交易权、求偿权、结社权、知识获取权、维护尊严权、监督批评权。

一、消费者的权利

（一）安全保障权

安全保障权是指消费者在购买、使用商品和接受服务时享有的人身、财产安全不受损害的权利。消费者有权要求经营者提供的商品和服务符合保障人身、财产安全的要求，人身和财产安全权是消费者最基本的权利，因此被列为保护消费者合法权益中的一项最重要的内容。

课堂实训任务

任务 11-1　2014年3月17日，屏南县蔡女士拿着医生开的处方，到某医药连锁店购买"利君沙"药（用于消炎），但被药店员工错拿成了"利可君"药（用于去血小板）。吃了两次，病情不见好转，反而住进医院。请解析本案中该医药连锁店应否承担责任？

任务 11-2　2014年5月12日，消费者李先生携带15个月大的孩子到福鼎市人本超市购物，在电梯口，小孩的手不慎被电梯夹到，导致左手小指前半截粉碎性骨折，共花去医疗费9 800元。请解析本案中该超市应否承担责任？

（二）知情权

知情权是指消费者在购买、使用商品和接受服务时享有的了解和熟悉真实情况的权利。消费者有权根据商品或者服务的不同情况，要求经营者提供商品的价格、产地、生产者、用途、性能、规格、等级、主要成分、生产日期、有效期限、检验合格证明、使用方法说明书、售后服务，或者服务的内容、规格、费用等有关情况。知情权既是消费者据以做出自由选择并实现公平交易的前提，又是其购买商品后正确和安全使用的必要保证。经营者应当向消费者提供真实的信息，不得做引人误解的虚假宣传。

课堂实训任务

任务 11-3　福安市民林先生在福安市一药房花2 240元买了8克冬虫夏草。次日，林先生准备吃时却发现包装内有一根牙签。林先生认为，冬虫夏草按克售卖，价格昂贵，插入牙签无疑是增加了虫草的重量。经福安市消委会调查，冬虫夏草中插牙签一般是发生在虫草断裂时，为保证外观而采取的一种传统补救措施，因增加了牙签，所以价格上也有所优惠。请解析该药房是否侵害了林先生的知情权？

（三）自主选择权

自主选择权是指消费者享有自主选择商品和服务的权利。消费者有权自主选择提供商品或者服务的经营者，自主选择商品品种或者服务方式，自主决定购买或者不购买任何一种商品、接受或者不接受任何一项服务。消费者在自主选择商品或者服务时，有权进行比较、鉴别和挑选。自主选择权是自愿原则在《消费者权益保护法》中的具体体现。消费者为生活消费购买商品、接受服务时，与经营者是一种平等主体之间的民事法律关系。任何强行搭售等经营方式都是违反民事法律关系中平等、自愿原则的，也必然损害消费者的合法权益。

（四）公平交易权

公平交易权是指消费者享有公平交易的权利。消费者在购买商品或者接受服务时，有权获得质量保障、价格合理、计量正确等公平交易条件，有权拒绝经营者的强制交易行为。公平交易权是法律赋予消费者的一项基本权利，是传统商业道德的要求，也是维护社会主义市场经济秩序的重要内容。

（五）求偿权

求偿权是指消费者对因消费所受到损害享有依法获得赔偿的权利。求偿权是与安全保障权密切联系的权利，是安全保障权的自然、合理延伸，是民事法律规定的请求赔偿民事权利在消费者权益保护法中的具体体现。人身损害赔偿包括生命健康权、姓名权、名誉权、荣誉权等方面的损害赔偿。财产损害赔偿包括财物灭失、破损等，以及伤、残、死亡所支付的费用等赔偿。

（六）结社权

结社权是指消费者享有依法成立维护自身合法权益的社会组织的权利。我国宪法明确规定：公民享有结社的权利。消费者依法成立维护自身合法权益的社会团体，是公民结社权在消费者权益保护法中的具体化。赋予消费者这一权利旨在使处于弱者地位的个体消费者形成一个合法存在的代表消费者群体利益的强有力的组织，并将消费者组织起来，开展对商品和服务的广泛的社会监督，向消费者提供消费信息和咨询服务，受理消费者的投诉，充当政府和消费者之间沟通的桥梁，支持受损害的消费者提起诉讼等。

（七）知识获取权

消费者有获得有关消费和消费者权益保护方面的知识的权利。有关消费方面的知识主要有：有关消费观的基本知识；有关商品和服务的基本知识；有关市场的基本知识；有关消费者权益保护的法律、法规及保护机构和争议解决途径等方面的知识。

（八）维护尊严权

消费者在购买、使用商品和接受服务时，享有人格尊严、民族风俗习惯得到尊重的权利，享有个人信息、依法得到保护的权利。人格尊严是消费者人身权的重要组成部分，包括姓名权、名誉权、荣誉权等。尊重少数民族风俗习惯，保护少数民族消费者的合法权益。

课堂实训任务

任务 11-4 某天方小姐到北京某大型超市购物，出来后被超市保安以偷窃为名强行拖回。保安用语言侮辱方小姐，并要强行搜身，后经民警核实，方小姐并未偷东西。然而，方小姐的精神受到严重伤害，除了母亲梅女士外不敢接触任何人，被家人送到精神病院住院治疗，花费巨大。请问方小姐能获得赔偿吗？

（九）监督批评权

消费者有对商品和服务以及保护消费者权益的工作进行监督的权利。就是说，消费者对商品和服务质量、价格、计量侵权行为等问题以及保护消费者权益工作，有向有关经营者或机构提出批评、建议或进行检举、控告的权利。

二、经营者的义务

经营者，是向消费者提供其生产、销售的商品或者提供服务的单位和个人，它是以营利为目的从事生产经营活动并与消费者相对应的另一方当事人。

在消费法律关系中，经营者是与消费者相对应的主体。消费者所享有的权利，从某种意义上讲就是经营者的义务，因此，经营者向消费者提供商品或者服务，应当依照消费者权益保护法和其他有关法律、法规的规定履行义务。

（一）依法定或约定履行义务

经营者首先要履行法定义务。经营者向消费者提供商品和服务时，应当依照《中华人民共和国产品质量法》和其他有关法律、法规规定履行义务；经营者和消费者有约定的，还要求经营者严格履行经营者和消费者的约定，但双方的约定不得违背法律、法规的规定。

（二）接受消费者监督的义务

经营者应当听取消费者对其提供的商品或服务的意见，接受消费者的监督。接受消费者监督，要求经营者应当允许消费者对其商品和服务提出不同的看法。经营者应当为消费者反映自己的要求提供便利的渠道，以便消费者的要求能够顺利达到经营者的决策阶层，对经营者的行为发生影响，如设立消费者投诉机构，处理消费者投诉；设置消费者投诉箱，搜集消费者意见；设立市场机构或消费者服务机构，主动征询消费者意见。经营者应当正确对待消费者的意见和建议，对消费者对产品、服务质量等方面的合理意见亦应认真听取并采取措施整改。

（三）对商品、服务的安全保证义务

消费者的人身与财产安全是消费者最基本的权利。经营者应当保证其提供的商品或者服务符合保障人身、财产安全的要求。对可能危及人身、财产安全的商品和服务，应当向消费者做出真实的说明和明确的警示，并说明和标明正确使用商品或接受服务的方法，以及防止危害发生的方法。经营者发现其提供的商品或服务存在严重的缺陷，即使正确使用商品或者接受服务仍然可能对人身、财产安全造成危害的，应当立即向有关行政部门报告和告知消费者，并采取防止危害发生的措施。

由此可见，经营者应当做到以下几点：
（1）确保提供的商品和服务符合安全要求；
（2）对危险商品和服务进行警示和说明；
（3）在发现商品或服务存在严重缺陷时采取必要措施。

（四）提供必要信息义务

经营者应当向消费者提供有关商品或者服务的真实信息，不得作引人误解的虚假宣传。经营者对消费者就其提供的商品或服务的质量和使用方法等问题提出的询问，应当做出真实明确的答复。商店提供商品应当明码标价。采用网络、电视、电话、邮购等方式提供商品或者服务的经营者，以及提供证券、保险、银行等金融服务的经营者，应当向消费者提供经营地址、联系方式、商品或者服务的数量和质量、价款或者费用、履行期限和方式、安全注意事项和风险警示、售后服务、民事责任等信息。

（五）标明真实名称和标记的义务

经营者应当标明真实名称和标记；租赁他人柜台或者场地的经营者应当标明其真实名称和标记。名称和标记是区别商品和服务的重要特征，它代表着经营者一定的商业信誉，要求经营者标明真实名称和标记也是为了保护消费者的知情权和选择权，制止不正当竞争行为。要求租赁者标明自己的真实名称和标记，旨在避免消费者产生误解和误认，使消费者能够正确地进行消费决策和确定求偿主体。即使在租赁期满后，在法律规定情况下，消费者仍有权要求租赁的经营者承担责任。

（六）出具凭证、单据的义务

经营者提供商品或者服务，应当按照国家有关规定或者商业惯例向消费者出具购买凭证或者服务单据；消费者索要购货凭证或者服务单据的，经营者必须出具。购货凭证、服务单据是证明经营者和消费者之间存在合同关系的书面凭证，一般是指发票、保修单等。规定经营者必须履行该义务是保障消费者依法行使求偿权的一个重要条件，便于消费者日后维护自己的合法权益。

（七）品质担保的义务

商品或者服务的质量是否符合法律、法规的要求或者约定的要求直接关系到消费者的利益。经营者应当保证在正常使用商品或者接受服务的情况下，其提供的商品或者服务应当具有的质量、性能、用途和有效期限；但消费者在购买该商品或者接受服务前已经知道其存在瑕疵的除外。这里正常使用是指一般消费者合理使用的情况。同时还规定，经营者以广告、说明、实物样品或者其他方式表明商品或者服务质量状况的，应当保证其提供的商品或者服务的实际质量与表明的质量相符。

经营者提供的机动车、计算机、电视机、电冰箱、空调器、洗衣机等耐用商品或者装饰装修等服务，消费者自接受商品或服务之日起6个月内发现有瑕疵，发生争议的，由经营者承担有关瑕疵的举证责任。

知识链接

值得关注的是，耐用商品和装饰装修等服务都是在消费投诉中很难取证的典型案例，现行消法实行20年，这一类产品投诉一个共同的问题就是消费者维权难，维权成本高，难和高就体现在举证方面。

比如，消费者购买了一部汽车，只能说发动机有异响，但汽车作为高科技的产品，消费者投诉的时候，非要让消费者说出响声来源是哪儿，消费者很难拿出真正的理由。如果消费者去找国家权威机构去鉴定，时间长、成本高，有些消费者真是时间上耗不起，财力上花不起。所以在现实生活中，很多消费者都放弃了投诉。

因此，《新消法》的此项规定将举证责任转嫁给了经营方，从而降低了消费者的负担，提升其维权成功率。

课堂实训任务

任务 11-5 2014 年 4 月初，龚先生在宁德市某电器商城购买一台价值 3 000 多元的洗衣机，使用不到两个月便出现嗡嗡作响，却不见洗衣机转动。找到该商场指定维修点进行维修，工作人员以人为损坏为由拒绝维修。在本案中请问谁应该承担瑕疵的举证责任？

经营者提供的商品或者服务不符合质量要求的，消费者可以依照国家规定、当事人约定退货，或者要求经营者履行更换、修理等义务。没有国家规定和当事人约定的，消费者可以自收到商品之日起 7 日内退货；7 日后符合法定解除合同条件的，消费者可以及时退货，不符合法定解除合同条件的，可以要求经营者履行更换、修理等义务。依照前述规定进行退货、更换、修理的，经营者应当承担运输等必要费用。

（八）提供无理由退货服务

经营者采用网络、电视、电话、邮购等方式销售商品，消费者有权自收到商品之日起七日内退货，且无须说明理由，但下列商品除外：
（1）消费者定做的；
（2）鲜活易腐的；
（3）在线下载或者消费者拆封的音像制品、计算机软件等数字化商品；
（4）交付的报纸、期刊。

除前款所列商品外，其他根据商品性质并经消费者在购买时确认不宜退货的商品，不适用无理由退货。

消费者退货的商品应当完好。经营者应当自收到退回商品之日起七日内返还消费者支付的商品价款。退回商品的运费由消费者承担；经营者和消费者另有约定的，按照约定。

知识链接

早在"新消法"颁布此条例前，国内许多电商均有"7 日无理由退货"服务，如天猫、京东，苏宁易购还在此基础上提出"15 日无理由退货"服务。该条例出台，主要针对商家"若非质量问题不予退货"的行为，让消费者拥有"网购后悔权"。

除了商品范畴的划定外，消费者最为关注的就是无理由退换的时间，"7 天"如何计算在新消法中并未明确说明。按照现在法律上解释，7 日是指从消费者收到购买的商品的第 2 天开始，作为 7 天的第 1 天，最后一天为第 7 天，如果赶上国家法定节假日和双休日则顺延，国家法定节假日和双休日结束的第 1 天为最后的第 7 天。

> 课堂实训任务

任务 11-6　古田县林女士诉称，家中老人花了 3 800 元订购一款北京的某治疗糖尿病的药品，货到付款。3 月 21 日收到货，发现只是一包保健品，要求索回购货款，但无法联系到卖家。经查，货款仍在古田邮政快递，便与邮政部门交涉，要求其退货处理，请问林女士的要求能得到法律的支持吗？

任务 11-7　消费者徐先生在某网站上看到一款正在促销的名牌羽绒服，优惠幅度很大且数量有限，于是一时兴起抢了一件。羽绒服送到后，他发现衣服的款式和颜色与原有的一件差不多，顿觉后悔，遂向网店要求退货，网店以羽绒服不存在质量问题为由，拒绝了徐先生的请求。请问徐先生的要求能得到法律的支持吗？

（九）不得从事不公平、不合理交易的义务

《消费者权益保护法》第 24 条规定，经营者不得以格式合同、通知、声明、店堂告示等方式做出对消费者不公平、不合理的规定或者减轻、免除其损害消费者合法权益应当承担的民事责任。格式合同、通知、声明、店堂告示等含有前款所列内容的，其内容无效。由于格式合同、通知、声明、店堂告示等通常可能是经营者单方拟订的意思表示，尽管法律并未禁止经营者在其经营过程中使用这种形式，但法律规定只要这些意思表示中含有对消费者不公平、不合理或者减轻、免除其侵犯消费者合法权益应当承担民事责任的内容，该内容将视为无效。

> 课堂实训任务

任务 11-8　2015 年 11 月 6 日，市区东湖的陈小姐到市区庄府巷一女装店购物。当时，该店正举行"买一送一"的促销活动。陈小姐购买了一件标价为 298 元的羊毛上衣，该女装店赠送了一件标价为 200 元的皮裤。11 月 8 日，陈小姐发现该皮裤穿过后会褪色，要求该女装店退货，该女装店以"赠品概不退换"为由拒绝退货，陈小姐遂于 11 月 13 日向当地 12315 台投诉。请问陈小姐的投诉有法律依据吗？

任务 11-9　消费者许先生在烟台市某托运部取托运来的茶几时发现，茶几的玻璃面板有明显裂纹，要求托运部赔偿。而托运部却拿出自定的规定给许先生看，规定中有包丢不包损条款，双方由此发生争执。请问许先生可以得到赔偿吗？

（十）不得侵犯消费者人格权的义务

《消费者权益保护法》第 25 条规定，经营者不得对消费者进行侮辱、诽谤，不得搜查消费者的身体及其携带的物品，不得侵犯消费者的人身自由。人格权是人身权的重要内容，是公民人格尊严的法律体现，经营者应当尊重消费者的人格权，不得侵犯。

（十一）保护消费者个人信息的义务

经营者收集、使用消费者个人信息，应当遵循合法、正当、必要的原则，明示收集、使用信息的目的、方式和范围，并经消费者同意。经营者收集、使用消费者个人信息，应当公开其收集、使用规则，不得违反法律、法规的规定和双方的约定收集、使用信息。

经营者及其工作人员对收集的消费者个人信息必须严格保密，不得泄露、出售或者非法

向他人提供。经营者应当采取技术措施和其他必要措施,确保信息安全,防止消费者个人信息泄露、丢失。在发生或者可能发生信息泄露、丢失的情况时,应当立即采取补救措施。

经营者未经消费者同意或者请求,或者消费者明确表示拒绝的,不得向其发送商业性信息。

> **课堂实训任务**
>
> 任务 11-10　秦女士刚从某月子会所坐完月子后回家不久,便遇到某儿童摄影机构的上门推销。该摄影机构称与月子会所有合作。出于对月子会所服务的信任,再加上推销员的劝说,秦女士便支付了 500 元试拍费。推销员称,回去后将试拍的照片寄给秦女士,若满意可拍摄整套相册,并留下一张某某摄影工作室的手写收据。时隔一个多月,秦女士并未收到任何宝宝照片,拨打推销员的联系电话,对方已停机。秦女士遂找到月子会所交涉,对方称摄影机构的行为与他们无关,他们毫不知情。但为秦女士服务过的月嫂私下告诉她,经常有其他公司的销售人员到会所来寻求合作,比如奶粉、婴儿用品厂商等,均表示只要提供完整的产妇信息,就能给会所数额不等的提成,其中就有该摄影工作室。秦女士认为,其个人信息是月子会所泄露的,会所应承担责任。请问,该会所应该承担责任吗?

任务三　国家与社会对消费者合法权益的保护

一、国家对消费者合法权益的保护

国家保护消费者的合法权益不受侵犯,国家采取各项措施保障消费者依法行使权利,维护消费者的合法权益。

(一) 立法保护

国家立法机关通过制定法律,法规。行政规章,确定消费者的权益,规定保护消费者权益的措施,使对消费者权益的保护形成法律制度,从而做到有法可依。在现代文明社会中,立法保护是基本的保护。

(二) 行政机关对消费者权益的保护

各级行政机关通过运用组织、管理、协调、监督手段贯彻执行消费者权益保护法,保护消费者的合法权益。依照《消费者权益保护法》的规定,各级人民政府应当做好以下几个方面的工作。

(1) 各级人民政府应当加强领导,组织、协调、督促有关行政部门做好保护消费者合法权益的工作。

(2) 各级人民政府应当加强监督,预防危害消费者人身、财产安全行为的发生,及时制止危害消费者人身、财产安全的行为。

(3) 各级人民政府工商行政管理部门和其他有关行政部门应当依照法律、法规的规定,在各自的职责范围内,采取措施,保护消费者的合法权益。

(4) 有关行政部门应当听取消费者及其社会团体对经营者交易行为、商品和服务质量问题的意见,及时调查处理。

（三）公、检、法等机关对消费者权益的保护

公、检、法等机关对消费者权益的保护主要体现在打击侵犯消费者权益的犯罪和及时处理消费纠纷两个方面。

（1）有关国家机关应当依照法律、法规的规定，惩处经营者在提供商品和服务中侵害消费者合法权益的违法犯罪行为。

（2）人民法院应当采取措施，方便消费者提起诉讼。对符合《中华人民共和国民事诉讼法》起诉条件的消费者权益争议，必须受理，及时审理。

二、社会对消费者权益的保护

消费者协会和其他消费者组织是依法成立对商品和服务进行社会监督的保护消费者合法权益的社会团体。消费者协会和其他消费者组织在各级人民政府的指导下，协助政府有关部门对经营活动进行社会监督。消费者组织不得从事商品经营和营利性服务，不得以牟利为目的向社会推荐商品和服务。

知识小结

消费者协会的基本特征：
（1）消费者协会是依法成立的；
（2）消费者协会的任务是对商品和服务进行社会监督；
（3）消费者协会的宗旨是保护消费者的合法权益；
（4）消费者协会的法定性质是属于社会团体组织。

为切实维护消费者的合法权益，法律规定：保护消费者权益是全社会的共同责任。国家鼓励、支持一切组织和个人对损害消费者合法权益的行为进行监督。

任务四　争议的解决和法律责任

一、争议的解决

保护消费者的利益需要国家的力量和社会各方面的力量，也需要消费者正确地依法行使自己的权利，按照合法的途径及时地解决纠纷。

消费者和经营者发生消费者权益争议时，可以通过以下途径解决。

（一）与经营者协商和解

这是消费者与经营者通过相互协商达成一致意见、处理纠纷的方法。消费者和经营者发生的消费者权益纠纷所涉及的是一种民事权利义务关系，当事人协商解决，是对自己权利义务的处分，只要不损害国家利益和社会其他人的利益，协商和解是一种合法、快捷、有效的方法。

（二）请求消费者协会或者依法成立的其他调解组织调解

这是在消费者协会的支持和指导下，使争议双方达成和解的方法。消费者协会应依法查明事实，指导争议双方认清自己的权利和义务，以达成和解协议。应明确的是，消费者协会

的调解是民间调解，不具有法律强制力，不能强迫当事人达成和解协议，当事人一旦反悔，则可以通过其他方式解决。

（三）向有关行政部门投诉

争议发生后，消费者可根据争议标的性质，向工商行政管理机关、质量监督机关或其他行政机关提出投诉，有关行政机关根据自己的职权对争议事项做出处理。

（四）根据与经营者达成的仲裁协议提请仲裁机构仲裁

争议发生后，如果有仲裁协议或能够达成仲裁协议，可将消费者争议交仲裁机关仲裁。使用这种方式的条件是争议双方之间有仲裁协议或能够达成仲裁协议。

（五）向人民法院提起诉讼

向人民法院提起诉讼，由人民法院依照法律程序解决争议是最具有权威的解决方法，也是具有强制力的解决方法。发生争议后，当事人不愿通过其他方式解决或其他方式无法解决时，可以直接向人民法院提起诉讼。

二、赔偿责任主体的确定

（一）生产者、销售者或服务者承担

（1）消费者在购买、使用商品时，其合法权益受到损害的，可以向销售者要求赔偿。销售者赔偿后，属于生产者的责任或者属于向销售者提供商品的其他销售者的责任的，销售者有权向生产者或者其他销售者追偿。

（2）消费者或者其他受害人因商品缺陷造成人身、财产损害的，可以向销售者要求赔偿，也可以向生产者要求赔偿。属于生产者责任的，销售者赔偿后，有权向生产者追偿。属于销售者责任的，生产者赔偿后，有权向销售者追偿。消费者在接受服务时，其合法权益受到损害的，可以向服务者要求赔偿。

知识小结

上述正文中1和2两种情形的区别：第一，前者规定的是消费者购买，使用商品时受损害的情形下的责任问题，此时消费者只能起诉销售者，不能径直向生产者或其他销售者追偿。若实属生产者或其他销售者的责任，则由赔偿后的销售者向其追偿。第二，后者规定的是产品责任即"因产品缺陷造成人身、财产损害的"责任问题，应注意以下问题：① 保护范围不仅局限于消费者，还包括受害人；② 此时生产者与销售者承担连带赔偿责任；③ 生产者与销售者其中一方或双方共同承担责任后，查明是谁的责任，最终就是由谁承担责任。

（二）消费者在展销会、租赁柜台购买商品或者接受服务，其合法权益受到损害的，可以向销售者或者服务者要求赔偿

展销会结束或者柜台租赁期满后，也可以向展销会的举办者、柜台的出租者要求赔偿。展销会的举办者、柜台的出租者赔偿后，有权向销售者或者服务者追偿。

（三）由变更后的企业承担

消费者在购买、使用商品或者接受服务时，其合法权益受到损害，因原企业分立、合并的，可以向变更后承受其权利义务的企业要求赔偿。

（四）由营业执照的使用人或持有人承担

使用他人营业执照的违法经营者提供商品或者服务，损害消费者合法权益的，消费者可以向其要求赔偿，也可以向营业执照的持有人要求赔偿。

（五）由从事虚假广告行为的经营者或广告经营者或发布者承担

消费者因经营者利用虚假广告或者其他虚假宣传方式提供商品或者服务，其合法权益受到损害的，可以向经营者要求赔偿。广告经营者、发布者发布虚假广告的，消费者可以请求行政主管部门予以惩处。广告经营者、发布者不能提供经营者的真实名称、地址和有效联系方式的，应当承担赔偿责任。

广告经营者、发布者设计、制作、发布关系消费者生命健康商品或者服务的虚假广告，造成消费者损害的，应当与提供该商品或者服务的经营者承担连带责任。

（六）由参与虚假广告或者虚假宣传的社会团体、其他组织或个人承担

社会团体或者其他组织、个人在关系消费者生命健康商品或者服务的虚假广告或者其他虚假宣传中向消费者推荐商品或者服务，造成消费者损害的，应当与提供该商品或者服务的经营者承担连带责任。

知识链接

此前，消费者投诉很多是针对公众人物和明星代言广告和商品造成的虚假宣传和虚假广告，但由于尚无明确的惩罚制度，而无法对其追究责任。根据新消法，广告发布者和代言人代言虚假广告，涉及损害消费者生命健康的行为都要负责连带责任。生命健康通常理解主要包括三类：食品、药品和医疗美容方面。

（七）消费者通过网络交易平台购买商品或者接受服务，其合法权益受到损害的，可以向销售者或者服务者要求赔偿

网络交易平台提供者不能提供销售者或者服务者的真实名称、地址和有效联系方式的，消费者也可以向网络交易平台提供者要求赔偿；网络交易平台提供者做出更有利于消费者的承诺的，应当履行承诺。网络交易平台提供者赔偿后，有权向销售者或者服务者追偿。

网络交易平台提供者明知或者应知销售者或者服务者利用其平台侵害消费者合法权益，未采取必要措施的，依法与该销售者或者服务者承担连带责任。

课堂实训任务

任务 11-11 刘先生在某大型网络交易平台的一个小家电入驻商家购买了一款电动剃须刀，使用后发现该剃须刀存在明显质量问题，刀片松动无法正常使用，想和商家沟通退货，

但商家却杳无音讯。于是，刘先生找到了网络交易平台，要求网站提供销售商家的真实名称、地址等基本信息，但网站表示该商家已撤离，他们也没有联系方式。请问刘先生可以向此网络交易平台要求获得赔偿吗？

三、法律责任

侵犯消费者合法权益的行为人应承担什么法律责任，这不仅关系到消费者的合法权益是否能够得到充分的保护，而且关系到是否能够有效地制裁这些违法行为。

对侵害消费者合法权益的行为，应采取民事的、行政的、刑事的三种法律手段来保护消费者的合法权益，具体表现在由经营者根据其违法行为的性质、情节、社会危害等因素分别承担民事责任、行政责任和民事责任。

（一）民事责任

（1）经营者违反《产品质量法》和其他法律、法规应承担的民事责任，主要以修理、重作、更换、赔偿损失等方式承担民事责任。

（2）致人伤害的民事责任。经营者提供商品或服务造成消费者或其他受害人人身伤害的，应承担医药费、治疗期间的护理费、因误工减少的收入等费用，造成残疾的，还应当支付残疾者生活自助用具费、生活补助费、残疾赔偿金以及由其扶养的人所必需的生活费等费用。

（3）致人死亡的民事责任。经营者应支付丧葬费、死亡赔偿金以及由死者生前扶养的人所必需的生活费等。

（4）经营者明知商品或者服务存在缺陷，仍然向消费者提供，造成消费者或者其他受害人死亡或者健康严重损害的，受害人有权要求经营者赔偿损失，并有权要求所受损失两倍以下的惩罚性赔偿。

（5）侵犯其他人身权的民事责任，经营者侵害消费者的人格尊严或者侵犯消费者人身自由的或者侵害消费者个人信息依法得到保护的权利的，应当停止侵害、恢复名誉、消除影响、赔礼道歉，并赔偿损失。造成严重精神损害的，受害人可以要求精神损害赔偿。

（6）造成财产损坏的民事责任。在《消费者权益保护法》中，对经营者在财产损害方面的民事责任作了具体规定，除了消费者与经营者另有约定的以外，这些责任形成主要有：① 修理；② 重作；③ 退换；④ 退货；⑤ 补足商品数量；⑥ 退还货款和服务费用；⑦ 赔偿损失。

（7）欺诈行为的民事责任，经营者提供商品或者服务有欺诈行为的，应当按照消费者的要求增加赔偿其受到的损失，增加赔偿的金额为消费者购买商品的价款或者接受服务的费用的三倍；增加赔偿的金额不足 500 元的，为 500 元。法律另有规定的，依照其规定。

消费欺诈

课堂实训任务

任务 11-12 寿宁县鳌阳镇王女士在一家超市购买了一包标价为"特惠价 7.9 元"的洗衣粉，事后却发现收银小票上变成了 8.9 元，被多收了 1 元。王女士觉得这是欺诈消费，要求获得 500 元的赔偿，请问王女士要求赔偿 500 元的请求是否合法？

任务 11-13 刘先生 2015 年 2 月初在禾祥西路某百货商业广场购买了一盒干贝，价格为 500 元。回到家拆开包装后，他发现干贝竟然已经发霉变质。他检查了生产日期，为 2014 年 9 月 4

日，保质期一年，并未过期。请问刘先生按照消法的规定是否可以得到 1 500 元的赔偿?

（8）几种特殊情况下的民事责任。

① 对于国家规定或者经营者与消费者约定包修、包换、包退的商品，经营者应当负责修理、更换或者退货。在保修期内两次修理仍不能正常使用的，经营者应当负责更换或者退货，对包修、包换、包退的大件商品，消费者要求经营者修理、更换、退货的，经营者应当承担运输等合理费用。

② 以预收款方式提供商品或服务中的民事责任。经营者以预收款方式提供商品或者服务的，应当按照约定提供。未按照约定提供的，应当按照消费者的要求履行约定或者退还预付款，并应当承担预付款的利息、必须支付消费者的合理费用。

③ 以邮购方式销售商品中的民事责任。《消费者权益保护法》规定，经营者以邮购方式提供商品的，应当按照约定提供。未按照约定提供的，应当按照消费者的要求履行约定或者退回货款，并应当承担消费者必须支付的合理费用。

④ 提请行政机关认定不合格商品的民事责任。依法经有关行政部门认定为不合格的商品，消费者要求退货的，经营者应当负责退货。

（二）行政责任

经营者有下列情形之一，《产品质量法》和其他有关法律、法规对处罚机关和处罚方式有规定的，依照法律、法规的规定执行；法律、法规未作规定的，由工商行政管理部门责令改正，可以根据情节单处或者并处警告、没收违法所得、处以违法所得1倍以上10倍以下的罚款，没有违法所得的，处以50万元以下的罚款；情节严重的，责令停业整顿、吊销营业执照：

（1）提供的商品或者服务不符合保障人身、财产安全要求的；

（2）在商品中掺杂、掺假，以假充真，以次充好，或者以不合格商品冒充合格商品的；

（3）生产国家明令淘汰的商品或者销售失效、变质的商品的；

（4）伪造商品的产地，伪造或者冒用他人的厂名、厂址，篡改生产日期，伪造或者冒用认证标志等质量标志的；

（5）销售的商品应当检验、检疫而未检验、检疫或者伪造检验、检疫结果的；

（6）对商品或者服务作虚假或者引人误解的宣传的；

（7）对消费者提出的修理、重作、更换、退货、补足商品数量、退还货款和服务费用或者赔偿损失的要求，故意拖延或者无理拒绝的；

（8）侵害消费者人格尊严、侵犯消费者人身自由或者侵害消费者个人信息、依法得到保护的权利的；

（9）拒绝或者拖延有关行政部门责令对缺陷商品或者服务采取停止销售、警示、召回、无害化处理、销毁、停止生产或者服务等措施的；

（10）法律、法规规定的对损害消费者权益应当予以处罚的其他情形。

经营者对行政处罚决定不服的，可以依法申请行政复议或者提起行政诉讼。

（三）刑事责任

（1）经营者提供商品或者服务，造成消费者或者其他受害人人身伤害，构成犯罪的，依法追究刑事责任。

（2）以暴力威胁等方法阻碍有关行政部门工作人员依法执行职务的，依法追究刑事责任；拒绝、阻碍有关行政部门工作人员依法执行职务，未使用暴力、威胁方法的，由公安机关依照《治安管理处罚条例》的规定处罚。

（3）国家机关工作人员玩忽职守或者包庇经营者侵害消费者合法权益的行为的，由其所在单位或者上级机关给予行政处分；情节严重，构成犯罪的，依法追究刑事责任。

复习思考题

1. 《消费者权益保护法》中的消费者应如何界定？
2. 消费者的保障人身和财产安全的权利包括哪几层含义？
3. 消费者的公平求偿权包括哪几层含义？
4. 消费者的受尊重权包括哪几层含义？
5. 消费者在商场租赁柜台购买商品或接受服务，其合法权益受到损害的，应向谁要求赔偿？

专项实训项目

活动目标和要求

授课完毕，利用两个课时组织模拟法庭，介绍简易法庭程序，提前分组并分配扮演角色。使学生能够界定消费者，能够正确判定消费者所享有的权利和经营者所应承担的义务，能够对生活中实际发生的侵害消费者权益的行为进行辨析，并提出适当的解决办法。

实训组织

将教室课桌椅摆放成法庭的形式，利用多媒体的资源投射国徽的标志。检查学生的准备情况。

实训内容及成果

由学生扮演法官、书记员、当事人、鉴定人和代理人等。当堂进行法庭辩论，由学生分组进行讨论并最终形成判决书。教师参照学生表现情况评分。

实训材料一

1995年10月初，某市宏兴燃料厂（以下简称宏兴厂）为乔某家换气，容器内还留有一些残余气，可烧两三天。乔某说："既然你们来了，还是给我换算了。"厂家让乔某将残余气往厕所倒，乔某怕阻塞厕所通道，于是宏兴厂换气员李某便把残余气拿到楼梯过道垃圾通道口往下倒。碳五燃料在下落过程中发生自燃，从一楼垃圾道口冲出，大火把过路的王某脸部和手严重烧伤。王某找到宏兴厂，厂家认为他不是直接消费者，是他运气不好碰上了，不予赔偿，并且建议王某向李某要求赔偿。双方协商不成，诉至法院。

庭审辩论和组织讨论的焦点问题

- 该案是否受《消费者权益保护法》调整？
- 宏兴厂对王某的身体伤害是否需要承担赔偿责任？
- 李某是否有责任？如果有，应当怎样承担责任？

实训材料二

张女士在某百货商店购买一件纯羊毛大衣，售价 1 280 元。商店标明"换季商品，概不退换"，穿了几天后衣服起满毛球．于是到市质量监督检验机构检验，鉴定结果证明羊毛大衣所用原料为 100%腈纶。张女士到购买衣服的百货店要求退货并赔偿损失。商店营业员回答，当时标明"换季商品，概不退换"，再说店内该柜是出租给个体户的，现在他已破产，租借柜台的费用尚未付清，人也找不到，只好自认倒霉。张女士认为发票是商店开的，怎么可以不管？

庭审辩论和组织讨论的焦点问题

- 商店违反了我国消费者权益保护法的哪些内容？
- 商店应对张女士负哪些责任？
- 如果商店拒不负责，张女士都有哪些救济途径？

项目十二

经济纠纷的解决

导入案例

【案情简介】

中日合资的甲公司与设在日本的日本乙公司（其在中国没有住所）在中国A县订立一份购销合同，合同约定乙公司向甲公司出售5台电子设备，并由乙公司负责将电子设备运到甲公司所在地的B县。此外，还约定一旦发生争议无论向哪国法院起诉，均适用日本民事诉讼法。在合同履行过程中，甲公司发现乙公司提供的产品中有2台电子设备存在严重质量瑕疵，经交涉未能解决，于是向我国法院起诉，要求乙公司承担违约责任。

【问题】

本案应当适用哪国的诉讼法解决？

教学目标

- 掌握经济仲裁和经济审判的基本概念、适用范围
- 了解经济仲裁与经济审判的基本原则
- 掌握基本的仲裁与审判的相关法律规定

实训目标

- 学会仲裁与诉讼程序的申请与选择
- 学会区分仲裁程序与诉讼程序
- 掌握基本的仲裁与审判的法律程序

任务一 经济纠纷解决概述

一、经济纠纷的概念

经济纠纷（本书所涉及的纠纷主要指民事纠纷），是指平等主体之间发生的，以经济权利义务为内容的社会纠纷。

二、解决经济纠纷的途径

（一）双方协商

在发生经济纠纷后，双方当事人坐下来协商。必要时，双方各自做出一定让步，最后达成和解，消除分歧。这种解决争议的办法简便灵活、费用低，有利于缓和双方的矛盾。

（二）他人调解处理解决经济纠纷

经济纠纷发生后，双方各执一词不能达成谅解，需要由双方都非常信任的第三方居中调解。第三方斡旋调停，最后由双方当事人协商一致同意才能成立。

（三）指定机构仲裁解决经济纠纷

仲裁是指买卖双方在订立合同时，明确表示如有经济纠纷，自愿把他们之间的经济纠纷交给仲裁机构进行裁决；或在经济纠纷发生之后，买卖双方相互订立协议指定仲裁机构进行裁决。仲裁是解决经济纠纷的一种主要方式。

（四）诉讼解决

买卖双方当事人协商不成，调解未果，也没有达成仲裁协议，双方当事人只能向有管辖权的人民法院提起诉讼，最终达成调解协议或由人民法院依法做出判决。

三、仲裁与民事诉讼

知识小结

项目	仲裁	民事诉讼
性质	民间性	司法属性
管辖权的基础	仲裁协议	法律的明确规定
程序	一裁终局	两审终审

仲裁与民事诉讼都是适用于平等主体之间纠纷的解决方式。作为平等民事主体的当事人之间发生的经济纠纷，只能在仲裁或者民事诉讼两种方式中选择一种解决争议。

当公民、法人或者其他组织认为行政机关的具体行政行为侵犯其合法权益时，可采取申请行政复议或者提起行政诉讼的方式解决。

课堂实训任务

任务12-1　讨论在仲裁、民事诉讼、行政复议和行政诉讼解决争议的方式中，适用于解决平等民事主体当事人之间发生的经济纠纷的有哪些？

任务12-2　对于平等的民事主体当事人之间发生的经济纠纷而言，有效的仲裁协议能否排除法院的管辖权？

任务二　经济仲裁

一、仲裁与仲裁概述

（一）仲裁的概念

仲裁是指发生争议的双方当事人，根据其在争议发生前或争议发生后所达成的协议，自愿将该争议提交给仲裁机构进行争议解决的制度和方式。仲裁可分为国内仲裁和涉外仲裁。仲裁的决定书和法院的判决书具有同等的法律效力。

（二）仲裁的适用范围

（1）平等主体的公民、法人和其他组织之间发生的合同纠纷和其他财产权利纠纷。我国的《仲裁法》不仅适用于中国公民、法人和其他组织，也适用于中华人民共和国领域内的外国人、无国籍人，以及外国的企业和组织。

（2）以下三类事项不得仲裁：
- 婚姻、收养、监护、抚养、继承纠纷。
- 依法应当由行政机关处理的行政争议。
- 劳动争议和农业承包合同纠纷。

知识链接

涉外经济贸易、运输和海事中发生的纠纷，当事人在合同中订有仲裁条款或者事后达成书面仲裁协议，提交中华人民共和国涉外仲裁机构或者其他仲裁机构仲裁的，当事人不得向人民法院起诉。当事人在合同中没有订有仲裁条款或者事后没有达成书面仲裁协议的，可以向人民法院起诉。

二、仲裁协议

（一）仲裁协议的形式

仲裁协议是指双方当事人自愿将他们之间已经发生或者可能发生的争议提交仲裁解决的书面协议，是双方当事人所表达的采用仲裁方式解决纠纷意愿的法律文书。仲裁协议是书面形式，有三种类型：仲裁条款、仲裁协议书和其他文件中包含的仲裁协议。

仲裁协议应当包含下列内容：
（1）请求仲裁的双方共同意思表示。
（2）仲裁事项。
（3）选定的仲裁委员会。

（二）仲裁协议的效力

1. 仲裁协议独立存在

合同未成立、合同成立后未生效或被撤销的，不影响仲裁协议的效力。

2. 仲裁机构的独立性

（1）仲裁机构独立于行政机关，与行政机关没有隶属关系，依法独立仲裁，不受行政机关、社会团体和个人的干涉。

（2）仲裁协会、仲裁委员会和仲裁庭三者之间相对独立，没有隶属关系。

（3）仲裁独立于审判。

课堂实训任务

任务12-3　甲、乙在合同中约定因合同所发生的争议，提交某仲裁委员会仲裁。后双方发生争议，甲向约定的仲裁委员会申请仲裁，但乙对仲裁协议的效力提出异议。对此，乙就仲裁协议的效力有权向谁申请认定？

答：该仲裁委员会所在地中级人民法院或该仲裁委员会。

任务12-4　A市水天公司与B市龙江公司签订了一份运输合同，并约定如发生争议提交A市的C仲裁委员会仲裁。后因水天公司未按约定支付运费，龙江公司向C仲裁委员会申请仲裁。在第一次开庭时，水天公司未出庭参加仲裁审理，而是在开庭审理后的第二天向A市中级人民法院申请确认仲裁协议无效。C仲裁委员会应当如何处理本案？

答：应当继续审理。当事人在仲裁庭首次开庭前没有对仲裁协议的效力提出异议，而后向人民法院申请确认仲裁协议无效的，人民法院不予受理。

三、仲裁的基本原则

（一）意思自治原则

仲裁以双方当事人的自愿为前提，即当事人之间的纠纷是否提交仲裁，交与谁仲裁，仲裁庭如何组成，由谁组成，以及仲裁的审理方式、开庭形式等都是在当事人自愿的基础上，由双方当事人协商确定的。因此，仲裁是最能充分体现当事人意思自治原则的争议解决方式。

（二）仲裁独立原则

仲裁机构独立于审判。行政机构与仲裁机构之间也无隶属关系。在仲裁过程中，仲裁庭独立进行仲裁，不受任何机关、社会团体和个人的干涉，亦不受仲裁机构的干涉，不实行级别管辖和地域管辖。

知识链接

仲裁的特征：① 专业性；② 灵活性；③ 保密性；④ 快捷性；⑤ 经济性；⑥ 国际性。

四、仲裁的基本法律制度

确立什么样的仲裁制度，直接关系仲裁的生存和发展，也直接关系能否公正、及时、有效地解决当事人之间的争议。《仲裁法》在总结中国仲裁的经验，借鉴国外经验的基础上，提出了三项基本制度，即协议仲裁制度、或裁或审制度、一裁终局制度。

（一）协议仲裁制度

这是仲裁中当事人自愿原则的最根本体现，也是自愿原则在仲裁过程中得以实现的最基本的保证,《仲裁法》规定仲裁必须有书面的仲裁协议,仲裁协议可以是合同中写明的仲裁条款,也可以是单独书写的仲裁协议书(包括可以确认的其他书面方式)。仲裁协议的内容应当包括请求仲裁的意思表示、约定的仲裁事项,以及选定的仲裁委员会。

(二)或裁或审制度

或裁或审是尊重当事人选择解决争议途径的制度。其含义是,当事人达成书面仲裁协议的,应当向仲裁机构申请仲裁,不能向法院起诉。人民法院不受理有仲裁协议的起诉(仲裁协议无效的除外)。如果一方当事人出于自身的利益或者其他原因,没有信守仲裁协议或者有意回避仲裁而将争议起诉到法院,那么被诉方当事人可以依据仲裁协议向法院提出管辖权异议,要求法院驳回起诉,法院按照《仲裁法》的规定,将对具有有效仲裁协议的起诉予以驳回并让当事人将争议交付仲裁。

(三)一裁终局制度

《仲裁法》第9条规定:仲裁实行一裁终局的制度,裁决做出后,当事人就同一纠纷再申请仲裁或者向人民法院起诉的,仲裁委员会不予受理。一裁终局的基本含义在于,裁决做出后,即产生法律效力,即使当事人对裁决不服,也不能就同一案件向法院提出起诉。

五、仲裁程序

(一)申请和受理

仲裁程序是以当事人向仲裁机构申请仲裁为起始。仲裁委员会收到当事人提交的仲裁申请书后,认为符合受理条件的,在收到仲裁申请书之日起5日内向申请人发出受理通知书,同时向被申请人发出仲裁通知书及附件。双方当事人在收到受理通知书或仲裁通知书后,应当做好以下几项工作:

申请人须在规定的期限内预交仲裁费用,否则将视为申请人撤回仲裁申请;被申请人可在仲裁通知书规定的期限内向仲裁委员会提交书面答辩书;及时提交仲裁员选定书、法定代表人证明书、详细写明委托权限的授权委托书等有关材料;仲裁委员会收到仲裁申请书之日起5日内,认为符合条件的,应当受理,并通知当事人;不符合受理条件的,应当书面通知当事人不予受理,并说明理由。此外,双方当事人均有权向仲裁委员会申请财产保全和证据保全,有权委托律师和其他代理人进行仲裁活动。

(二)仲裁庭的组成

1. 仲裁委员会

仲裁委员会由主任1人,副主任2~4人和委员7~11人组成。仲裁委员会的主任、副主任和委员由法律、经济贸易专家和有实际工作经验的人员担任。

仲裁委员会的组成人员中法律、经济贸易专家不得少于2/3。仲裁委员会每届任期3年。任届期满,更换1/3的组成人员。仲裁员应当符合下列条件:

(1)从事仲裁工作满8年的;
(2)从事律师工作满8年的;
(3)曾任审判员满8年的;
(4)从事法律研究、教学工作并具有高级职称的;

（5）具有法律知识，从事经济贸易等专业工作并具有高级职称或具有同等专业水平的。

2. 仲裁庭的组成

仲裁庭可分为：

（1）独任仲裁庭。即仲裁庭由一人组成，独任审理；独任仲裁员的产生，可由双方共同协商指定，也可由共同委托仲裁机构代为指定。

（2）合议仲裁庭。一般由两名仲裁员和一名首席仲裁员组成。其产生办法为由双方当事人各选一名仲裁员，第三名仲裁员由当事人共同选定或共同委托仲裁委员会主任指定，首席仲裁员是合议仲裁庭的主持者，与仲裁员享有同等的权利。

双方当事人应当在规定的期限内约定仲裁庭的组成方式和选定仲裁员。若当事人在规定的期限内未能约定仲裁庭的组成方式或者选定仲裁员的，由仲裁委员会主任指定。仲裁庭组成后，仲裁委员会向双方当事人发出组庭通知书。

（三）开庭审理

仲裁应当开庭进行，但当事人协议不开庭的，仲裁庭可以根据仲裁申请书、答辩书及其他材料做出裁决。仲裁不公开进行，但当事人协议公开的，可以公开进行，涉及国家秘密的除外。

仲裁委员会应当在仲裁规则规定的期限内将开庭日期通知双方当事人。当事人在收到开庭通知书后，应当注意以下几个问题：

（1）当事人若确有困难，不能在所定的开庭日期到庭，则可以在仲裁规则规定的期限内向仲裁庭提出延期开庭请求，是否准许由仲裁庭决定。申请人经书面通知，无正当理由不到庭或未经仲裁庭许可中途退庭的，视为撤回仲裁申请。被申请人经书面通知，无正当理由不到庭或者未经仲裁庭许可中途退庭的，仲裁庭可以缺席裁决。

（2）在庭审过程中，当事人享有进行辩论和表述最后意见的权利。

（3）双方当事人应当严格遵守开庭纪律。

当事人申请仲裁后，有自行和解的权利。达成和解协议的，可以请求仲裁庭根据和解协议做出裁决书，也可撤回仲裁申请。在庭审过程中，若双方当事人自愿调解的，可在仲裁庭主持下先行调解。调解成功的，仲裁庭依据已达成的调解协议书制作调解书，当事人可以要求仲裁庭根据调解协议制作裁决书。调解不成的，则由仲裁庭及时做出裁决。仲裁庭对专门性问题认为需要鉴定的，可以交由当事人共同约定的鉴定部门鉴定，也可以由仲裁庭指定的鉴定部门鉴定，鉴定费用由当事人预交。

（四）裁决

仲裁庭在将争议事实调查清楚、宣布闭庭后，应进行仲裁庭评议，并按照评议中的多数仲裁员的意见做出裁决。若仲裁庭不能形成多数意见时，则按照首席仲裁员的意见做出裁决。在裁决阶段，双方当事人享有以下几项权利：

（1）有权根据实际情况，要求仲裁庭就事实已经清楚的部分先行裁决。

（2）在收到裁决书后的 30 日内，当事人有权对裁决书中的文字、计算错误或者遗漏的事项申请仲裁庭补正。

双方当事人在收到裁决书后，应当自觉履行仲裁裁决。

> **课堂实训任务**
>
> 任务12-5　2015年2月，甲公司与乙公司因购销合同发生纠纷，双方按照仲裁协议向约定好的仲裁委员会提起仲裁。在仲裁过程中，双方达成和解，该仲裁委员会根据双方当事人的请求达成的和解协议做出裁决书。后来，乙公司表示不服，问乙公司应当怎么办？

六、申请撤销裁决

仲裁庭做出仲裁裁决后，任何一方当事人均可以依据特定的事由，向法院提出仲裁裁决撤销的申请。所谓申请撤销仲裁裁决是指对符合法定应予撤销情形的仲裁裁决，经由当事人提出申请，人民法院组成合议庭审查核实，裁定撤销仲裁裁决的行为。撤销仲裁裁决的申请理由编辑

根据《仲裁法》的规定，有下列情形之一的，当事人可以申请撤销仲裁裁决。

（一）没有仲裁协议

仲裁协议是当事人自愿将他们之间的争议提交仲裁解决的书面文件，是当事人申请仲裁和仲裁机构受理当事人的仲裁申请的前提和基础。对于没有仲裁协议而申请仲裁的，仲裁委员会不予受理，更不能对案件做出裁决。如果仲裁机构对没有仲裁协议的纠纷案件予以受理并做出了裁决，则违反了当事人自愿的原则，该仲裁裁决也就是违法裁决，当事人有权向人民法院申请撤销此裁决。

（二）仲裁的事项不属于仲裁协议的范围或者仲裁委员会无权仲裁

当事人申请仲裁的事项，必须是仲裁协议确定的事项，仲裁机构也只能就仲裁协议范围内的争议事项做出裁决。如果当事人申请仲裁的事项超出仲裁协议约定的范围，而仲裁机构仍予受理并做出裁决，或者虽然当事人确定了申请仲裁的范围，但仲裁机构所做出的仲裁裁决超出了当事人的请求范围，则此仲裁裁决也应予撤销。

（三）仲裁庭的组成或者仲裁的程序违反法定程序

根据《仲裁法》的规定，仲裁庭是由3名仲裁员组成，还是由1名仲裁员组成，由双方当事人约定；仲裁员应当由当事人选定或委托仲裁委员会主任指定。只有当事人没有在规定的期限内约定仲裁庭组成方式或者选定仲裁员时，才由仲裁委员会依照职权指定。当仲裁庭的组成违反了仲裁法的规定，该仲裁庭所做出的仲裁裁决应予撤销。

仲裁必须按照法定的程序进行。如果仲裁机构没有按照仲裁程序规则所规定的期限将全部文件或材料送达双方当事人，或者当事人未能在仲裁程序中获得充分的陈述或辩论的机会，或者有关仲裁员有法定回避情形而未予回避等等，均是违反仲裁程序的做法。在违背法定仲裁程序基础上所做出的仲裁裁决，属于法定被撤销的理由。

（四）仲裁裁决所依据的证据是伪造的

证据是仲裁庭查明案件真实情况，分清是非，确定双方当事人的责任界限并做出仲裁裁决的根据。当事人必须向仲裁庭提供真实的证据。如果当事人提供了伪造的证据，必定会影响仲裁庭对案件事实做出正确判断，从而会影响仲裁裁决的客观性和公正性。因此，以伪造的证据为基础做出的仲裁裁决应予撤销。

一方当事人为了自身的利益，如果隐瞒了可能对自己不利的且不为他人所掌握的证据，

那么仲裁庭对事实的判断,对是非的认定和对责任的划分等,就会与实际情况不相符,那么由此所做出的仲裁裁决必定会给另一方当事人造成不公正的结果。所谓"足以影响公正裁决的证据",是指直接关系到仲裁裁决的最后结论的证据,这些证据通常与仲裁案件所涉及的纠纷或争议的焦点或重要情节有着直接的联系,同时这些证据也直接影响着仲裁庭对案件事实的正确判断。因此,在当事人隐瞒了足以影响公正裁决的证据的情况下所做出的仲裁裁决应当被撤销。

(五)仲裁员在仲裁该案时有索贿受贿、徇私舞弊、枉法裁决的行为

仲裁员在仲裁案件的过程中非法索要或非法接受当事人财物或其他不正当利益,仲裁员为了谋取私利或为了报答一方当事人已经或承诺给予自己的某种利益而弄虚作假,仲裁员在仲裁案件时,颠倒是非甚至故意错误适用法律,都是仲裁过程中的严重违法行为。这些行为必然影响案件的公正审理和裁决,损害一方当事人的合法权益。在此基础上做出的仲裁裁决应当予以撤销。

根据《仲裁法》的规定,除上述几项外,如果仲裁裁决违背社会公共利益,人民法院也应当裁定撤销该仲裁裁决。保护公共利益,是现代各国的通例,也是我国的仲裁准则之一。

课堂实训任务

任务12-6 甲地的A公司与B公司之间签订一买卖合同,后发生纠纷向该地的仲裁委员会申请仲裁。仲裁委员会受理后,裁决A公司赔偿B公司100万元,A公司对此裁决不服。A公司在取证过程中,获得了能够证明B公司提供的证据是伪造的相关证明。请问A公司应如何保护自己的合法权益?

任务三 经济审判

我国《民事诉讼法》于2017年6月21日通过,自2017年7月1日起施行。

一、经济纠纷诉讼的概念和特征

(一)概念

经济纠纷诉讼也称为经济审判,是指司法机关和当事人在其他诉讼参加人的配合下,依照法定程序解决争议的活动。

(二)经济审判具有以下特征:

(1)强制性。当事人一方依法向有管辖权的人民法院起诉,另一方必须应诉,否则法院有权采取强制措施。人民法院的判决、裁定和调解协议一旦生效,就具有强制执行的效力。

(2)最终性。一方当事人依法向人民法院起诉后,另一方当事人无权再向其他部门要求解决。法院做出的判决、裁定或调解协议一旦生效,经济纠纷的解决便告终结。

(3)规范性。诉讼程序具有严格的规范性,必须依照法定程序进行。

二、适用范围和基本原则

（一）适用范围（《民事诉讼法》第 3~5 条）

人民法院受理公民之间、法人之间、其他组织之间以及他们相互之间因财产关系和人身关系提起的民事诉讼，适用本法的规定。凡在中华人民共和国领域内进行民事诉讼，必须遵守本法。

外国人、无国籍人、外国企业和组织在人民法院起诉、应诉，同中华人民共和国公民、法人和其他组织有同等的诉讼权利义务。外国法院对中华人民共和国公民、法人和其他组织的民事诉讼权利加以限制的，中华人民共和国人民法院对该国公民、企业和组织的民事诉讼权利，实行对等原则。

（二）民事诉讼原则（《民事诉讼法》第 6~14 条）

1. 法院独立审判原则

民事案件的审判权由人民法院行使。人民法院依照法律规定对民事案件独立进行审判，不受行政机关、社会团体和个人的干涉。

2. 法院审判原则

人民法院审理民事案件，必须以事实为根据，以法律为准绳。

3. 当事人平等原则

民事诉讼当事人有平等的诉讼权利。人民法院审理民事案件，应当保障和便利当事人行使诉讼权利，对当事人在适用法律上一律平等。

4. 法院调解原则

人民法院审理民事案件，应当根据自愿和合法的原则进行调解；调解不成的，应当及时判决。

5. 辩论原则

人民法院审理民事案件时，当事人有权进行辩论。

6. 诚信原则和处分原则

民事诉讼应当遵循诚实信用原则。

7. 检察监督原则

人民检察院有权对民事诉讼实行法律监督。

知识链接

民族自治地方的人民代表大会根据宪法和本法的原则，结合当地民族的具体情况，可以制定变通或者补充的规定。自治区的规定，报全国人民代表大会常务委员会批准。自治州、自治县的规定，报省或者自治区的人民代表大会常务委员会批准，并报全国人民代表大会常务委员会备案。

各民族公民都有用本民族语言、文字进行民事诉讼的权利。在少数民族聚居或者多民族共同居住的地区，人民法院应当用当地民族通用的语言、文字进行审理和发布法律文书。人民法院应当对不通晓当地民族通用的语言、文字的诉讼参与人提供翻译。

三、民事诉讼管辖

（一）级别管辖（《民事诉讼法》第 17～20 条）

（1）基层人民法院管辖第一审民事案件，但本法另有规定的除外。

（2）中级人民法院管辖下列第一审民事案件：重大涉外案件；在本辖区有重大影响的案件；最高人民法院确定由中级人民法院管辖的案件。

（3）高级法院管辖。

高级人民法院管辖在本辖区有重大影响的第一审民事案件。

（4）最高法院管辖。

最高人民法院管辖下列第一审民事案件：在全国有重大影响的案件；认为应当由本院审理的案件。

（二）地域管辖（《民事诉讼法》第 21～32 条）

1. 一般地域管辖

对公民提起的民事诉讼，由被告住所地人民法院管辖；被告住所地与经常居住地不一致的，由经常居住地人民法院管辖。对法人或者其他组织提起的民事诉讼，由被告住所地人民法院管辖。同一诉讼的几个被告住所地、经常居住地在两个以上人民法院辖区的，各该人民法院都有管辖权。

2. 特殊地域管辖

下列民事诉讼，由原告住所地人民法院管辖；原告住所地与经常居住地不一致的，由原告经常居住地人民法院管辖：对不在中华人民共和国领域内居住的人提起的有关身份关系的诉讼；对下落不明或者宣告失踪的人提起的有关身份关系的诉讼；对被采取强制性教育措施的人提起的诉讼；对被监禁的人提起的诉讼。

（1）合同纠纷管辖。

因合同纠纷提起的诉讼，由被告住所地或者合同履行地人民法院管辖。

（2）保险合同纠纷管辖。

因保险合同纠纷提起的诉讼，由被告住所地或者保险标的物所在地人民法院管辖。

（3）票据纠纷管辖。

因票据纠纷提起的诉讼，由票据支付地或者被告住所地人民法院管辖。

（4）公司纠纷管辖。

因公司设立、确认股东资格、分配利润、解散等纠纷提起的诉讼，由公司住所地人民法院管辖。

（5）运输合同纠纷管辖。

因铁路、公路、水上、航空运输和联合运输合同纠纷提起的诉讼，由运输始发地、目的地或者被告住所地人民法院管辖。

（6）侵权诉讼管辖。

因侵权行为提起的诉讼，由侵权行为地或者被告住所地人民法院管辖。

（7）交通事故管辖。

因铁路、公路、水上和航空事故请求损害赔偿提起的诉讼，由事故发生地或者车辆、船舶最先到达地、航空器最先降落地或者被告住所地人民法院管辖。

（8）海损事故管辖。

因船舶碰撞或者其他海事损害事故请求损害赔偿提起的诉讼，由碰撞发生地、碰撞船舶最先到达地、加害船舶被扣留地或者被告住所地人民法院管辖。

（9）海难救助管辖。

因海难救助费用提起的诉讼，由救助地或者被救助船舶最先到达地人民法院管辖。

（10）共同海损管辖。

因共同海损提起的诉讼，由船舶最先到达地、共同海损理算地或者航程终止地的人民法院管辖。

（三）专属管辖

下列案件，由本条规定的人民法院专属管辖：

（1）因不动产纠纷提起的诉讼，由不动产所在地人民法院管辖；

（2）因港口作业中发生纠纷提起的诉讼，由港口所在地人民法院管辖；

（3）因继承遗产纠纷提起的诉讼，由被继承人死亡时住所地或者主要遗产所在地人民法院管辖。

课堂实训任务

任务 12-7　谢某住所地在 A 区，欲将其一位与 C 区的房屋转让出去。王某住所地在 B 区。2004 年 5 月，谢某和王某签订了一房屋买卖合同，合同中约定：若双方发生争议，应当将争议提交到 A 取得中级人民法院。后来双方因房价达不成一致意见而产生纠纷，谢某欲提起诉讼，确定该买卖合同无效。问：哪个区的人民法院有管辖权？

（三）协议管辖、移送管辖、指定管辖

合同或者其他财产权益纠纷的当事人可以书面协议选择被告住所地、合同履行地、合同签订地、原告住所地、标的物所在地等与争议有实际联系的地点的人民法院管辖，但不得违反本法对级别管辖和专属管辖的规定。

两个以上人民法院都有管辖权的诉讼，原告可以向其中一个人民法院起诉；原告向两个以上有管辖权的人民法院起诉的，由最先立案的人民法院管辖。

人民法院发现受理的案件不属于本院管辖的，应当移送有管辖权的人民法院，受移送的人民法院应当受理。受移送的人民法院认为受移送的案件依照规定不属于本院管辖的，应当报请上级人民法院指定管辖，不得再自行移送。

有管辖权的人民法院由于特殊原因，不能行使管辖权的，由上级人民法院指定管辖。人民法院之间因管辖权发生争议，由争议双方协商解决；协商解决不了的，报请它们的共同上级人民法院指定管辖。

上级人民法院有权审理下级人民法院管辖的第一审民事案件；确有必要将本院管辖的第一审民事案件交下级人民法院审理的，应当报请其上级人民法院批准。下级人民法院对它所管辖的第一审民事案件，认为需要由上级人民法院审理的，可以报请上级人民法院审理。

四、审理程序

(一) 一审程序

1. 起诉与受理

民事诉讼中的起诉，是指自然人、法人或其他主体的民事权益受到侵害，以自己的名义请求人民法院通过审判予以保护的诉讼行为。起诉的条件：第一，原告是与本案有直接利害关系的自然人、法人和其他组织。第二，有明确的被告。第三，有具体的诉讼请求和事实、理由。第四，属于人民法院受理的民事诉讼的范围和受诉人民法院管辖。以书面起诉为原则，以口头起诉为例外。

受理是指人民法院对起诉进行审查，将符合起诉条件的案件予以立案的审判行为。案件受理后利害关系人取得了当事人地位，人民法院取得了对该案件的审判权；同时也排斥了其他人民法院对该案的审判权，诉讼时效中断。

2. 审理前准备

人民法院应当在立案之日起 5 日内将起诉状副本发送被告，并告知被告在收到之日起 15 日内提出答辩状。人民法院在收到答辩状之日起 5 日内将答辩状副本发送原告。被告不提出答辩的，不影响人民法院的开庭审理。人民法院组成合议庭，决定开庭的日期、时间和地点，并向当事人和诉讼参与人提前发出传票和出庭通知书。

3. 开庭审理

依法规定，除涉及国家机密或法律另有规定的以外，一律进行公开审理。首先进行开庭预备；其次是法庭调查，法庭调查是开庭审理的核心；最后进行法庭辩论。

4. 调解或判决

经济纠纷可以在查清事实、分清责任的基础上进行调解。调解达成协议的，人民法院要制作调解书，并经双方签收后，发生法律效力。达不成调解的，应及时判决，不能久调不决。合议庭评议，做出判决，公开宣判；告知当事人上诉权利、上诉期限和上诉的法院。

5. 缺席判决

缺席判决是指人民法院在一方当事人无正当理由不参加庭审或未经许可中途退庭的情况下，依法对案件所做出的判决。法定情形有：被告经传票传唤，无正当理由拒不到庭的，或者未经法庭许可中途退庭的，可以缺席判决；被告反诉的，原告经传票传唤，无正当理由拒不到庭的，或者未经法庭许可中途退庭的，可以缺席判决；无民事行为能力的被告的法定代理人，经传票传唤无正当理由拒不到庭，或者未经法庭许可中途退庭的，可以缺席判决。原告申请撤诉，法院裁定不准撤诉，后经传票传唤无正当理由拒不到庭的，可以缺席判决。

(二) 二审程序

当事人不服地方人民法院第一审判决的，有权在判决书送达之日起 15 日内向上一级人民法院提起上诉。当事人不服地方人民法院第一审裁定的，有权在裁定书送达之日起 10 日内向上一级人民法院提起上诉。

上诉应当递交上诉状。上诉状的内容，应当包括当事人的姓名、法人的名称及其法定代表人的姓名或者其他组织的名称及其主要负责人的姓名；原审人民法院名称、案件的编号和案由；上诉的请求和理由。

第二审人民法院对上诉案件，经过审理，按照下列情形，分别处理：（1）原判决、裁定认定事实清楚，适用法律正确的，以判决、裁定方式驳回上诉，维持原判决、裁定；（2）原判决、裁定认定事实错误或者适用法律错误的，以判决、裁定方式依法改判、撤销或者变更；（3）原判决认定基本事实不清的，裁定撤销原判决，发回原审人民法院重审，或者查清事实后改判；（4）原判决遗漏当事人或者违法缺席判决等严重违反法定程序的，裁定撤销原判决，发回原审人民法院重审。原审人民法院对发回重审的案件做出判决后，当事人提起上诉的，第二审人民法院不得再次发回重审。

第二审人民法院审理上诉案件，可以进行调解。调解达成协议，应当制作调解书，由审判人员、书记员署名，加盖人民法院印章。调解书送达后，原审人民法院的判决即视为撤销。

第二审人民法院的判决、裁定，是终审的判决、裁定。

复习思考题

1. 简述仲裁的基本原则。
2. 简述仲裁的适用范围。
3. 简述诉讼管辖的种类。
4. 简述仲裁与诉讼的区别。

专项实训项目

活动目标和要求

授课完毕，利用一个课时组织一个简易法庭，提前分组并分配扮演角色。使学生能够掌握和熟悉民事诉讼的程序。学会运用法律保障自己的合法权益。

实训组织

将教室中的课桌椅摆放成法庭的形式，利用多媒体投射国徽的标志。检查学生的准备情况。

实训内容及成果

由学生扮演法官、书记员、当事人等诉讼参与人，模拟开庭的程序。教师参照学生的表现情况评分。

实训材料

分为三个阶段：开庭预备、法庭调查和法庭辩论。

首先，开庭预备。第一，传唤、通知当事人和其他诉讼参与人；第二，查明当事人和其他诉讼参与人是否到庭；第三，审判长核对当事人；第四，宣布案由，宣布审判人员、书记员名单，告知当事人有关的诉讼权利和义务，询问当事人是否提出回避请求。

其次，法庭调查。第一，原告提出诉讼请求，陈述事实经过及理由，再由被告提出答辩意见；第二，由审判人员就本案关键问题向双方当事人发问；第三，宣布由证人直接出庭作证，或者宣读证人证言，出示证物，由当事人互相质证。

再次，法庭辩论。第一，由原告及其诉讼代理人发言；第二，被告及其诉讼代理人答辩；第三，第三人及其诉讼代理人发言或者答辩；最后互相辩论。

最后，由合议庭评议，做出判决并公开宣判。
模拟庭审过程中的目标
- 使学生掌握一审普通程序要经历哪几个阶段。
- 使学生了解庭审中的纪律、先后顺序。

参 考 文 献

[1] 仇兆波，孔庆华. 经济法 [M]. 上海：上海交通大学出版社，2015.
[2] 梁瑞，钟顺东. 经济法基础 [M]. 南京：江苏大学出版社，2014.
[3] 武鸣，仇兆波. 经济法（第二版）[M]. 北京：北京理工大学出版社，2013.
[4] 财政部会计资格评价中心. 中级会计资格 经济法 [M]. 北京：中国经济财政出版社，2007.
[5] 周江洪，陆青，章程. 民法判例百选 [M]. 北京：法律出版社，2020.
[6] 法律出版社法规中心. 中华人民共和国民法通则注释全书：配套解析与应用实例 [M]. 北京:法律出版社，2015.
[7] 王泽鉴. 债法原理（第一册）[M]. 北京：中国政法大学出版社，2001.
[8] 曲振涛. 王福友. 经济法 [M]. 北京：高等教育出版社. 2007.
[9] 罗荣，黄南平. 经济法教程 [M]. 广州：华南理工大学出版社，2006.
[10] 财政部注册会计师考试委员会办公室. 经济法 [M]. 北京：经济科学出版社，2004.
[11] 杨紫烜. 经济法 [M]. 北京：北京大学出版社，2001.
[12] 潘静成. 刘文华. 经济法（第二版）[M]. 北京：中国人民大学出版社，2007.
[13] 杜月秋，孙政. 民法典条文对照与重点解读 [M]. 北京：法律出版社，2020.
[14] 郑成思. 知识产权——应用法学与基本理论 [M]. 北京：人民出版社，2005.
[15] 法律出版社法规中心. 中华人民共和国民法通则注释本（注释本民法通则）[M]. 北京:法律出版社，2014.
[16] 张守文. 经济法学 [M]. 北京：北京大学出版社，2006.
[17] 邱本. 经济法通论 [M]. 北京：高等教育出版社，2004.
[18] 单飞跃. 经济法教程 [M]. 北京：法律出版社，2006.
[19] 崔建远. 合同法 [M]. 北京：法律出版社，2000.
[20] 李建伟. 国有独资公司前沿问题研究 [M]. 北京：法律出版社，2002.
[21] 赵旭东. 公司法学 [M]. 北京：中国政法大学出版社，2006.
[22] 程合红. 刘智慧. 国有股权研究 [M]. 北京：中国政法大学出版社，2000.
[23] 施文森. 票据法论 [M]. 台北：三民书局，2005.
[24] 马强. 合伙法律制度研究 [M]. 北京：人民法院出版社，2000.
[25] 江平. 法人制度论 [M]. 北京：中国政法大学出版社，2002.
[26] 中华人民共和国消费者权益保护法 中华人民共和国产品质量法 [M]. 北京:法律出版社，2014.
[27] 罗培新. 公司法的合同解释 [M]. 北京：北京大学出版社，2004.
[28] 孔祥俊. 反垄断法原理 [M]. 北京：中国法制出版社，2001.